武汉大学百年名典

自然科学类编审委员会

主任委员 李晓红

副主任委员 卓仁禧　周创兵　蒋昌忠

委　员 （以姓氏笔画为序）

文习山　宁津生　石　兢　刘经南
何克清　吴庆鸣　李文鑫　李平湘
李晓红　李德仁　陈　化　陈庆辉
卓仁禧　周云峰　周创兵　庞代文
易　帆　谈广鸣　舒红兵　蒋昌忠
樊明文

秘书长 李平湘

社会科学类编审委员会

主任委员 韩　进

副主任委员 冯天瑜　骆郁廷　谢红星

委　员 （以姓氏笔画为序）

马费成　方　卿　邓大松　冯天瑜
石义彬　佘双好　汪信砚　沈壮海
肖永平　陈　伟　陈庆辉　周茂荣
於可训　罗国祥　胡德坤　骆郁廷
涂显峰　郭齐勇　黄　进　谢红星
韩　进　谭力文

秘书长 沈壮海

李崇淮 教授，男，生于1916年10月，殁于2008年5月，江苏淮阴人。曾就读于清华大学、华西大学和美国耶鲁大学研究生院经济系，获硕士学位。历任武汉大学经济系教授、经济管理系主任，经济管理学院副院长。曾兼任中国民主建国会第五、六届中央副主席，第六、七、八届全国人大代表，第七届全国人大常委会委员。中国人民政治协商会议武汉市第六、七、八届副主席和一些学会理事、会长、名誉会长。曾兼任中国民主建国会中央名誉副主席。曾发表论文八十多篇，参加翻译和译校的书五本，参编和主编的书八本。曾获国家教委科研论文二等奖和武汉大学科研论文一等奖及武汉市政府一号嘉奖令等诸多荣誉及奖项。享受国务院特殊津贴。

武汉大学
百年名典

李崇淮文集

■ 李崇淮 著

武汉大学出版社

图书在版编目(CIP)数据

李崇淮文集/李崇淮著.—武汉：武汉大学出版社,2013.9
武汉大学百年名典
　ISBN 978-7-307-11032-8

　Ⅰ.李…　Ⅱ.李…　Ⅲ.区域经济发展—研究—武汉市—文集
Ⅳ.F127.631-53

中国版本图书馆 CIP 数据核字(2013)第 119147 号

责任编辑：白绍华　　　责任校对：王　建　　　版式设计：马　佳

出版发行：武汉大学出版社　（430072　武昌　珞珈山）
　　　　　（电子邮件：cbs22@whu.edu.cn　网址：www.wdp.com.cn）
印刷：武汉中远印务有限公司
开本：720×1000　1/16　印张：23.25　字数：331 千字　插页：4
版次：2013 年 9 月第 1 版　　2013 年 9 月第 1 次印刷
ISBN 978-7-307-11032-8　　定价：68.00 元

版权所有，不得翻印；凡购我社的图书，如有质量问题，请与当地图书销售部门联系调换。

《武汉大学百年名典》出版前言

百年武汉大学，走过的是学术传承、学术发展和学术创新的辉煌路程；世纪珞珈山水，承沐的是学者大师们学术风范、学术精神和学术风格的润泽。在武汉大学发展的不同年代，一批批著名学者和学术大师在这里辛勤耕耘，教书育人，著书立说。他们在学术上精品、上品纷呈，有的在继承传统中开创新论，有的集众家之说而独成一派，也有的学贯中西而独领风骚，还有的因顺应时代发展潮流而开学术学科先河。所有这些，构成了武汉大学百年学府最深厚、最深刻的学术底蕴。

武汉大学历年累积的学术精品、上品，不仅凸现了武汉大学"自强、弘毅、求是、拓新"的学术风格和学术风范，而且也丰富了武汉大学"自强、弘毅、求是、拓新"的学术气派和学术精神；不仅深刻反映了武汉大学有过的人文社会科学和自然科学的辉煌的学术成就，而且也从多方面映现了20世纪中国人文社会科学和自然科学发展的最具代表性的学术成就。高等学府，自当以学者为敬，以学术为尊，以学风为重；自当在尊重不同学术成就中增进学术繁荣，在包容不同学术观点中提升学术品质。为此，我们纵览武汉大学百年学术源流，取其上品，掬其精华，结集出版，是为《武汉大学百年名典》。

"根深叶茂，实大声洪。山高水长，流风甚美。"这是董必武同志1963年11月为武汉大学校庆题写的诗句，长期以来为武汉大学师生传颂。我们以此诗句为《武汉大学百年名典》的封面题词，实是希望武汉大学留存的那些泽被当时、惠及后人的学术精品、上品，能在现时代得到更为广泛的发扬和传承；实是希望《武汉大学百年名典》这一恢宏的出版工程，能为中华优秀文化的积累和当代中国学术的繁荣有所建树。

《武汉大学百年名典》编审委员会

序　言

　　李崇淮同志是武汉大学的教授，民建中央副主席和七届全国人大常委会委员，也是一位卓有成就的经济学家。新中国成立以来，他以满腔爱国热忱，潜心投入发展社会主义经济建设的研究，力求以马克思主义的立场、观点和方法分析我国的实际情况。在党的十一届三中全会精神的指导和鼓舞下，他先后提出了许多带有战略意义的建议，立意为中华腾飞作出自己的贡献。

　　1983年他和武大管理学院部分同志提出的《"两通"起飞——武汉经济发展战略》一组文章，受到国务院和武汉市人民政府的重视。武汉市领导采纳其主要观点，于1984年制订以"两通"为突破口的综合经济体制改革方案，彻底敞开"三镇"大门，面向全国，打破了过去条块分割、地区封锁的局面，拓宽各种流通渠道，调整全市产业结构，从而出现了多种商品市场，要素市场和其他市场以及"万商云集，一派兴旺"的繁荣景象，使武汉市成为多功能的经济中心。由于这一重大贡献，崇淮同志受到武汉市人民政府的表彰。

　　与此同时，崇淮同志还倾注大量心血，研究在改革开放过程中出现的许多新问题，陆续提出诸如组织和发展股份公司，大力发展第三产业，加快金融改革步伐等意见，并主编全国第一本关于介绍股票基本知识的专著。他的这些论著都是符合改革开放和发展社会主义市场经济的内在规律和要求的。

　　1985年和1988年，他提出在我国价格改革过程中，应将储蓄、公债、工资与物价指数挂钩的建议。这对我国政府在1988年采取保值储蓄和发行保值公债的政策措施起到促进作用。

　　崇淮同志勤于思考，勇于探索，一贯坚持理论联系实际，实事求是的治学态度。在当前各国纸币是否代表黄金的论争中,他认为马克思主义的立场、观点和方法以及货币理论是正确的,但在学习和运用经典著作时,必须联系历史实际和当前实际。客观事物是不断发展和变化的,如果生搬硬套,不加分析,认为马列著作每一句话都是不变的真理,那本身就不符合辩证唯物主义,也就不可能使马克思主义得到不断发展和具有持续旺盛的生命力。

在学术问题上,他服膺"不唯书,不唯上,要唯实"的箴言。他教导学生,在学术领域中要坚持实事求是,一切从实际出发,坚持真理,修正错误,"不唯名人是从,不唯多数是从,不唯老师是从",博览苦学,锐意求进。我赞成他这样的治学精神。我曾在全国人大常委会会议上,多次听到他的发言,亲自感受到他追求真理的严谨态度和学者风骨。

本书选辑了新中国成立以来,特别是党的十一届三中全会以来他所发表的一些文章和在七届全国人大常委会会议上的发言。我相信此书问世,在当前仍有其现实意义和参考价值。

孙起孟

1993年2月22日

目　录

哲学社会科学工作者面临严峻的挑战 …………………………… 1
《管理者》前言 ……………………………………………………… 3
发明创造是社会进步的动力
　　——以武汉发明协会副会长的身份在武汉首届发明工作表彰
　　大会上的发言 ………………………………………………… 6
为什么对抗性的矛盾可以不通过对抗的形式来解决？
　　——有必要提出"潜在性质"这一哲学范畴来 ……………… 12
应该用什么样的态度来对待马克思主义的经典著作？
　　——从人民币是否代表黄金问题的论争谈起 ……………… 22
论货币形式发展的新阶段
　　——兼同刘光第同志商榷 …………………………………… 31
应联系实际来理解和运用马克思的货币理论
　　——从当前黄金是否仍是世界货币的问题谈起 …………… 58
就当前货币形式问题答谭寿清同志 ……………………………… 86
怎样理解马克思的货币流通规律？ ……………………………… 92
建设有中国特色的社会主义和经济体制改革 …………………… 101
从交通和商业入手加强中心城市建设
　　——关于武汉经济发展战略的设想 ………………………… 119
再谈从"两翼"起飞问题 …………………………………………… 124
凭借"两通"起飞，把武汉建成为"内联华中、外通海洋"
　　的经济中心——三论武汉经济发展战略问题 ……………… 128
加快改革步伐，及早把武汉建成"内联华中、外通海洋"

1

的内地最大的经济贸易中心
　——四论武汉经济发展战略问题……………………… 146
武汉要进一步对外开放设置经济特区………………………… 151
我国对外开放应有新的突破…………………………………… 154
因地制宜　多头开发　中间开花……………………………… 159
关于制定以武汉为依托的湖北省经济发展战略的一些设想…… 168
关于进一步把湖北经济搞上去的几点意见
　——在湖北省政协五届三次会议上的发言……………… 175
"加强两通开发"在实现湖北省经济发展战略中的重要作用…… 177
加强"两通"开发　活跃城乡交流……………………………… 191
论从中心开花的战略
　——武汉为什么应列为第十五个对外开放城市………… 201
华中地区应实行"中心开花"的发展战略……………………… 208
二论"中心开花"
　——华中经济区的经济社会发展战略…………………… 218
加快改革步伐，迅速把武汉建成我国内地最大的交通中心…… 225
武汉市经济体制改革回顾与展望……………………………… 237
对武汉市对外开放的估价和今后努力的方向………………… 240
发展"两通"：一个具有全国意义的重大课题………………… 246
应组织和发展社会主义集体所有制的股份公司……………… 253
关于发展社会主义集体所有制股份公司的几个问题………… 257
加快金融改革步伐的十点设想………………………………… 262
大力发展第三产业，势在必行………………………………… 271
建议恢复新中国成立初期的折实制度………………………… 277
综合治理　安定人心
　——有关物价问题的一些看法…………………………… 284
社会主义企业必须树立为人民服务和"服务对象第一"的
　思想………………………………………………………… 288

目　录

关于当前经济、政治问题……………………………………291
关于我国当前招标投标存在的问题及立法的建议…………295
高校中的一些情况和问题……………………………………299
关于加强我国机电设备进口宏观调控的意见………………303
浅谈市场疲软问题及其对策…………………………………306
对当前经济的几点意见………………………………………311
大力提高经济效益是当务之急………………………………315
要大力推行招标投标制度……………………………………320
长江上游水土流失治理工程的重要性和建议………………325
武汉港对外国籍船舶开放的时机和条件已经成熟…………332
改善高校办学条件　提高高校知识分子待遇迫在眉睫……336
加快经济发展要注意的几个问题……………………………343
全国人大常委会如何贯彻党的十四大精神
　　——要加快立法特别是经济立法的步伐………………347
保护正当竞争，反对有奖销售………………………………351
关于修改宪法的几点建议……………………………………353
附：李崇淮的主要著作目录…………………………………357

哲学社会科学工作者面临严峻的挑战

（在湖北省委宣传部和省社科联邀请部分理论工作者座谈会上的发言）

（1984年6月13日）

今年《政府工作报告》中总结了党的十一届三中全会以来，特别是全国人大六届一次会议以来在经济、政治、科技文教和外交等方面的巨大成就，指出了存在的问题和努力的方向，并要在今后经济工作中，着重抓体制改革和对外开放两件大事，这是全国人民所热烈拥护的。随着形势的发展，必然会出现许多新情况，新问题。如何用马克思主义的立场、观点、方法，而不是用"左"的思想来对待新形势中出现的新情况和新问题，对我们哲学社会科学工作者来说，不能不是一个严峻的挑战。

为什么要对经济管理体制进行改革？这是因为我国经济管理体制上存在的问题很多。如人们习惯于用行政办法来管理经济，管得过宽过死，管了许多不该管，管不了，管不好的事情，捆住了企业的手脚；在生产经营上习惯于搞封闭式的小生产，不愿搞开放式的社会化大生产；在经济活动中重生产、轻流通，重产值、轻产质，重生产者、轻消费者；在分配问题上习惯于搞平均主义，吃大锅饭，不搞按劳分配的原则；在经济成分上重全民、轻集体、卡个体，不能一视同仁；在经营思想上缺乏市场观念、价值观念，忽视消费者的利益，不重视经济效益，不重视知识和人才的开发，不重视科学技术和管理等。这种管理体制，如不加以改革，就不能调动广大人民群众的积极性和各方面的积极因素，就会阻碍生产力的发展。

这种管理体制，是新中国成立初期照搬苏联模式而来的。在当时起了一定的积极作用。但后来它却严重阻碍我国经济的发展，长期没有得到改正。这就与长期占统治地位的"左"的思想有关。党的十一届三中全会以来，经过拨乱反正，推行了正确的、实事求是的马克思主义路线。这种"左"的思想正在逐步得到清除，但对我们哲学社会科学工作者仍有潜在的影响。

"左"的思想的一些重要特征就是形而上学、教条主义、保守、不实事求是。陈云同志说过："不唯书、不唯上、要唯实"。这是真正的马克思主义者的态度。但"左"的思想却是"唯书、唯上、不唯实"。马克思主义的基本内容是工人阶级的立场、唯物的观点、辩证的方法。我们判断是非就要看是否符合人民利益，是否符合实际，是否符合客观经济规律的要求。而"左"的思想判断是非却是引经据典，甚至不问时间、地点、条件而生搬硬套，断章取义。在进一步推行改革和开放的过程中，必然会遭到各种"左"的思想的反抗。马克思主义的基本点是实事求是，一切从实际出发，理论联系实际。由于客观实际是不断发展的，所以马克思主义也要不断发展，才具有生命力。现在很多的新情况，新问题是经典著作上找不到的。必须运用马克思主义的立场、观点、方法结合当前实际来阐述，否则我们就不可能战胜"左"的思想的阻挠。这就是我们哲学社会科学工作者所面临的新挑战、新课题。

（原载《理论学习》1984 年 6 月 20 日）

《管理者》前言

(1984年8月31日)

党的十一届三中全会对十年浩劫进行了全面的拨乱反正，像春风一样吹遍祖国大地，使万物复苏，生机盎然，到处呈现朝气蓬勃、欣欣向荣的气象。党的十二大提出了党在新的历史时期的总任务和20世纪末的总奋斗目标，更鼓舞了全国人民的斗志，加强了对社会主义必胜的信心。全国人民正在意气风发、奋勇前进。为了20世纪末"在不断提高经济效益的前提下，力争使全国工农业总产值翻两番"，并尽快实现"四化"、"两高"的总任务，胡耀邦同志在党的十二大的报告中指出："必须加强经济科学研究和应用，不断提高国民经济计划、管理水平和企、事业的经营管理水平。"过去，长期在"左"的思想影响下，管理科学遭到忽视，以至经济中到处出现经济结构不合理、机构臃肿、组织松散、人浮于事、成本高昂、效率不高、浪费严重等管理不善的现象。这几年来，人们愈来愈认识到学习管理科学、改善管理工作的重要性。管理，就是有效地组织人力、物力、财力，以尽可能少的人力、物力、财力的消耗，更好更快地来实现我们所要达到的目标。这个问题，不仅从事经济活动的企业、事业单位需要重视，而且从事行政、文教、科技、国防等其他工作的单位也要重视；不仅从事微观活动的单位要重视，从事中观、宏观部门的领导机构都要重视。因为任何工作，任何活动，都有一个如何有效地组织人力、物力、财力，在不断提高经济效益的前提下来实现它的工作目标的问题，都有一个如何改善管理的问题。

为了适应这种形势的需要，武汉大学于1981年5月成立了经济管理系，目的在于培养能够从事经济管理工作的人才。三年多来，在社会需要的推动下，在校党委的领导、督促下，在全系师生干部职工的努力下，这个系发展很快。现在已经有三个专业，本科、专修科、培训班和研究生四个层次的班级十四个，学员总数已超过八百人，教师六十余人。在为社会主义服务方面，也作了一些贡献。但是，师资力量还相当薄弱，无论在质和量方面都不能适应客观形势发展的需要，还要进一步努力提高。

经济管理科学，在国外已有几十年的历史，而在我国，还是一门新兴的学科；需要学习外国有益的东西，结合中国实际，探索出具有中国特色的理论、经验、教学内容和教学方法来。在教学中，我们不主张满堂灌，照本宣科，生搬硬套，食而不化。我们不主张学生把知识局限于课堂笔记和教材。在政治上，坚持四项基本原则是必要的。在思想方法上，坚持实事求是的路线是必要的。在学习上，掌握基本理论和基本知识是必要的。但在学习方法上和态度上一定要解放思想，博闻强记，要联系实际，讲究应用。要独立思考，主动钻研，敢于提出不同意见，善于分析问题。要勇于探索，追求真理，敢于创新。那种墨守成规、不敢越雷池一步的人，在科学上是不可能攀登高峰的。要像陈云同志所说的那样："不唯书、不唯上、要唯实。"只要是真理，就要勇于坚持，不唯名人是从，不唯多数是从，不唯老师是从。真理在未被人们所认识的时候，往往掌握在少数人手中。马克思恩格斯开始倡导共产主义时，不是少数派吗？我们对青年人寄予很大的希望。青年人思维敏锐、精力充沛、朝气蓬勃，没有传统习惯的束缚，没有保守思想的桎梏，没有这样或那样的包袱，接受新事物快，勇于进取，敢于面对新情况、新问题，敢于向旧事物挑战。"四化"的实现，祖国的前途，寄托在他们的身上。

武大经济管理系的同学，主动倡办这个刊物《管理者》，是青年人朝着这个方向迈出的可喜的一步。《管理者》可以作为同学们锻炼习作，交流学习心得，相互切磋，探索新情况、新问题，培养发现问题和分析问题能力以及传播管理科学的知识、经验和理论的园地。我们希望，在这块园地里，经过同学们辛勤的耕耘，播下管理科学的种子，将来散布在社会主义祖国的各地，能开放出灿烂的花朵，为祖国的"四化"增添一些光彩。

（原载《管理者》1984 年第 1 期创刊号
武汉大学经济管理系学生会学生学术编委会出版）

发明创造是社会进步的动力
——以武汉发明协会副会长的身份在武汉首届发明工作表彰大会上的发言

(1986年1月)

我有机会参加这次表彰大会,感到很高兴。我参加这次大会的目的,一是向受表彰者表示热烈的祝贺;一是向他们为"四化"献身的精神学习。现在向大家谈谈几点个人感想:

一、发明创造是社会进步的推动力

我们正在经历一场范围广泛的、意义深远的社会改革运动,这场改革是根据马克思主义的基本原理,要改革一切与生产力发展不相适应的生产关系和上层建筑,从而使我国走上社会经济迅速发展的道路,以便及早建成具有"四化"、"两高"的社会主义富强的国家。四个现代化的关键是科技现代化;有了科技现代化,其他几个现代化不难实现。没有现代科学技术,是不可能实现工业、农业和国防的现代化。马克思早就说过:"生产力中也包括科学。"① 但是"左"的思想背弃了马克思的观点,把科学技术排斥在生产力之外。他们把生产力看成主要是劳动者,认为"人多热气大",有了人就有了一切。殊不知不同社会经济形态中的劳动者都是人,在肉体上都是一样构造的人。单纯的人并不能区别不同程度的生产力水平。区别不同程度的生产力水平和不同社会经济形态的主要标志是不同程度的科学技术水

---

① 《马克思恩格斯全集》第46卷下册,人民出版社1980年版,第211页。

平。生产力的基本因素是生产资料（包括劳动对象和劳动资料）和劳动力。历史上的生产资料，都是同一定的科学技术相结合的；历史上的劳动力，也都是掌握了一定的科学技术的劳动力。当人们说，人是生产力中最活跃的因素，是指有一定科学知识、生产经验和劳动技能来使用生产工具从事物质生产的人。不同时代的人，从肉体上说是一样的，但从掌握科技水平的程度来说，就不同了。石器时代、青铜器时代、铁器时代，奴隶社会、封建社会、资本主义社会……人们使用的生产工具，掌握的科学知识，生产经验和劳动技能都不相同。因此，决定生产力水平的是科学技术。可以说，科学技术就是生产力。决定人类社会进步和经济发展的关键因素是生产力，也就是科学技术。邓小平同志1978年3月18日《在全国科学大会开幕式上的讲话》中"对科学技术是生产力的认识问题"的阐述是对马克思主义有关生产力理论的恢复和重大发展。

实现科学技术的现代化有两种含义：一是使科学技术普遍达到已有的现代化水平，并用已经具有现代化水平的科学技术来普遍武装工业、农业、国防和其他活动。一是发明创造新的科学技术，发明创造新的产物。过去已经实现的科学技术也都是人类发明创造的产物。因此，可以说，是发明创造推动着人类科学技术的发展，推动着整个人类社会的进步。发明创造是人类认识世界、改造世界的有效手段，是智慧和劳动的结晶，是文明进步的推动力。人类从蒙昧时期发展到当今现代社会的整个历史，就是人类不断发明创造的历史。中华民族以其勤劳、勇敢和高度的智慧，创造了灿烂的文化。我国古代"四大发明"和不胜枚举的发明创造与独特的工艺对世界作出巨大贡献，给中华民族写下了光辉的篇章。今天，我们要实现四个现代化，要振兴中华，就要广泛地提倡和鼓励发明创造活动。

二、发明创造带来巨大经济效益

人类社会的进步，当然不只是经济的发展，但经济的发展却是整个社会进步的基础。科学技术方面发明创造的成效，首先反映在经济的发展方面。瓦特发明了蒸汽机，带动了工业革命。电的发现使人类进入电气化的时代。现代科学技术正在经历着一场伟大的革命。近三十年来,现代科学技术不只是在个别的科学理论上,个别的生产技术上获得了发展,也不只是一般意义上的进步和改革。而是几乎各门科学技术领域都发生了深刻的变化,出现了新的飞跃,产生了并且正在继续产生一系列新兴科学技术。许多新的生产工具、新的工艺,首先在科学实验室里被创造出来。随之出现了一系列的新兴工业,如高分子合成工业、原子能工业、电子计算机工业、半导体工业、宇航工业、激光工业、生物工程工业等。大量事实说明,理论研究一旦获得重大突破,会给生产和技术带来巨大的进步。即使微小的发明创造,也会带来难以预料的经济效益。去年10月国家科学进步奖评审委员会首次评定核准的1772项国家级进步奖,以及去年10月全国首届发明展览会展出的348项成果,都有显著经济效益和社会效益。其中经济效益在1亿元以上的有32项。又如最近报载,据中国农业科学院统计:在1979-1985年间,农业领域共取得各类科研成果1072项,其中国家发明奖47项、国家自然科学奖2项。仅籼稻杂交水稻、地膜覆盖栽培技术等19项重大科技成果的年经济收益即达100亿元以上。总的说来,新时期农业的增产约有三分之一来源于科学技术的应用。

三、要改革现有的束缚着发明创造和科技发展的科技体制

科学技术既是生产力,科学技术与生产就应该密切结合。科学研究与生产之间,应该存在着有机的横向的多方面的联系。然而,过去我国科技体制,使科技与生产脱节,这是一个极大的弊端。过去中国科学院和高教系统有大量的科研单位,也搞出了不少科研成果,但是,由于科研单位只有一条垂直的对上负责的系统,没有通向社会、为生产服务的渠道。有些科研单位,为科研而科研,大量成果,束之高阁。许多科研成果,不适应生产的需要。有些成果可以应用于生产,但却不谋求为生产服务。有些成果可以服务于生产,但成本太高,或在技术上难以配套,难以在生产中应用推广。特别成问题的是,只承认物质生产劳动创造价值,不承认智力劳动创造价值,因而

不让大多数技术成果转化为商品。即使将科研成果用于生产，也多半是无偿性的不按价值规律办事。科研单位依靠国家拨款维持活动，不需要主动地到企业里去找课题，更不去开拓市场。科研人员干不干一样，干好干坏一样，有无发明创造一样。另外大量的企业得不到科学技术的滋养，技术设备得不到更新，工艺程序得不到改进，产品质量不能提高，劳动生产率低下，长期处于落后状态。同时，科研人才的分布很不均衡，有些单位集中过多，很多人才不能发挥作用。有些单位长期缺乏科研人才，科研工作推不动。这些都大大地影响生产力水平的提高，从而阻碍了经济的迅速发展。加之，过去在"左"的思想影响下，人们不重视知识和人才，大批的科研人员受到压抑，他们的主动性、积极性、创造性没有发挥出来。这种状况如不改变，很难迎接世界上新技术革命的挑战。

四、"动员千军万马上山摘桃子"

随着经济体制改革的深入发展，使科研与生产脱节的科技管理体制也非改不可。根据经济建设必须依靠科学技术，科学技术必须面向经济建设的方针，中共中央于去年三月间召开了全国科技工作会议，讨论通过了《中共中央关于科学技术体制改革的决定》。这个决定的主要内容是改变过多的研究机构与企业相分离，研究、设计、教育、生产相脱节，军民分割、部门分割、地区分割的状况；要改革拨款制度，开拓技术市场，克服单纯依靠行政手段管理科学技术工作，国家包得过多、统得过死的弊病；大力加强企业的技术吸收与开发能力，以及减少技术成果转化为生产力的中间环节，促进研究机构、设计机构、高等学校与企业之间的协作和联合，并合理地配置科技力量，同时要求尊重知识、尊重人才，允许合理流动，创造人尽其才的良好环境等。这种改革的根本目的，是使科学技术成果迅速地广泛地应用于生产，使科技人员的作用得到充分的发挥，从而大大解放科技生产力，以便促使我国经济早日腾飞。

发明创造，是开展科学技术的先导。早在1978年全国科技大会以后，国务院即重新颁布《中华人民共和国发明奖励条例》，并授予七百项科技成果以国家发明奖励，1982年10月召开了《全国科技奖励大会》，表彰科技进步的成绩，以鼓励和推动全国的发明创造活动。1984年和1985年，我国先后公布了《专利法》和《专利法实施细则》以保障发明创造者的权利。去年，北京、武汉、杭州、长春、黑龙江发明协会和中国发明协会先后成立，以便进一步推动和支持群众性的发明创造活动。这一切的根本目的就是要像胡耀邦同志所说，"动员千军万马上山摘桃子"。摘桃子，是把创造出来的科技成果应用于"四化"建设，特别是经济建设，这就是说，要调动一切可以调动的因素来从事广泛的发明创造活动，通过广泛的群众性的发明创造活动来推动科学技术的发展，又通过科学技术发展，来促进整个经济和社会的发展。可以想见，这样做必将会加快我国实现"四化"的步伐。

五、要破除神秘感，做有心人

要使发明创造成为群众性的活动除了改革现有的科技体制外，还要清除一个很重要的思想障碍，就是对发明创造的神秘感，认为发明创造要有天才，是大科学家大知识分子的事，还要有新的先进的科学仪器设备才行。"我们年轻小伙子、一般知识分子或甚至没有什么知识的人是沾不上边的。"不错，有许多发明创造是需要高深的学问、丰富的知识和高精尖的仪器设备的，甚至庞大的组织。譬如：物理学家丁肇中，现在从事宇宙起源的研究，队伍庞大得惊人，实验室的仪器设备都是高精尖的，价值几十亿美元。但也有许多发明创造是普通的"老百姓"搞出来的，不需要什么高精尖的仪器设备。伟大的发明家爱迪生开始从事发明时不过是一个报童。镭是居里夫人在极其简陋的实验室中发现的。有些发明甚至是在吃饭、乘车、走路、游玩、睡觉的时候。如阿基米德是在洗澡的时候，发现浮体力学的，牛顿在散步时看到苹果从树上掉下来才发现地心吸力和万有引力。门捷列夫在梦中萌发出元素周期律思想。查尔斯在华盛顿公园的椅子上产生了激光的想法。伽利略18岁时在教堂里发现钟摆定律，后又在比萨斜塔上论证了他的落体公式。达·芬奇从蝙蝠的飞翔中受到启发，模拟设计了飞行机器,成为发明飞机的先驱。我们湖北省不是也有几个小发明家么?他们10岁上下,就发明了用竹滚筒来拣、数鸡蛋,拣筷盆,上灯泡的工具等。凡此种种,都说明不一定都是天才和大科学家才能发明创造,也不一定非有高精尖的仪器设备不可。我们日常生活中可供发现、发明或创造的机会很多,关键在于:一是有心人,二肯动脑筋,三善于钻研分析。当然,我们不可能时时刻刻都在发明创造,也不可能有那样多的机会。人的一生,有一两个或几个发明创造就不错了,像爱迪生、爱因斯坦那样的人毕竟不很多。不过,只要我们立志做一个要为"四化"摘桃子的有心人,肯动脑筋,善于钻研分析,迟早会发明创造什么东西来的。像今天出席大会受表彰的同志们,都有这样的素质,才在科技上取得这样灿烂的成果。你们都是我们的学习榜样。我在此,再表示两个祝贺:一是祝贺你们再接再厉,百尺竿头,更进一步。二是预先祝贺下次这样的表彰大会上有更多的受表彰的同志们参加。让我们大家浸沉在致力于发明创造的海洋中,我们的"四化"就会早日实现。

(原载《武汉首届发明工作表彰大会》(汇编) 1986 年 1 月)

为什么对抗性的矛盾可以不通过对抗的形式来解决？
——有必要提出"潜在性质"这一哲学范畴来

（1956 年 11 月）

一般说来，剥削阶级和被剥削阶级的矛盾是对抗性的，无论是奴隶社会、封建社会或资本主义社会都是如此，我国资产阶级和工人阶级的矛盾自然也非例外。但是，我国过渡时期资产阶级和工人阶级的矛盾却是一直基本上处于非对抗的状态，而且已经用非对抗的形式（即和平改造的方式）得到基本上的解决。这几个月来，我国学术界对于这种阶级矛盾的性质问题争论得很热烈。有人主张"自始至终是对抗性"，有人主张"已转化为非对抗性"，有人则主张"兼具对抗和非对抗两重性"。为什么会发生这种争论呢？试设想：如果这种对抗性矛盾始终表现为对抗的形式，或通过对抗的形式来解决，会不会有这场争论呢？我想是不会的。正是由于这种对抗性的矛盾基本上一直表现为非对抗的状态，而且未曾通过对抗形式来解决，才发生这场争论。为什么对抗性的矛盾可以表现为非对抗的形式，而且不通过对抗形式来解决呢？我认为这是论争中所要解决的关键问题。

为了试图给这个问题提供一个解决的途径，我认为有必要提出事物的"潜在性质"这一哲学范畴来。

我们知道，世界上的一切事物都是矛盾的统一体。有的事物包含着简单的矛盾，有的事物包含着多样的矛盾。实际上，包含着简单的矛盾的事物是极少见的。大多数的事物包含着多样的矛盾，而且又处于复杂的环境中，因而这些事物就具有多样的、复杂的性质（或性格、特性、特征)。为了不同的研究目的,我们常将事物的复杂性质分为不同的类型:如本质的和非本质的;主要的和次要的;内容上的和形式上的(特征)等。我认为还可以把事物的性质分为非潜在的和潜在的两大类型。这种分法,对于我们现在所要解决的问题具有重大意义。

什么是事物的非潜在的和潜在的性质呢?

为了便于说明问题起见,现在先来举个例子。谁都知道,资本主义具有剥削性,资本主义发展到帝国主义阶段的时候具有战争性。剥削性和战争性都是事物的内在性质,这是它们的相同点。有没有不同之处呢?有。剥削性和剥削形式(如利润、租税等)随资本主义而始终。资本主义一产生,即有剥削性和剥削形式,资本主义灭亡,剥削性和剥削形式即消失。剥削性和剥削形式同时共存,互为表里。剥削性必然要透过剥削形式表现出来。它们产生和消灭的条件相同,而战争性和战争形式却不然。帝国主义存在一天,战争性就存在一天,战争性随帝国主义而始终,但帝国主义存在的过程中却不见始终表现为战争的形式。帝国主义的国民经济军事化只是备战的阶段,它为战争准备条件,但国民经济军事化本身,不是战争的形式。战争的形式要在一定的条件下才表现出来。战争形式是受战争性和一定条件所决定的。先有战争性而后可能有战争形式。但有战争性却不一定有战争形式。产生战争性的条件和战争性实现为战争形式的条件不同。因此,剥削性和战争性虽然都是内在的性质,而且战争性还是在剥削性的基础上产生的,但在这一点上两者却具有重大的区别。我把前者(剥削性)称之为非潜在的性质,后者(战争性)称之为潜在的性质。

由此可见,就事物的性质和形式之间的关系来说,我们可以把事物的内在性质划分为两种类型:非潜在的和潜在的。

非潜在的性质就是和其形式同时存在的性质。非潜在的性质由其相应的形式直接表现出来。事物的这种性质是必然实现的。因此,我又称之为具有直接现实性的性质。这种性质有时是事物的本质(如资本主义的剥削性),有时也可是事物的其他属性(如桂花是香的,锥子是尖的)。我们知道这种性质的存在,是从它所同时具有的形式推究而来的。

潜在的性质就是和其形式不同时存在的性质，也就是事物所具有的可能性转化为现实性的性质。它可能在事物开始产生时即因一定条件而产生（如事物的本质所提供的属性），也可能在事物发展过程中由于新的条件对该事物的作用而产生。但它产生之后，不立即或不一定由其相应的形式表现出来。事物的这种性质转化为形式需要其他一定的条件（和其所产生的条件不相同的条件）。因此，我又称之为具有间接现实性的性质。我们知道这种性质的存在，是由事物所具有的非潜在性质（特别是本质）和这种潜在性质在未来的一定的条件下所实现的形式推究而来的。由于这种性质在未实现以前还是隐藏着的，因而才定名为"潜在的性质"。

一定的潜在性质是一定事物的特性，它可以是这种事物本质的特性，也可以是非本质的特性。如爆炸性是炸弹或一切具有爆炸性药物的特性。其他事物就不具有这种特性，如苹果就没有爆炸性质。可燃性是煤、石油等燃料的特性，水就没有这种性质。可以孵化为小鸡的特性只有受了精的鸡蛋才有，不受精的鸡蛋就没有这种性质，石头更没有这种性质。战争性是帝国主义的特性，社会主义和共产主义就没有这种特性。对抗性是剥削阶级和被剥削阶级矛盾的特性，农民和工人阶级之间就没有这种性质。

事物在发展过程中必须先具有这种潜在性，然后才能在一定条件下转化为现实性。如果事物不具有这种潜在性，虽然条件具备，也不能发展为现实性。如炸弹先具有爆炸性，然后引线发火才能爆炸。苹果没有这种爆炸性，即使把苹果放在火炉里，也不会爆炸。燃料先具有燃烧性，然后加热到其燃点时，才能燃烧。水不具有燃烧性，温度再高也燃烧不起来。社会主义没有战争性，就不会发动战争。但这并不排斥事物在相当长的发展过程中新添或消失某些潜在性质的可能性。事物内部的这些性质，就是辩证唯物主义者所谓矛盾变化的内因或根据，也就是事物发展的根本原因。

这种潜在的性质具有在一定的条件下转化为外部形式的可能性。也就是说，在一定的条件具备时，这种可能性就转化为现实。如果这"一定的条件"没有出现，这种可能性就不会转化为现实性。因此，

为什么对抗性的矛盾可以不通过对抗的形式来解决？

事物中潜在性质的化为现实的可能性和不化为现实的可能性是同时并存的。这种并存的局面只有在一定条件下才转化。譬如说，炸弹具有爆炸的可能性，如果引线发火的条件具备时，爆炸的可能性就转化为现实性。如果我们把炸弹的引线抽去，使其没有出现"发火"的条件，那么，这个炸弹就成为不爆炸的东西。为什么潜在的性质具有这种两面性呢？因为可能性本身就具有两面性。可能性意味着可能这样，也可能不这样。可能性不等于必然性，因为可能性和现实性之间还隔着一道"桥梁"（即"一定的条件"）。没有这道"桥梁"，可能性是通不到现实性的。

因此，在具有一定的可能性的情况下，一定的条件才在由矛盾的潜在性质转化为现实的过程中起着决定性的作用。

当人们把可能性指为必然性的时候，往往包含着条件在内，就是说，在当时的情形下，一定的条件行将、必然或已经成熟，而使可能性有转化为现实性的必然性。

潜在的性质和可能性的关系怎样呢？潜在性和可能性有密切的联系，但不完全是一回事，潜在性质是指事物本身的属性而言，可能性是指这种属性和其实现形式之间的关系而言。潜在性质是产生可能性的基础，没有这种潜在性质，就没有转化为现实性的可能性。可能性不是凭空出现的。可能性如没有根据，就成为幻想。潜在性和可能性有时可以通用，有时却不能。如相对于现实性而言，就可以通用。如作为事物的特性或相对于非潜在性而言，就不能通用。

由此可见，解决同一潜在性质的矛盾基本上有两种方式：一是使潜在的性质实现；一是使潜在的性质不实现。究竟采取哪种方式就取决于当时的条件了。

在实践中，我们必须将事物的潜在性（内因）和其实现的条件分开而又密切地联系起来考虑。如果我们抹煞内因而片面强调条件的作用，就会导致机械唯物主义的错误。如果我们忽视条件的作用而把可能性当作必然性，就会导致教条主义的错误。如果我们漠视事物的潜在性和条件的客观存在性，而片面强调主观能动性，就会导致主观唯心主义的错误。

15

因此，把事物的性质划分为潜在的和非潜在的两种类型就具有重大的实践意义，因为在日常工作中我们把这两种性质的界限加以混淆的情况是并不罕见的。譬如说：有些人一看到炸弹就害怕，不敢去碰它，以为它必然要爆炸，但是，当人们了解到炸弹的爆炸性是一种潜在性，必须在一定条件下才能爆炸的时候，他们就不会害怕去接近它了。苏共第二十次代表大会对马克思主义的理论和实践作出了许多卓越的贡献，其中提出了现时防止战争可能性的论点。在此以前，一般流行的看法是"只要帝国主义存在一天，战争就是不可避免的"。赫鲁晓夫指出，这种理论是在一定条件下提出的，当前的条件则有可能防止战争的爆发。为什么我们在此以前会无保留地接受"战争不可避免的"论点呢？这是因为我们没有将战争性和战争实现的条件分开而又联系起来考虑，也就是把战争性当作一种非潜在的性质，和剥削性一类的性质混同起来了。又如在苏共第二十次代表大会以前，许多人认为由资本主义过渡到社会主义在任何情况下都必须同内战联系在一起，但赫鲁晓夫的报告批判了这种论点，提出了通过议会手段和平过渡的可能性。在这次讨论过程中，许多人认为对抗性的矛盾必然走向对抗的形式，也就是由于没有认识到对抗性是一种潜在性质的缘故。

  辩证唯物主义者往往谈到事物的内容和形式之间的矛盾关系。我认为形式总是非潜在的，而内容则包括"非潜在性和潜在性在内"。由于大多数的事物不仅具有复杂的矛盾，而且也处在复杂的外部环境中，因此，在内部矛盾和外部条件的交互作用下，无论是非潜在的或潜在的性质，都可能不止一种，而是多种多样的。事物现时的形式（或形式上的特征）是由事物的非潜在性（其中有一个是事物的根本性质或本质）所决定的，而事物形式的变化则决定于其潜在性和其相应条件的作用。因此，事物的内容较形式远为丰富，因为前者包括潜在性在内，而后者则不包括和潜在性相适应的形式在内。内容和形式的矛盾推动事物的运动，而内容和形式矛盾的根源主要是由于事物内部的潜在性质在外部条件的影响下要求实现为外部形式（或转化为非潜在性）的缘故。

  当事物的潜在性质在一定的条件下实现以后，这种潜在性质就变为非潜在的,而该事物就起了临时的、局部的、阶段上的或根本的质变,同时在形式上也起了相应的变化。这种变化对于事物原来的形式是种临时的、局部的、阶段上的或根本的否定。因而在这种潜在性质未实现以前,事物的将被否定的形式则和尚未实现的形式处在相反的状态中。如炸弹未爆炸以前,处在不爆炸的状态。战争未爆发以前,则呈现着和平的状态。

现在我们再来看一看"对抗性"是不是一种潜在性质。

《共产党宣言》中有这样几句话:"自由民与奴隶,贵族与平民,地主与农奴,行东与帮工,简言之,压迫者与被压迫者,始终是处于互相对抗的地位,进行着不断的,有时是隐藏,有时是公开的斗争,每次结局若不是全部社会结构受到革命改造,便是各斗争阶级同归于尽。"①(着重点是我加的)

毛泽东同志在论"对抗在矛盾中的地位"中说:"对抗是矛盾斗争的一种形式,而不是矛盾斗争的一切形式。……在人类历史中,存在着阶级的对抗,这是矛盾斗争的一种特殊的表现。剥削阶级和被剥削阶级之间的矛盾,无论在奴隶社会也好,封建社会也好,资本主义社会也好,互相矛盾着的两个阶级,长期地并存于一个社会中,它们互相斗争着,但要待两阶级的矛盾发展到一定阶段的时候,双方才采取外部对抗的形式,发展为革命。"又说:"有些矛盾具有公开的对抗性,有些矛盾则否。"②(着重点是我加的)

从这两段话中,我们可以理解到,剥削阶级和被剥削阶级的矛盾是对抗性的。这种对抗的性质,有时在个别的或局部的条件下,表现为个别的或局部的对抗形式(如罢工),在基本矛盾未解决以前,这种个别的或局部的对抗形式或多或少是存在的。在基本矛盾存在的时候,斗争总是存在的,但不是经常表现为公开的、全面的、外部的对抗形式,也可表现为其他方式(隐藏)的斗争。直到一定条件成熟

---

① 《马克思恩格斯文选》两卷集,第一卷,苏联外国文书籍出版局版,第9页。

② 《毛泽东选集》第二卷,人民出版社版,第800—801页。

的时候，"双方才采取外部对抗的形式，发展为革命"。

因此，对抗性是一种潜在性质，它在敌对阶级剥削关系的基础上产生，它还需要在一定的条件下才实现为外部的对抗形式。

更具体地说，我对于对抗和对抗性质的概念的理解是：对抗是敌对阶级或敌对集团有意识的敌对行动的激化（或尖锐化）或外部冲突（通常是暴力革命），对抗性就是这种有意识的敌对行动走向激化或外部冲突的可能性。因此，对抗是一种社会现象。自然界中的矛盾也常有激化的现象。如果我们一定要把任何现象中的激化都说成是对抗，未尝不可以，但是不必要的，不如把它局限于这种社会现象为佳。对抗性矛盾和主要矛盾不同，对抗性矛盾是指矛盾的内部性质而言，而主要矛盾是指复杂矛盾中矛盾与矛盾之间的相对地位而言。因此，对抗性矛盾不一定是主要矛盾，主要矛盾也不一定是对抗性矛盾。

由于对抗性是一种潜在的性质，因而对解决对抗性的矛盾就提供了两种基本方式：一种是使对抗性实现为对抗形式；一种是使对抗性不实现为对抗形式，也就是表现为非对抗的或和平斗争的形式。这样，条件和主观能动性才起着决定性的作用。

殖民地和帝国主义之间的矛盾也是对抗性的，印尼的独立必须用革命战争的手段而后取得，而印度却可以用和平斗争的方式来取得独立，都是由于具体条件不同。

以上就是为什么对抗性的矛盾可以表现为非对抗的状态，并且可以不通过对抗的形式来解决的根本道理。

由于许多事物可能不仅具有一种潜在性质，因而如何认识它们并掌握外部条件来支配它们的发展，就成为重要的课题。譬如，人是具有复杂性质的，也是具有多方面潜在性的。所谓德、才、好、恶、阶级性等都是后天环境和内部资质交互作用而产生的潜在性质。由于这些性质，要在一定条件下才表现出来，因而我们就可以利用外部条件和主观能动性的作用来限制某一方面的性质的发展，并促进另一方面性质的发展。这样，外部物质环境的改变和教育对于改变人的潜在性就起着重要的作用。党所以能够实现中国民族资产阶级分子具有伟大历史意义和世界意义的改造，其根据即在此。

为什么对抗性的矛盾可以不通过对抗的形式来解决？

现在再来谈一谈我国过渡时期资产阶级和工人阶级矛盾的性质和斗争的道路。

中国资本主义首先是"资本主义"，因而就具有一般资本主义的性质；其次是"中国的"资本主义，因而又具有其特殊的性质。资本主义所以是"资本主义"，就是因为这种经济制度是建立在资产阶级对工人阶级剩余价值的剥削上面。这无论是哪一国的资本主义都不例外。在这一点上，中国资产阶级和工人阶级的矛盾就和其他所有的资本主义一样，都具有对抗的性质。很显然，工人阶级是不愿意受到剥削的，而资产阶级非在万不得已时，也不会甘愿放弃剥削，这种矛盾不能不是对抗性的。

这种对抗性是资产阶级和工人阶级矛盾中的潜在性质。前面说过，这种矛盾中的对抗性实现的可能性必然伴随着不实现的可能性。对抗性实现与否，取决于一定的条件，如一定的条件不存在，对抗性就不会实现为对抗。正是由于中国过渡时期阶级矛盾的特殊性质和特殊条件限制了这种对抗性质的发展，因而能够采取和平改造的方式来解决这种对抗性的矛盾。

中国过渡时期阶级矛盾的特殊性质是什么呢？首先，就一般规律来看，资产阶级和工人阶级矛盾发展的最高阶段是政权的争夺和转移。政权的争夺，是阶级矛盾激化的阶段，又多半伴随着对抗或暴力革命的形式。就资产阶级和工人阶级的消长关系来看，资产阶级原是压迫者、统治者，工人阶级是被压迫者、被统治者。前者是落后的阶级，后者是先进的阶级。先进的阶级向落后的阶级夺取政权的时候，落后的阶级多半不甘心退出历史舞台，因而多半形成对抗的局面。

但是，中国工人阶级取得政权是经过了一段曲折的迂回的道路的，是从官僚资产阶级手中取得政权，而不是从民族资产阶级手中取得政权的。换句话说，中国资产阶级和工人阶级的矛盾绕过了这一个争夺政权的阶段。这是一个极其重要的、不能忽视的特点。

其次，就工人阶级来说，工人阶级革命的目的，是取得政权和消灭资本主义。它如今已经取得政权，如果资产阶级不采取对抗形式，工人阶级便能消灭资本主义，自然不必采取对抗的斗争方式，因为用激烈的手段来处理阶级矛盾多少要引起破坏和牺牲,对于整个国家,从而也对工人阶级是不利的;何况资产阶级在民族民主革命过程中曾经和工人阶级联合起来推翻三大敌人,而新中国成立后又参加了工人阶级所领导的政权,并对国计民生还能发挥一定的有利作用。因此,工人阶级是愿意采取和平的斗争方式的,问题在于资产阶级是否愿意接受和平改造。

再次,就资产阶级来说,中国民族资产阶级本来就没有掌握过政权。在新中国成立前,受到帝国主义和官僚资产阶级的压迫,本身又很软弱,因此就具有革命性和妥协性的两重性。在新中国成立以后,由于他们仍采取反帝爱国的立场,赞成土地改革,拥护工人阶级所领导的政权,而且一部分资产阶级的代表人士还参加了国家的政权,因而还具有积极的进步的一面;但其本质上毕竟还是一个剥削阶级,还有发展资本主义的欲望,因而又具有落后的、不利于国计民生的一面。按照资产阶级本性来说,它的剥削性质是和工人阶级的利益不相容的,它是不甘心受改造的。可是,由于政权已经掌握在工人阶级手中,由于工人阶级已经和农民结成牢固的联盟,由于工人阶级已经把官僚资本主义企业国有化,就阶级力量对比来说,无论在政治上或经济上或人力上,资产阶级都是无力向工人阶级夺取政权的。"五反"以前,资产阶级曾经向工人阶级进攻,但为工人阶级所击退。资产阶级在客观上没有力量进行复辟,如果工人阶级愿意继续让资产阶级分子参加政权,如果工人阶级允许资产阶级分子和平转变为劳动者,资产阶级就有可能不和工人阶级对抗,而接受和平的改造。

以上三点是中国过渡时期资产阶级和工人阶级矛盾中所具有的特点。这些特点不是外部的条件,而是包含在矛盾双方的内部的因素。这些特点从内部限制了对抗性质的发展。

不仅中国过渡时期资本主义的特殊性质从内部限制了这种对抗性的发展,而且外部条件也限制了这种性质的发展。

论者对外部的条件往往提供得很多,我认为主要的有四个:一是人民民主专政(作为上层建筑来说)的日益巩固和加强,二是工农联盟的日益巩固和国家的对农业的社会主义改造,三是国际上的社会主义与和平民主的力量的日益壮大和国际资本主义势力的日益削弱。

这三者助长了工人阶级的不可战胜的力量，割断了或基本上割断了中国资产阶级取得任何外援的可能。四是中国共产党的主观能动性的作用。其他次要的或附属的条件不再一一列举。

中国共产党的主观能动性在对资本主义进行社会主义改造过程中起着极其重大的作用。党根据马克思列宁主义的普遍真理，和中国过渡时期资产阶级和工人阶级矛盾的特点和外部条件，正确地制定了"又团结、又斗争、以斗争求团结"的政策。在政治上，工人阶级还保持着和资产阶级的联盟。在经济上，对资本主义工商业采取利用、限制和改造的政策，利用其有利于国计民生的作用，限制其不利于国计民生的作用，并采取两步走的办法，通过国家资本主义的途径来对资本主义工商业进行改造。对资产阶级私有的生产资料的国有化，则采取了逐步赎买的政策。此外，还通过各式各样的方式来对资产阶级分子进行教育，使他们认识到自己的丑恶本质和社会主义的光明前途。总之，党充分地利用了一切可能利用的有利条件，限制一切不利的条件来阻止对抗性的实现，促进和平改造的实现。这样，才使资产阶级和工人阶级的矛盾基本上处于非对抗的状态。但是，和平改造的途径并不是完全一帆风顺的。过渡时期对资本主义改造的过程，是一个限制和反限制斗争的过程。由于矛盾中的对抗性的存在，在改造过程中时常有个别的或局部的对抗行为出现，在1952年以前，这种对抗性质几近发展为全面对抗的行动，幸而英明的党及时发动了"五反"斗争，予资产阶级以一次严厉的实际教育，才扭转了局面。"五反"以后，虽然在个别的、局部的条件下，仍有个别的或局部的对抗行为出现，但资产阶级全面的对抗行动已没有条件出现，因而能够于1956年初在全国范围内出现全行业公私合营的高潮。正是英明的中国共产党创造性地运用了马克思列宁主义于中国实际，才取得了具有伟大历史意义和国际意义的对资本主义和平改造的巨大胜利，创造了使对抗性的矛盾不通过对抗形式来解决的奇迹。

(原载《关于中国当前资产阶级和工人阶级矛盾性质问题》
湖北省哲学研究会编，湖北人民出版社1957年出版)

应该用什么样的态度来对待马克思主义的经典著作?
——从人民币是否代表黄金问题的论争谈起

(1981年10月)

像人民币这样没有含金量的纸币,是否代表黄金?这个问题在建国初期就有争论。自从20世纪70年代以美元为中心的世界货币体系垮台和黄金实行非货币化以来,对于这个问题的讨论又甚嚣尘上。在国内公开发行的大量著作中除薛暮桥同志和少数人的著作而外,绝大多数都是主张人民币代表黄金论者。① 《中国社会科学》1981年第3期刘光第同志《论纸币与黄金的关系》一文(以下简称刘文)也是这样的观点。这些著作流传很广,影响很深,但究竟在读者中造成什么样的影响,目前很难作出判断。但是有一点可以肯定,即刘文中也不得不承认,"主张纸币和黄金无联系者越来越多"。这是一个值得令人深思的问题。

读了主张人民币仍然代表黄金这一派学者的著作以后,我深深感

---

① 如许涤新主编《政治经济学辞典》(人民出版社1980年版),许涤新著《论社会主义的生产、流通与分配——读〈资本论〉笔记》(人民出版社,1979年版),刘鸿儒著《社会主义货币与银行问题》(中国财政经济出版社,1980年版),黄达等著《社会主义财政金融问题》(上册)(中国人民大学出版社,1981年版),喻瑞祥著《货币信用与银行》(中国财政经济出版社,1980年版),北方十三所高等院校编写的《政治经济学》(社会主义部分)(陕西人民出版社,1979年版),南方十六所大学编写的《政治经济学》(社会主义部分)(四川人民出版社,1979年版)和其他一些政治经济学教科书等。

到：在我国当前社会科学领域中存在着一个很重要的问题，就是应该用什么样的态度来对待马克思主义的经典著作问题。就人民币与黄金的关系问题来说，也就是用什么样的态度来对待马克思主义有关政治经济学的基本原理和货币理论的精神实质的问题。

我们知道，马克思主义和毛泽东思想都是辩证唯物主义，不是形而上学的唯心主义。唯物主义承认客观存在是第一性的，人们的主观认识是第二性的，是客观存在的反映。因此，马克思主义的一个根本点就是实事求是，从实际出发，理论联系实际。邓小平同志于1978年6月2日在全军政治工作会议上的讲话中指出："马列主义、毛泽东思想的基本原则，我们任何时候都不能违背，这是毫无疑义的。但是一定要同实际相结合，要分析研究实际情况，解决实际问题。按照实际情况决定工作方针，这是一切共产党员所必须牢牢记住的最基本的思想方法、工作方法。实事求是，是毛泽东思想的出发点、根本点。这是唯物主义。"又说："马克思主义的活的灵魂，就是具体地分析具体情况。马列主义、毛泽东思想如果不同实际情况相结合，就没有生命力了。"① 马克思主义为什么具有无限生命力？就因为它是"实事求是"。由于马克思主义的理论能够结合实际，能随客观世界的发展而发展，因而具有无限的生命力。如果把马克思主义的经典著作，不分时间地点条件，不分基本原理和个别词句，而一概看成是绝对的、不变的真理，那就不啻把马克思主义的经典著作看成是僵死的教条。这种态度本身就不是马克思主义的。这种态度表面上看来好像是高举捍卫马克思主义的旗帜，实际上只能是贬低马克思主义在群众中的威信，甚至造成不可估量的严重消极后果。

我们知道，人们的知识是从客观实际产生的。不能结合实际的理论，只不过是纸上谈兵，缘木求鱼而已。毛泽东同志指出："无论何人要认识什么事物，除了同那个事物接触、即生活于（实践于）那个事物的环境中，是没有法子解决的。不能在封建社会就预先认识资本主义社会的规律，因为资本主义还未出现，还无这种实践。马克思

---

① 见《邓小平同志谈端正党风问题》，1981年11月2日《人民日报》。

主义只能是资本主义社会的产物。马克思不能在自由资本主义时代就预先具体地认识帝国主义时代的某些特异的规律，因为帝国主义这个资本主义最后阶段还未到来，还无这种实践……"①

我们知道，马克思的《政治经济学批判》和《资本论》第一卷是在19世纪后半期写的。那时英国的货币制度正处于金币本位时期，德、法正在由金、银复本位向金币本位过渡。当时的纸币（银行券）代表有一定含金量的本位币，而且可以兑现为金币。当时的一切物价都以本位币的单位标价，这时的纸币都印有本位币的标志，它自然是"金的符号"。当时的货币就是金银，就是"充当一般等价物的特殊商品"。马克思有关货币的这些论述无疑都是正确的。

但是，马克思没有活到20世纪。他没有见到20世纪中货币制度所经历的巨大变化：由金币本位过渡到金块本位和（或）金汇兑本位，进一步过渡到国内银行券完全不能兑现的纸币制度。他也没有见到人民币没有含金量这样的货币，更没有遇到70年代国际上"黄金的非货币化"这样的问题。自然，他不能在《政治经济学批判》和《资本论》中对这些问题给我们提供现成的答案（不过，他在《政治经济学批判》第二章第三段中已经提到"生产过程较高阶段的那些货币形式"这种概念）。现在的货币制度与19世纪下半叶大不相同。马克思在19世纪下半叶关于当时货币制度的种种论述虽然正确，但是，今天是否全部字句都可以不加分析地照搬过来？照搬，是一种轻而易举，不费脑筋的事。但这似乎不是马列主义者对待问题的态度。

面对当前货币制度中出现的新事物、新问题，正确的态度似应从实际出发，用马克思主义的基本原理和货币理论的精神实质结合当前实际情况来进行分析研究，从而作出比较合乎实际的解释，而不是从理论出发，不加分析地全盘照搬马克思在19世纪所讲的每一句话，认为马克思讲过什么，所以事实必须如此。这就需要再学习。当然，由于各人的马列主义水平和对马克思货币理论的理解有所不同，对新问题有不同的看法，是可以理解的。但这不妨碍我们通过反复讨论得

---

① 《毛泽东选集》第一卷，1967年版，第263-264页。

出正确的结论来。如果把马克思的每句话都当作不变的真理，认为只有这样，才是"捍卫马克思主义"，我看，就不可能使马克思主义为适应客观事物的发展而有所发展，只能把马克思主义窒息在历史的废墟上。这不是真正爱护马克思主义的态度。

对待马克思主义的经典著作，如果采取分析的态度，人们不难看出它们的真理性大致可分为三类：一类是永恒的真理，如唯物论和辩证法。一类是适用于一个较长的历史时期，如对资本主义经济的论述。一类是只适用于一个特定的时间、地点和条件，如社会主义革命必须在世界范围内同时进行才能胜利的观点。对于马克思关于货币问题的各种论述，似也应采取这种分析态度。

我们知道：货币是商品生产和交换发展的产物。商品是为交换而生产的劳动产品，是使用价值和价值的统一。不同的商品具有不同的效用（使用价值），才需要相交换，又都是劳动产品，包含着相同的人类劳动（价值），才能够相交换。价值是社会劳动的凝结，是不能由商品自己直接表现出来的，需要通过交换才体现出来，于是在商品交换过程中，历经价值形式的演进，最后出现一般等价物，作为表现、衡量和实现价值的工具。这就是货币。它是价值尺度和流通手段的统一，还具有支付手段和贮藏手段的职能。前两者是货币的基本职能，是构成货币的质的规定性的要素。后两者则是前两者的引申。货币是商品经济的孪生兄弟。只要有商品经济的存在，货币就存在，没有货币，商品经济就无法运行。因此，马克思的劳动价值论和有关货币的理论在整个商品经济存在的历史时期中，都具有指导意义。

但是，在整个商品经济发展过程中，价值形式经历了几个阶段的变化，充当一般等价物的货币形式也发生了不少变化。因此，对于马克思有关货币形式的阐述，就要根据当时的具体条件来分析。

譬如：马克思关于"货币是充当一般等价物的特殊商品"的论点，应该只适用于一种特殊商品来充当一般等价物的阶段。现在是否还存在着由一种商品来充当的一般等价物？就要结合现状来进行分析。又如马克思所说："金银天然不是货币，货币天然是金银"这句话，是在《政治经济学批判》第二章（乙）第四节中专谈贵金属时讲的。这里，马克思是着重从贵金属的物理属性来说明金银最适宜于充当一般等价物的特殊商品，并没有把货币和黄金永远等同起来的意思。"金银天然不是货币"，就是说金银原来不过是一般商品，只是在一定历史条件下才成为货币商品。现在的金银还是不是货币？就要结合当前现状来进行具体分析。不能武断地说：由于马克思讲过"货币天然是金银"这句话，所以现在的货币仍然必须是金银。前面说过，一般等价物是用来表现、衡量和实现商品价值的。它是价值尺度和流通手段的统一。黄金现在是否执行着价值尺度的职能？它和国内物价的联系表现在哪里？人们是否还用黄金作为流通手段？黄金是否还是世界货币？它充当世界货币的作用表现在哪里？国际市场物价与黄金有无联系？各国外汇汇价与黄金有无联系？黄金在国际上是否仍然是购买手段和支付手段？……显而易见，如果我们认真地结合实际来考察一下，不难作出正确的答案。不错，黄金在国际上现在仍然用作部分国际储备、保值手段、财富转移手段和最后支付手段。主张纸币代表黄金论者往往以此作为主要论据。但是，我们应该怎样理解黄金的这些作用？诚然，国际储备和保值手段是货币贮藏手段职能的表现；充当财富转移手段和最后支付手段也是世界货币职能的体现。但是，可以作为价值贮藏和财富转移的东西不只是货币，珠宝和一切有价值的劳动产品都有这种功能。不过黄金由于它的优良物理属性，成为人们所最喜爱的、价高质优的贮藏手段和财富而已。贮藏手段和财富转移手段并不是构成货币的质的规定性的必要条件。黄金在起着这些作用时已经丧失价值尺度和流通手段的职能，再以此来论证黄金仍然是货币商品未免是"舍本逐末"了。现在国际上对债权债务的清算，一般采取双边或多边结算的方式。结算差额，或者是欠账，或者用他国货币抵补，或者用特别提款权抵补，或用其他物资抵补，在万不得已时才动用黄金。这时，黄金是按国际市价结算的，与官价没有关系。这与出卖一般商品以抵付国际收支逆差，有何区别？在这种情况下，黄金实际上起着一般商品而不是货币商品的作用。（有些人论述黄金的作用时往往混淆了黄金作为货币商品和一般商品的界限。）在黄金已经或基本上不再充当一般等价物的特殊商品的情况下，还说"货币是充当一般等价物的特殊商品"，说"黄金仍然是货币商品"，说"纸币仍然代表黄金"等，岂不都是"空中楼阁"？

另外，新中国成立以来，我国人民币却完全执行着货币的职能，特别是价值尺度（通过价格标度来实现）和流通手段的职能，却否认它是货币，甚至主张人民币代表黄金论者在他们自己的文章中涉及人民币时也往往不自觉地称它为货币，但一旦谈到它与黄金的联系时，却否认它是货币，只承认它是货币（黄金）的符号；岂不自相矛盾？至于纸币不代表黄金，它代表什么？它的价值从哪里来？那是需要通过大家讨论来解决的问题。关于这一点，笔者另有专门论述，这里从略。

由于在现实生活中找不到人民币与黄金的联系，于是光第同志和其他主张纸币代表黄金论者不得不从我国旧价格体系的继承方面来论证人民币同黄金的联系。但是，黄金在我国货币史上从来没有占主要地位。清末民初，我国较长时期主要使用银两和银元以及铜钱。1935年国民党改革币制，对外实行金汇兑本位制，规定法币可以兑换英镑，但当时甚至英国连金块本位制也放弃了，谈不上与黄金有多大联系。如果说，仅仅因为新中国成立前一度实行了金汇兑本位制，就认为纸币同黄金有了联系，那么，白银、黄铜在我国历史上作为主要币材的时期还长得多。而且我国历史上也还采用过贝壳、布帛作为币材。为什么不可以说，我们继承了白银、黄铜或贝壳、布帛的价格体系呢？事实上，价格体系的形成并不决定于币材的价值，而是主要决定于生产各类商品所需要的社会必要劳动时间的对比关系以及其他因素如供求关系和政府的政策等。在旧中国，帝国主义的经济侵略政策对我国工农产品的剪刀差的形成有很大的影响。

举例来说，设一本书的价值为4单位劳动时间，一支笔的价值为10单位劳动时间，一只手表的价值为200单位劳动时间。它们之间的交换价值比例为2：5：100。当作为交易媒介的货币（无论是金银还是别的什么），每单位所代表的价值为2单位劳动时间时，它们之间的交换比例是如此；当货币每单位所代表的价值为4单位劳动时间时，它们之间的交换比例仍然是如此。因此，币材的价值，在价格体系的形成中根本不起决定性的作用。

主张纸币代表黄金论者似乎有一种共同的倾向，就是在行文中往往过分强调应该是什么，而很少论证实际上究竟是什么。我们知道，"应该是什么"是表现人们的愿望，"实际上是什么"是客观存在的事实。这两者是截然不同的两回事。

譬如：他们认为只有承认人民币代表黄金，才能制定正确的货币政策，使纸币流通量符合金币流通规律的要求，从而才能稳定物价。光第同志就自称这是他的主要论点。但我读后得出的印象是，他在文中更多是在说明纸币应该代表黄金和纸币流通应该遵循金币流通规律才能稳定物价，而不是纸币在实际上与黄金有什么联系。

他说："我们说人民币和黄金有联系，是从客观经济规律来分析的。从客观经济规律来看，人民币是一种纸币，纸币流通要受两个规律的制约：如果纸币的发行限于它所代表的金币数量，这时，纸币流通就是受金币流通规律所制约，这就说明纸币和黄金是有联系的。……反之，如果纸币同黄金的比例关系遭到破坏，纸币同黄金失去了联系，在这种情况下，纸币流通规律就发挥作用，商品价格就是随着纸币数量的增减而涨跌，币值和物价就得不到稳定。"① 这就是说，在同一纸币制度下，存在着两个货币流通规律，当物价稳定时，纸币就和黄金有联系，就代表黄金；当物价波动时，纸币就和黄金失去联系，就不代表黄金。那么，请问：建国以来，我国物价有时稳定，有时又波动。究竟人民币是代表黄金，还是不代表黄金呢？我想，作者本人也会陷于这种矛盾而不能自圆其说的境地。

我们知道，客观经济规律是在一定经济条件下产生的，不是人们主观愿望中的东西。金币流通规律和货币流通规律不完全是一回事。马克思的货币流通规律是从等价交换原则产生的。它适用于一切货币形式。金币流通规律是货币流通规律在金币流通下的表现；纸币流通规律是货币流通规律在纸币流通下的表现。没有金币流通，哪里来的金币流通规律？人民币没有含金量，我国物价与黄金没有联系（黄

---

① 《中国社会科学》1981年第3期，第75页。

金的收购牌价与我国物价构成没有联系），黄金的国际市场价格极不稳定，要计算出我国商品流通所需要的金币量再据以计算纸币量是不可能的。刘文认为我国建国初期根据长期经验所取得的经验数据，货币流通量和社会商品零售价格的比例（1：8.5）是根据金币流通规律的要求得出的。事实上这种比例根本与黄金没有任何联系，而是按照纸币流通规律的要求计算出来的。现在情况有些变化，农村经济的发展，工商交通和服务等行业的发展，一部分生产资料投入市场等都需要增加货币流通量。过去合适的比例今天未必再适用了。请问，怎样按照金币流通规律的要求来计算今天合适的比例关系呢？我认为当前我国的经济政策和货币政策是正确的，但却不是建立在认识人民币与黄金有联系的理论基础之上。

由于在实际上找不到足够的论据来证明人民币和黄金的必然联系，于是主张黄金论者就用现象与本质不一定一致的说法为自己辩护。他们说：人民币有含金量是现象，人民币代表黄金是本质，现象同本质不一定是完全一致的。他们引用马克思下列一段话来论证这一点："如果事物的表现形式和事物的本质会直接合而为一，一切科学都成为多余的。"① 我们知道，马克思这句话是在批判庸俗经济学的"三位一体"的公式时讲的，完全不能用来为主张人民币代表黄金的论点辩护。什么是货币的本质？货币的本质是黄金吗？不是。货币的本质是一般等价物，是代表一定的价值实体（一定的社会必要劳动量），作为表现、衡量和实现商品价值的工具，它是一定生产关系的体现。黄金只有在充当一般等价物时才成为货币。这时，黄金也不过是货币的形式，是体现一定价值量或社会必要劳动时间的形式。如果把货币的本质看成是黄金，把货币同黄金等同起来，怎样同金属主义划清界限呢？这符合马克思的劳动价值论吗？我看不是，而是自觉地或不自觉地滑入货币拜物教的泥坑中去了。

总之，在读了主张人民币代表黄金（或以黄金为价值基础）的一些著作以后，使我感到：虽然他们引用了不少的马克思主义的经典

---

① 《马克思恩格斯全集》第25卷，第923页。

著作上的个别词句，但却令人不无有——如薛暮桥同志所说——"刻舟求剑"之感。

陈云同志指出：应该"不唯上，不唯书，要唯实"。这是我们应该学习的真正马克思主义者的态度。

党的十届三中全会以来，批判了在对待毛泽东同志言论问题上的"凡是论"，在"拨乱反正"，端正我党的路线、方针、政策上和推动我国各项工作的蓬勃发展起了重大的作用。但是，在对待马克思主义经典著作上似乎还存在着不加分析地"一切照搬"的作风。在学习《邓小平同志谈端正党风问题》的文章以后，深深感到：如果在对待马克思主义经典著作的态度上不采取实事求是的态度，似乎很难使马克思主义更加发扬光大，成为人类历史发展进程中的指路明灯。

以上个人所见，可能很不正确，请读者教正。

（原载《经济管理文稿》1981年11月第2期）

论货币形式发展的新阶段
——兼同刘光第同志商榷

(1982年1月)

一、问题的提出

人民币是否代表黄金,这个争论已久的问题,自从20世纪70年代国际上以美元为中心的"金汇兑本位"货币体系垮台和实行"黄金非货币化"以后,已经变成纸币是否继续代表黄金这样一个具有普遍意义的问题了。

由于人们对马克思主义的基本原理和货币理论的理解不尽相同,对这种新现象有不同的认识,是可以理解的。但是,许多主张纸币仍然代表黄金的论者却把是否承认纸币必然代表黄金看成是否捍卫马克思货币理论的问题。他们不是用马克思货币理论的基本精神和实质来看待当前货币制度的新现象,而是不看时间、地点和条件,把马克思在特定历史条件下所讲的个别词句一概视为永恒的普遍真理。用这样的态度来讨论问题就必然缺乏说服力。马克思主义的基本要求是实事求是。我们应该根据实际情况,从中找出道理来,而不是削足适履或不顾实际地空谈理论。由于任何事物都是在一定的时间、地点、条件下产生和发展的,它们又都在随着时间、地点、条件的变化而变化,所以我们看问题也必须随时间、地点、条件而转移。我认为这应该是我们研究货币问题的基本出发点。

《中国社会科学》1981年第3期发表的刘光第同志的文章《论纸币和黄金的联系》(以下简称"刘文")是主张纸币仍然代表黄金的。从上述观点出发,笔者认为刘文中虽然有一些正确论点,但也有不少问题值得作进一步的探讨。仅就几个要点商榷如下:

1. 刘文一再强调黄金仍然是货币商品,"执行着货币的各种职能",并且还专辟一节论述"黄金在国际上是真正起着一般等价物作用的特殊商品"。可是就在这一节中,大部分篇幅谈的却是黄金非货币化问题,并承认"金价、物价、币值三者脱节,无论在理论上和实践上都是完全可能的"。而对黄金仍然是"起着一般等价物作用的特殊商品"这个基本论点,论证却很不充分。① 理论上的论证只用了马克思"货币天然是金银"一句话。实际上的论据,除了黄金仍用作部分货币储备这一点,可以算作黄金仍能发挥一点世界货币的作用以外,其他都算不上是黄金的货币作用。至于黄金是否仍然执行货币的两个最基本的职能——价值尺度和流通手段,是否仍然执行作为世界货币的支付手段和购买手段职能以及黄金在执行这些职能时具体表现在哪些地方,却只字未提。

2. 文中第一节以很大的篇幅来论述"从金币流通规律看纸币和黄金的联系",作者自称这是文章的主要论点。但我读后得出的印象是,他在文中更多是论证纸币应该代表黄金和纸币流通应该遵循金币流通规律才能稳定物价,而不是纸币(这里主要指人民币)在事实上究竟和黄金有什么联系。文中提到"人民币所表示的价格体系,实质上是以黄金所表示的价格体系",是"旧价格体系的继承",但却没有根据事实加以论证。实际上,人民币对旧价格体系的继承与黄金的价值没有多大关系。主张纸币代表黄金论者往往把旧价格体系的形成看成是由黄金或白银决定的。这种论点值得商榷。货币在商品交换中不过起中介的作用,它本身价值的大小,对价格体系的形成没有多大关系(参见后文)。我认为价格体系的形成主要决定于生产各种商品所需要的社会必要劳动时间的相对比例和其他因素的作用,如供求关系和政府的政策等,而不决定于金银的价值。在旧中国,帝国主义的经济侵略政策对我国工农业产品价格剪刀差的形成就曾发生了很大影响。刘文中提到:"根据我国建国后长期实践经验的总结,货币流通量和社会商品零售价格总额的合适比例大致为1: 8.5.按照这个

---

① 《中国社会科学》1981 年第 3 期,第 74-75 页。

比例……币值和物价水平可以保持基本稳定。……"① 这段话无可非议（不过，这个比例在当前情况下是否合适，还可研究）。但这种比例，恰恰是在人民币与黄金没有联系的条件下取得的。人们看不出这种比例与黄金有任何联系。他的引证恰恰说明：在纸币与黄金没有联系的条件下，人们仍然可以根据货币流通规律的要求来控制货币发行量以稳定物价，根本无需通过什么象征性的金币流通规律。

3. 刘文所以出现这样的问题的一个根本原因，在于他把货币流通规律不恰当地和金币流通规律等同起来从而使金币流通规律神秘化了。我们知道，马克思对货币流通规律是这样表述的："流通手段量决定于流通商品的价格总额和货币流通的平均速度。"② 这个规律虽然被马克思常常联系金币流通来论述，但实际上并不局限于金币，而是适用于一切货币形式的。这一规律的起源可以追溯到商品交换的最初形式，即在简单价值形式下，相对价值形式的商品价值＝等价形式的商品价值。唯有这样，处于等价形式的商品才能用来表现、衡量和实现处于相对价值形式的商品价值。货币既是一般等价物，它的数量自然决定于处于相对价值形式一边的商品价值总量，即以货币表现的总价格。由于每个货币可以周转多次，于是进入流通的商品的总价格就等于货币流通量乘上它的流通速度。我认为这是正确理解马克思货币流通规律的关键。因此，货币流通规律早在黄金作为货币以前就存在，因而不限于金币。不过，由于马克思表述这一规律时正处于典型的金本位时期，他用金币来阐述这一规律是很自然的。这个规律虽然适用于一切货币形式，但在不同货币形式下却有不同的表现。在金币流通的条件下，如果货币流通速度一定，金币的流通量就决定于商品价格总额。之所以如此，一方面是因为金币本身是有价值的。另一方面是因为如果流通中金币的数量过多，它可退出流通界被贮藏起来；反之，则由贮藏进入流通。在金币的这种调节作用下，金币的流通量基本上可以适应商品流通的需要，从而能够保持物价水平的基本稳

---

① 《中国社会科学》1981 年第 3 期，第 72 – 73 页。
② 《马克思恩格斯全集》第 23 卷，第 142 页。

定。这就是货币流通规律在金币流通条件下的表现，也就是金币的流通规律。在纸币流通条件下，纸币本身没有价值，不能自发地退出流通界，但它也只能表现商品流通所需要它代表的价值量（这种价值量可以是金币量，也可以不是金币量，详见后文）。如果纸币流通量超过或不及它所代表的价值量，就会引起纸币自身的贬值或升值，反映为物价水平的涨跌现象。这就是货币流通规律在纸币流通条件下的表现，也就是纸币流通规律。因此，在非金币本位的货币制度下，根本不存在什么金币流通规律。客观经济规律是在一定经济条件下产生的。没有金币流通，怎么会产生金币流通规律呢？

正因为光第同志把金币流通规律不恰当地看成是"冥冥之中"永恒存在的规律，所以在刘文中出现了这样一种自相矛盾的现象。他说："我们说人民币和黄金有联系，是从客观经济规律来分析的。从客观经济规律来看，人民币是一种纸币，纸币流通要受两个规律的制约：如果纸币的发行限于它所代表的金币数量，这时，纸币流通就是受金币流通规律所制约，这就说明纸币和黄金是有联系的，在这种情况下，币值和物价都可以保持相对稳定，纸币流通规律的作用就表现不出来了。反之，如果纸币同黄金的比例关系遭到破坏，纸币和黄金失去了联系，在这种情况下，纸币流通规律就发挥作用，商品价格就会随着纸币数量的增减而涨跌，币值和物价就得不到相对稳定。"① 这就是说，在同一纸币制度下，当物价稳定时，纸币就和黄金有联系，纸币就代表黄金；当物价波动时，纸币就和黄金失去联系，就不代表黄金。那么，请问：建国以来，我国物价有时稳定，有时又波动，究竟人民币是代表黄金，还是不代表黄金呢？

4. 刘文第四节专门论述"认识人民币和黄金相联系的现实意义"，其中提出的几点理由除了上述按金币流通规律来组织人民币流通这一点不符合实际外，其他都与人民币是否代表黄金无关。文章指出我们应该按照列宁所说节约使用金子，尽可能多生产一些金子，尽可能多储备一些金子。这肯定是对的，但却与人民币是否代表黄金无

---

① 《中国社会科学》1981年第3期，第75页。着重号为作者所加。

关。我甚至认为，我们还可多发售一些高价出售的金属纪念币和装饰品（但千万不能当作通货！）和再调整一下收购黄金的牌价，并更有效地利用我国的黄金储备，想方设法使黄金在国内外经济活动中发挥更大作用。但是，这只是发挥黄金作为价高质优的国际商品的作用，而不是发挥它作为货币商品的作用。至于说，运用陈云同志的"四平"理论来稳定物价，则与"人民币代表黄金"更是风马牛不相及。

光第同志还一再强调黄金作为人民币价值基础的意义。我不理解，他所谓的价值基础指的是什么？如果因为黄金有价值，它就是人民币的价值基础，那么，铜、银和其他一切劳动产品都有价值，难道不能成为价值基础么？如果指的是黄金仍然是起一般等价物作用的特殊商品，如前所述，他没有足够的论据。如果指的是黄金有使用价值，而使用价值是交换价值的物质承担者，那么有使用价值的商品多得很，为什么其他商品不能作为人民币的价值基础呢？如果指的是人民币的发行保证，那么，用包括黄金在内的一切商品作保证，岂不比单用黄金更好么？事实上，物价上涨的根本原因在于货币流通量的增长速度大于物资的增长速度。如果有充裕的物资，物价是涨不起来的。如指的是黄金用作国际储备，那么，各种外汇也是国际储备，为什么不能说外汇也是人民币的"价值基础"呢？

当然，刘文和其他主张纸币必须继续代表黄金的主要论点不止于此。譬如说，还有：（1）货币是充当一般等价物的特殊商品，这种特殊商品非黄金莫属。马克思说过："金银天然不是货币，但货币天然是金银。"① （2）一般等价物的"物"就是"劳动产物"，因而不是某种具体劳动产品就不能充当一般等价物。（3）商品价值必须由具有使用价值的商品来表现，纸币不是商品，没有使用价值，不能成为货币。（4）马克思说过："纸币是金的符号或货币符号。"② 纸币本身没有价值，只有代表金，才能发挥价值尺度的作用。否则它的价值无从说明。（5）如果认为纸币不代表黄金，就否定了马克思的劳

---

① 《马克思恩格斯全集》第13卷，第145页。
② 《马克思恩格斯全集》第23卷，第148页。

动价值论和商品货币理论。(6) 如果认为纸币代表一般商品价值，那就是把纸币看成是扩大的价值形式，是一种历史的倒退。(7) 纸币的流通量必须与商品流通实际需要的金币量相适应，物价才能稳定，等等。这些问题，拟在下文——加以回答。

二、黄金成为货币商品和还原为一般商品的原因

纸币是否代表黄金？要回答这个问题关键在于确定黄金是否仍是货币商品。如果黄金仍然是货币商品，纸币自可代表它；如果黄金已经不是货币商品，纸币自然不能代表不是货币商品的黄金来充当货币的符号。

这里，首先要解决的是——什么是货币？黄金是如何成为货币的？它又是怎样退出货币领域的？

不错，马克思讲过："金银天然不是货币，但货币天然是金银。"这句话是在《政治经济学批判》第二章第四节中专谈"贵金属"时讲的。这里，马克思着重从贵金属的物理属性说明金银最宜于充当起一般等价物作用的特殊商品，但是并没有把货币和黄金永远等同起来的意思。"金银天然不是货币"，就是说金银原来不过是一般商品，只是在特定的历史阶段才成为充当一般等价物的特殊商品。事实上，马克思写《资本论》的一个重要目的就是要揭开在"金光闪闪的外衣下"掩盖着的货币之谜。他说："我们要做资产阶级经济学从来没有打算做的事情：指明这种货币形式的起源，就是说，探讨商品价值关系中包含的价值表现，怎样从最简单的最不显眼的样子一直发展到炫目的货币形式。这样，货币的谜就会随着消失。"① 接着他就用辩证唯物主义的方法，以劳动价值论为核心阐明了货币从一般商品中分化出来的过程。

根据马克思的货币理论，货币不是天然自在的东西，而是商品生产和商品交换发展的产物。商品是为交换而生产的劳动产品，是使用价值和价值的统一。不同的商品有不同的效用（使用价值），才需要

---

① 《马克思恩格斯全集》第23卷，第61页。

互相交换；又因为都是劳动产品，包含着相同的人类劳动（价值），才能够相交换。价值是社会劳动的凝结，是不能由商品自己直接表现出来的，需要通过交换才能体现出来。于是在商品交换过程中，历经价值形式的演进，最后出现一般等价物，作为表现、衡量和实现价值的工具。这就是货币。它是价值尺度和流通手段的统一，还具有支付手段、贮藏手段和世界货币的职能。前两者是货币的基本职能，是构成货币的质的规定性的要素。后三者则是前两者的引申。货币发展到一定阶段（如金属货币），才具有世界货币的职能。货币是商品经济的孪生兄弟。只要有商品经济存在，货币就存在。没有货币，商品经济就无法运行。

应该特别提出的是，发展的观点是贯穿于马克思商品货币理论的一根主线。辩证唯物主义告诉我们：世间任何事物虽然在一定时期内具有相对的稳定性，但从较长时期来看，总是处于不断发展变化中的。随着商品生产和商品交换的发展，价值形式和货币本身也都经历着一个发展变化的过程。如早期的价值形式，作为等价物的特殊商品，以及充当货币的材料，都是不断发展变化的。价值形式由简单（偶然）价值形式发展为扩大价值形式，再发展为一般价值形式；作为等价物的特殊商品，最初有牛羊、布帛、贝壳等，后来逐渐被金属所取代。充当货币的金属材料有铜、铁、银、金等，后来主要集中在黄金上面。再后来，出现纸币作为黄金或价值的符号。这些都说明，作为等价物的货币商品本身是在发展变化中的，不会永远固着在一种东西上面。

从马克思对价值形式和货币形式的发展的分析中，我们不难看出：导致这种变化的原因，除去币材的物理因素外，主要是商品生产和商品交换的量的不断扩大。随着社会生产力的发展，商品种类愈来愈多，每种商品的数量愈来愈大，处于相对价值形式一端的商品的总价值量也愈来愈大，因而要求作为等价物的价值量与之相适应。但处于等价物一端的特殊商品只是一种商品，它的产量有限，即使把它的符号和流通速度计算在内，也很难赶上处于相对价值形式一端的商品的总价值量。当这种作为等价物的币材所提供的价值量（包括代表这种币材的价值符号在内）不能适应商品生产和交换发展的需要时，就会引起币材本身的变化。这时，作为特殊商品的某种币材就会让位于较能适应这种需要的另一种货币材料（如贱金属让位于贵金属）①。这是一条不以人们意志为转移的客观规律。

　　黄金作为货币商品是一个历史的范畴。它同其他金属一样，都是在一定历史阶段上起作用的。铜和银作为主要币材，有几千年的历史。黄金被普遍用作货币商品的时间则是很短的。典型的金本位，以英国为最长，但也只有一百年左右的历史（1816—1914年）。美国只有三十四年（1900—1933年）。其他西欧国家只有几十年的历史。即使把残缺不全的金本位时期计算在内，也不过一两百年。能把货币固着于黄金不变吗？前面说过，历史上导致币材变化的一个关键因素是它的价值量能否适应商品经济发展的需要。黄金作为币材较其他货币商品有其优越性，如质量均匀、易于分割、耐久耐磨、体积小而价值高、便于携带等，但它的生产量也要受到原材料和生产条件的限制，无论如何赶不上全世界商品生产发展的需要。甚至在典型的金本位时期，由于币材的不足，金币就不得不与兑现的纸币（银行券）同时流通。因此，随着商品经济的发展，黄金作为货币商品的作用也会逐步消失。事实正是如此。它本身已经经历了一个演变过程：由金币本位制度过渡到金块本位和金汇兑本位制度以及进一步过渡到国内不兑现的纸币制度。在国际上，"二战"后曾经实行以美元为中心的"金汇兑本位"制度。但在进入70年代以后，美元两度贬值，先后发生美元与黄金脱钩，各国货币与美元脱钩，实行浮动汇率，这样的国际货币制度也崩溃了。出现这种趋势，各国本身的政策固然是一个因素（如美国因本身利益实行了"黄金非货币化"的政策），但不能因此就说它不是客观规律发挥作用的结果。刘文认为黄金现在仍旧是世界

---

　　① 例如马克思就说过这样的话："随着流通中商品价值总额的增加，各个国家都觉得用银计算比用铜计算方便，用金计算又比用银计算方便。随着国家日益富裕，国家就使价值较低的金属变成辅币，使价值较高的金属变成货币。"（《马克思恩格斯全集》第13卷，第153页）。

货币，这是不正确的。现在世界上各国货币的含金量都已失效。国际货币基金组织自1975年起已经废除黄金官价，1978年4月1日起正式取消黄金条款，黄金不再作为国际支付手段和各种货币法定汇价的共同尺度。不过，由于它本身的特点，与其他劳动产品相比，仍然是最佳的价值贮藏手段。因此，它还被用作价值贮藏和国际储备的手段。但是，这种作用实质上已经不完全是世界货币的作用，而主要是一般商品和财富的作用。我们知道，货币虽有价值贮藏的作用，但有价值贮藏作用的东西不只是货币，珠宝和其他商品都有价值贮藏的作用，只不过黄金还具有价值高、最便于保存和转移的特征。因此，作为贮藏手段不是构成货币的质的规定性的必要条件。

不应忘记，黄金原来具有一般商品和货币商品这两重身份。在丧失其货币职能之后，黄金仍然是质优价高的国际商品。但有些人在论述当前黄金的作用时，混淆了这两者的界限，如把1975—1980年间，美国和国际货币基金组织多次抛售黄金平抑金价以及美国银行发售黄金证券看成是发挥黄金的货币作用。刘文也是如此。

再就国内来说，从历史上看，黄金虽早在两千多年前就作为我国货币商品之一，但从来没占主要地位。清末民初，较长时期主要使用银两和银元，以及铜钱。1935年国民党改革币制，对外实行金汇兑本位币制，规定法币一元可兑换英镑一先令二便士半。但当时甚至英国连金本位制也放弃了，谈不上与黄金有多大联系，而且当时国内仍然是纸币流通，并不兑现。解放战争期间，国民党统治区发生恶性通货膨胀。1948年8月，国民党改革币制，以黄金为准备发行金圆券，但不到两个月，金圆券连续疯狂贬值。到全国解放时，伪金圆券的价值连一张废纸都不如。谁也说不上它能代表多少黄金。当时，人民政府为了保护人民利益，才勉强按一定比率收兑。有人说，人民币代表黄金，是继承了国民党的货币与黄金的联系。其实，这只能说是价格体系结构的继承，而不是纸币代表黄金关系的继承。

再从人民币产生的历史实际来看，它从来没有与黄金发生联系。老解放区一直禁止黄金流通。当时不是用金的价值，而是用实物（如小米）或物价指数来衡量边币所代表的价值的变化。当1948年解放区的银行合并为中国人民银行并发行人民币时，新华社曾在同年12月7日发表的《中国人民银行发行新币》的社论中指出："解放区的货币，从它产生的第一天开始，即与金银脱离关系。"人民币从来没有规定法定的含金量，也不用黄金作为法定的发行储备。全国解放后，政府禁止金银在国内市场流通，对金银实行严格管理，允许个人持有和收藏，但不准买卖，同时采取合理比价进行收兑。当时由于继承了国民党遗留下来的物价飞腾，民生凋敝的烂摊子，人民政府为了稳定物价和币值，为了安定人民生活，采取了折实制度。以粮、布、油、煤、盐五种商品的综合物价指数作为"折实单位"以之作为发行公债，吸收储蓄存款和发付工薪的计值标准。1955年物价稳定，才取消折实单位，发行新币换收旧币。从此人民币走上了比较健康的道路。由此可见，建国以来，人民币从来没有同黄金发生过直接联系。有人认为黄金还有牌价，这可以说明人民币与黄金的联系。这未免太牵强了。黄金的牌价与货币的含金量是两码事，不能混淆。有牌价的东西，不仅是黄金，还有白银和国家规定的其他收购物资。如果说，黄金因有牌价就能成为人民币的价值基础，那么白银和其他特定收购物资不是一样有牌价吗？为什么不能说它们也是人民币的价值基础呢？70年代以来，国际市场金价暴涨十多倍，如果人民币与黄金有联系，人民币就会相应贬值，我国物价就会上涨十多倍！这是不堪想象的。有人认为，我国还把黄金用作外汇储备和国际支付手段，可以说明黄金的货币作用。其实，国际收支主要靠对外贸易和其他外汇收支的相互结算。在收支发生逆差而又不能用借款方式偿付时才动用黄金。黄金按国际市场价格计算，实质上起着输出商品的作用，对人民币的汇价没有决定性的关系。

综上所述，现在各国货币都不以黄金定值，都已和黄金脱钩。黄金已不再是决定一国币值变化的因素，也不是一国汇价变动的因素。金价的变化同国际市场的物价和国内的物价已经没有内在的联系。国际上也不用黄金作为购买手段和支付手段。前面说过，货币是一般等价物，是价值尺度和流通手段的统一，是表现、衡量和实现价值的工具。这是货币的质的规定性。现在人民币和各国纸币具有这种质的规定性。但黄金却不再具有这种质的规定性，因此它已不再是或基本上不再是①货币商品了。如果说，货币是充当一般等价物的特殊商品，那么，这种特殊商品已经不存在了，因为它已不起一般等价物的作用。因此，不妨说，当前货币的形式已经进入到一个没有特殊商品来充当一般等价物的新阶段了。

有人说，价格标度和价值尺度是两码事。各国货币没有含金量，黄金不作为计值标准，只能说明黄金不起价格标度的作用，不能说明它不起价值尺度的作用。这里，应该指出，价格标度和价值尺度虽然是不同的概念，但却有内在的联系。马克思告诉我们：价格标度是价值尺度的转化形式。没有价格标度，价值尺度是体现不出来的。用薛暮桥同志的话来说："好像一把谁也不知道它长度的尺子，人们怎么能用这把尺子去衡量各种产品的价值呢？"② 现在国际上黄金官价已经取消，市场价格又经常变动，远远超出黄金本身的价值（由于供不应求），我们能把黄金当作价值尺度吗？

在黄金已经丧失货币商品资格而还原为一般商品的今天，如果说纸币仍然代表黄金，岂不等于说它代表的只是一般商品的价值吗？与代表其他商品价值何异？

由此可见，黄金作为货币商品的历史地位已经基本结束。也就是说，由一种特殊商品来充当货币的历史阶段已经基本结束。但是，只要商品经济还存在，充当一般等价物的货币必将继续存在。不过，货币的形式变了。这时的货币形式不是由一种特殊商品来充当一般等价物，而是过渡到由纸币直接代表价值来充当一般等价物了。

以下就进一步说明纸币是如何由代表黄金发展成为直接代表价值的。

从纸币的发展历史来看，它与黄金（或广义上的金属货币）的关系大体上可分为三个阶段：

---

① 从严格意义上说："基本上不是"，比较妥帖。但纯粹的社会现象是不存在的。下文为方便起见，都不再区分。

② 参见《关于人民币是否必须代表黄金的商榷》，载《社会主义经济理论问题》，第182页。

第一阶段是名实相符的阶段——亦即纸币（这里主要指银行券）有法定含金量并可以兑现为金属币的阶段（如西方各国实行金币本位时期）。这时纸币名义上和实际上都同它所代表的法定的金属货币等值。纸币没有价值，为什么能够代替货币起着一般等价物的作用呢？马克思说过："货币在执行价值尺度的职能时，只是想象的或观念的货币。"① 因而无需有货币的实体存在。他又认为：货币在充当流通手段时，只是在"转瞬即逝"的过程中起着媒介的作用。"在货币不断转手的过程中，单有货币的象征存在就够了。"② 因此，只要在流通中能够实现商品的价值，货币是可以用符号（纸币）来代替的。既然作为货币的质的规定性的两个基本职能，都可以用纸币来代替，那么，纸币自然可以代替特殊商品来充当一般等价物了。

前面说过，在典型金本位时期，由于金币有自动调节作用，金币流通量基本上可以适应商品流通的需要。又因为纸币可以兑现，它所代表的价值紧紧地和它所代表的金属价值联系在一起，因而物价水平是比较稳定的。在这种情况下，纸币所代表的金币的价值在名义上和实际上（基本上）是一致的，（基本上）不发生两者背离的现象。这时的纸币是十足的"金的符号或货币的符号"。

第二阶段是名实不完全相符——即纸币有法定的含金量，但不能兑现——的阶段（如1929—1933年世界性大危机以后到70年代初期各主要资本主义国家的国内货币制度）。这时纸币在名义上仍然是"金的符号"，代表一定的金属货币的价值，但实际上能否代表金属货币要看纸币的流通量能否适应商品流通需要它代表的金属货币量。马克思在论述纸币流通规律时指出："这一规律简单说来就是：纸币的发行限于它象征地代表的金（或银）的实际流通的数量。"③ 又说："在价值符号的流通中，实际货币流通的一切规律都反着表现出来了，颠倒过来了。金因为有价值才流通，而纸票却因为流通才有价

---

① 《马克思恩格斯全集》第23卷，第114页。
② 《马克思恩格斯全集》第23卷，第149页。
③ 《马克思恩格斯全集》第23卷，第147页。

值。已知商品的交换价值，流通的金量决定于金自己的价值。而纸票的价值却决定于流通的纸票的数量。流通的金量随着商品价格涨跌而增减，而商品价格却似乎是随着流通中纸票数量的变动而涨跌。"[1]这就是说，纸币的价值决定于它和商品流通所需要的金币量的对比关系。它所代表的金币价值和它本身的数量成反比例。如果纸币流通量超过或不及它所代表的商品流通所需要的金币量，它就会相应贬值或升值，从而反映为物价上涨或下跌现象。马克思的这种理论同资产阶级货币数量说的根本区别在于：资产阶级货币数量说认为，物价水平主要决定于货币的数量。而马克思认为，商品总价格是货币流通量的决定因素，而不是相反。在纸币流通条件下，物价的变化是通过纸币价值的升降表现出来的，而纸币价值的升降又是它本身数量超过或不及它所代表的商品流通所需要的金币量的缘故。

　　第三阶段是名实完全脱离的阶段——亦即纸币没有法定的含金量，不能兑现，但以法定的（如人民币）或历史继承（如西方各国）的价格标度进入流通的领域。这时，它所代表的价值无论在名义上或是在实际上都与金属币无关。金属已经不再是货币商品。纸币已经没有什么特殊商品可以代表，因此，它不再是"金的符号"。由于经济中已经没有其他货币或货币商品，而纸币本身又执行着价值尺度和流通手段的职能，是表现、衡量和实现商品价值的工具，起着一般等价物的作用，因此，它本身就是货币了。不过，由于它没有价值，它仍然是价值符号，代表着一定的价值。从前引马克思关于纸币流通规律的阐述中可以看出，纸币区别于金属币的根本特征是：金属币先有价值而后进入流通，而纸币所代表的价值却是在流通中形成的。在纸币发展历史的第二阶段中，纸币所代表的价值决定于它的数量是否适应商品流通所需要的它所代表的金币量。在本阶段中，它所代表的价值就决定于它的流通量是否符合客观经济发展所需要的、按照历史继承的或国家规定的价格标度所代表的价值量。在纸币流通条件下，由于作为价格标度的纸币单位起着把社会商品总价值加以等分的作用

---

[1] 《马克思恩格斯全集》第13卷，第111页。

（参见下节），所以不论是开始规定的，还是历史继承的，它所代表的价值大小无关紧要（如人民币、美元、日元、英镑等所代表的价值各不相同）。问题在于它以后的流通量是否适应经济发展的需要。如果适应，纸币的币值就稳定，物价水平就不变。如果不足，纸币就升值，物价水平就下降。如果超过，纸币就贬值，物价就上涨（本文为说明方便起见，货币流通速度和其他条件都假定不变）。这样，就如薛暮桥同志所说，物价指数自然成为检查币值高低的标准了。

作为一般等价物的金属货币是客观商品经济发展的自发产物，它是劳动产品，必须有原料和生产条件加上人类的劳动才能生产出来。纸币没有价值，不是劳动产品，它是根据国家或金融当局的意志投入流通的，尽管它的数量可以不受客观经济的约束，但它代表的价值仍然要受客观经济规律的制约。国家可以根据自己的意志把任何数量的纸币投入流通，但却不能防止它的贬值。当纸币的发行量超过客观经济发展的需要时，就会发生通货膨胀的现象。因此，在纸币进入第二阶段以后，就为通货膨胀提供了可能性。

但是，可能性不等于必然性，把可能性变为现实性还需要一定的条件。关键就在于国家的经济政策能否使纸币流通量保持在符合经济发展需要的水平上。

资本主义国家，不可避免地要存在经常性的失业和发生周期性的经济危机。"二战"后资本主义国家企图通过执行凯恩斯主义的赤字财政和廉价货币政策来防止危机和失业，结果危机和失业非但没有消除，反而纷纷走上了通货膨胀的道路。

我国在建国初期若干年中，由于执行了正确的经济政策，物价基本稳定，经济发展很快。最近，由于过去十多年中经济政策失误，出现了通货膨胀的苗头。我们认为，由于社会主义制度本身的优越性，只要执行正确的经济政策和货币政策，通货膨胀是可以避免的。

但是，正确的经济政策需要以正确的经济理论为指导，正确的货币政策需要以正确的货币理论为指导，否则就会导致政策的失误。而正确的经济理论和货币理论必须反映客观实际并符合客观规律的要求。

有人说，马克思的货币流通规律主要指的是金币流通规律。马克思讲过:"纸币流通的特殊规律只能从纸币是金的代表这种关系中产生。"① 因此,他们认为:只有承认纸币代表黄金并按照这个规律的要求控制纸币流通量使其适应商品流通所需要的金币量,才能稳定物价。

在黄金充当货币商品而纸币又代表黄金的阶段中,上述论点无疑是正确的。但现在的货币形式已经进入了一个脱离黄金的新阶段,我们就不能这样看了。马克思在《政治经济学批判》第二章开头的引言中说:"在以下的研究中要把握住,我们所谈的只是从商品交换直接产生出来的那些货币形式,而不是属于生产过程较高阶段的那些货币形式,如信用货币。为简化起见,到处把金作为货币商品。"又说:"强制通用的国家纸币是**价值符号**的完成形式,是直接从金属流通或简单商品流通本身中产生出来的纸币的唯一形式。**信用货币**属于社会生产过程的较高阶段,它受完全不同的规律支配。"② 马克思的商品货币理论主要是说明从商品交换直接产生出来的那些货币形式,也就是货币由一种特殊商品来充当的形式。但他自己也已经预见到货币形式将随生产过程的发展而发展到更高的阶段。事实上,我国物价与黄金没有联系,人民币既无法定含金量,黄金国际市场的价格又极不稳定,要根据商品流通实际需要的金币量计算纸币量是不可能的。而撇开黄金,我们却可根据建国以来的历史经验,计算出在正常情况下,人民币的流通量与商品可供量保持什么样的比例关系,从而使我们得以运用陈云同志关于实现"四平"的综合平衡理论来稳定物价,促使经济迅速发展。既然如此,又何必舍此就彼呢?

四、纸币价值从何而来?它代表什么?

前面说过,马克思主义对待事物的正确态度是从实际出发,实事求是。对待人民币是否代表黄金这一问题也必须如此。我们首先应该从实际出发,看看黄金是不是仍然是货币商品,人民币是不是货币,再看两者之间的关系怎样,从中找出道理来。这就是说,应该先解决"是什

---

① 《马克思恩格斯全集》第 23 卷,第 147 页。
② 《马克思恩格斯全集》第 13 卷,第 54,106 页。

么",而后解决"为什么"。而不是用既定的理论框框把现实套起来。

前两节中,着重解决的是黄金已经不是货币商品,纸币已脱离黄金而直接成为货币。现在要回答的是:纸币本身没有价值,不能成为一种特殊商品,如果它不代表黄金,它的价值从何而来?它为什么能够成为货币?

马克思讲过:"价值符号直接地只是**价格的符号**,因而是**金的符号**,它间接地才是商品价值的符号。"[①] 有人以此来论证纸币必须代表黄金,才能代表商品价值。如果纸币不代表黄金,就不能执行价值尺度的职能。

我认为上述马克思的话是对金本位币制下的纸币或银行券而言的。在金本位制度下,货币单位有一定的含金量。一切商品的价值都以有含金量的货币单位来表示。在这种情况下,纸币既是"价格的符号",自然又是"金的符号"。即使这样,它还是通过货币单位间接地代表了商品的价值。如以公式表示:设 A 为纸币每单位所代表的价值,B 为货币单位的含金量的价值,C 为纸币每单位所代表的商品价值,则

$$A = B = C$$

再加以具体化:设 $A = 1$ 美元纸币所代表的价值;$B = 1$ 美元金币含金量的价值 $= \frac{1}{35}$ 盎司的黄金价值;一双皮鞋的价值 $=$ 一盎司黄金 $= 35$ 美元;$C = \frac{1}{35} \times$ (一双皮鞋的价值)。于是

A(一美元纸币所代表的价值)= B(一美元金币的含金量的价值,即 $\frac{1}{35}$ 盎司黄金的价值)= C(一双皮鞋的价值/35)

在美元已经没有含金量的条件下,如果一双皮鞋的价格仍是 35 美元,很明显

一美元纸币所代表的价值 $= \frac{1}{35} \times$ (一双皮鞋的价值)

[①] 《马克思恩格斯全集》第 13 卷,第 105 页。

这就是说，在上式中，在 B 消失以后，就成为
$$A = C$$

这样，纸币就直接代表商品价值了。那么，究竟纸币每单位代表多少价值量呢？我们知道价格是价值的货币表现，于是纸币每单位所代表的价值就是商品价格除商品价值。设 C 为商品价值，P 为商品价格，Q 为商品数量；商品 1 的价值为 C_1，价格为 P_1，数量为 Q_1，商品 2 的价值为 C_2，价格为 P_2，数量为 Q_2，……商品 n 的价值为 C_n，价格为 P_n，数量为 Q_n。又设 M 为货币流通量，V 为货币流通速度，U 为每单位纸币所代表的价值；则各个数值之间的关系为：

$$U = \frac{C_1}{P_1} = \frac{C_2}{P_2} \cdots\cdots = \frac{C_n}{P_n} \quad \text{（就单个商品来说）}$$

$$= \frac{C_1 Q_1}{P_1 Q_1} = \frac{C_2 Q_2}{P_2 Q_2} \cdots\cdots = \frac{C_n Q_n}{P_n Q_n} \quad \text{（就每种商品来说）}$$

$$= \frac{\sum_{i=1}^{n} C_i Q_i}{\sum_{i=1}^{n} P_i Q_i} = \frac{CQ}{MV} \quad \text{（就全社会商品来说）}$$

$$= 商品总价值的等分值$$

举例来说，设待实现的商品总价值为 1 亿单位劳动时间，与 5 千万美元货币量相交换（假定 V = 1），商品总价格为 5 千万美元，则每一美元所代表的价值为 2 单位劳动时间。

就一个社会来说，每一纸币单位所代表的价值就是商品总价值（CQ）除以商品总价格（这里等于货币总量 MV）所得的平均值，因而纸币单位实际上起着以自己的数量（包括支付手段和流通次数）把商品总价值加以等分的作用。所以，我们可以说，纸币所代表的价值就是商品总价值的等分值。这就是它所代表的社会必要劳动时间，它以此作为价值尺度，来表现、衡量和实现商品的价值。

前面说过，纸币本身没有价值，它所代表的价值是在流通中形成的。当纸币单位以国家规定的或历史继承的价格标度投入流通时，纸币单位所代表的原始价值大小是无关紧要的，因为这不影响不同商品所具有的不同价值之间的比例关系。设一本书的价值为 4 单位劳动时

间，一支笔的价值为 10 单位劳动时间，一只手表的价值为 200 单位劳动时间。它们之间的交换价值比例为 2：5：100。当纸币每单位所代表的价值为 2 单位劳动时间时，它们是这种比例关系；当纸币的价值为 4 单位劳动时间时，它们之间的比例关系仍然如此。因此，国家规定的纸币开始可以以任何假设的价值量投入流通，而不影响整个价格结构和商品的交换关系。但是，纸币所代表的真实价值一旦形成，就应该保持稳定。因为在国民经济进一步发展中，如果纸币代表的价值不断变化，就会使以纸币表现的各种商品的价格和物价水平不断波动，从而影响整个经济活动。

根据上述公式，纸币在开始投入流通以后，其代表的价值与商品总价值和货币数量之间的关系为：

$$U = \frac{CQ}{MV}$$

这就是说，U 的变化取决于分子和分母两方面的因素，即 CQ 和 MV。

在国内经济进一步发展过程中，假定其他因素不变，则：

1. 如果生产发展，CQ 增加，而 MV 以同一比例增加，则 U 不变，因而纸币所表示的物价水平也不变。

2. 如果 CQ 增加，而 MV 不变或 MV 的增加幅度不及 CQ 的增加幅度，则 U 将相应升值，物价水平相应下降。

3. 如果 CQ 不变而 MV 增加，或者虽然 CQ 增加但 MV 的增加幅度超过 CQ 的增加幅度，则 U 相应贬值，物价水平相应上升。

因此，如果国家要维持稳定的物价水平，就得维持纸币每单位所代表的价值不变，就是要维持 CQ 和 MV 的对比关系不变，也就是要使纸币流通量和商品总价值相适应。这就是国家在纸币流通条件下赖以制定正确货币政策的理论基础。

我认为，我国在新中国成立以来对于控制货币流通量以稳定物价还是重视的。过去的经验数据，即货币流通量对社会商品零售额要保持 1：8.5（或 8）的比例，正是根据这种理论得出的，而不是根据金币流通规律得出的。不过，现在情况变了。由于：第一，农村经济的发展,需要大量现金周转;第二,工、商、交通、服务等行业的发展需要增加不少货币;第三,过去以转账形式进行调拨的部分生产资料投入市场,因而货币需要量大大增加,这种比例需要重新研究。

这里应该说明的是:本文所论仅限于整个社会的 CQ 和 MV 的对比关系。至于 M 和 V 的各自变化和相互关系,由于篇幅所限,这里不再加以分析。又各种商品由于产量、劳动生产率和供求关系的变化而引起的价格结构和社会必要劳动量分配比例的变化,也不在本文讨论。

不过,可以附带指出的是,笔者甚至认为在黄金充当一般等价物的特殊商品时,金币就起着以其数量(包括它的符号和流通速度在内)把社会商品总价值加以等分的作用。由于金币有着自动的调节作用,它的流通量随商品总价格的增减而成正比例的变化,它能够基本上保持这种等分关系。因而金币作为一般等价物所代表的价值,既是金币含金量的价值,也是社会商品总价值的等分值。不过,在金币流通条件下,这种等分值是比较固定的;而在纸币流通条件下,这种等分值是随纸币流通量的相对增减而有所变化的。

有人认为,说纸币不代表黄金或不代表一种劳动产品就是违反马克思的劳动价值论。好像只有认为纸币代表黄金、白银或任何其他一种特殊商品,才是尊重劳动价值论似的。我们知道,劳动价值论的核心是商品的价值由社会必要劳动时间来决定。马克思说:"货币作为价值尺度,是商品内在的价值尺度即劳动时间的必然表现形式。"① 货币的作用不过是用一种具有价值实体(即抽象劳动)的形式来表现、衡量和实现商品的价值。金银之所以成为货币,主要不是由于它的外壳,而是因为它具有价值,包含一定的社会必要劳动量。纸币代表金、银,也主要不是代表它的外壳,而是代表它的价值,代表它所包含的社会必要劳动量。在纸币代表金、银来执行一般等价物的作用时,并不用金银自己出面,不过是抽象的观念形态在起作用。为什么纸币不能在观念形态上不依赖黄金而单独代表一定的社会必要劳动量呢?

有人认为"一般等价物"这一名词中的"物"只是对劳动生产物

---

① 《马克思恩格斯全集》第 23 卷,第 112 页。

或商品而言,纸币不是劳动生产物,不是商品,因此不能充当货币。这是一种对译文的误解。经查《资本论》英文版,"一般等价物"的英文为"universal equivalent",是泛指处于一般等价地位或充当一般等价的东西(广义的物或当量),俄文版和德文版中相当的名词也是如此。因此,只要纸币能够执行价值尺度和流通手段的职能,它就能成为一般等价物,并非必须是劳动产品,才能充当一般等价物。

有人说,货币必须由一种特殊商品来充当,不仅因为这种特殊商品是一种劳动产品,而且因为等价物必须具有使用价值。使用价值是价值的表现形式。纸币没有使用价值,怎样充当表现商品价值的等价物呢?

不错,马克思在论述价值形式时曾指出等价形式的三个特征:第一,使用价值成为价值的表现形式;第二,具体劳动成为抽象劳动的表现形式;第三,私人劳动采取社会劳动的形式。这三者都是由具有使用价值的商品体现出来的。我们知道,商品原是为交换而生产的劳动产品。商品生产者原先交换的目的是以自己的商品换取具有不同使用价值的商品。这样,处于等价形态的商品不能不具有使用价值。货币原是在商品交换过程中自发地从一般商品中分化出来的特殊商品,就不能不具有使用价值。因此,凡是"从商品交换直接产生出来的货币形式",都是具有使用价值的特殊商品。

但是,在商品交换发展过程中,生产者出售商品往往不是为了立即取得能够满足某种需要的、具有使用价值的商品,而是为了取得货币,以便在另一个时候用于购买某种商品或用作其他用途。这样,作为特殊商品的原来使用价值,就没有实际意义了。重要的是,商品出售者能够取得相当于他所卖出的商品的价值量,以便用它再买回相当于原来价值的其他商品。在这种情况下,作为交易媒介的货币可以用本身既没有使用价值又没有价值的纸币来代替。马克思在论述价值符号能够代替金属货币流通时指出:"金货币在流通中升华为它自身的象征,最初采取磨损的金铸币的形式,而后采取金属辅币的形式,最后采取无价值的记号、纸片、单纯的**价值符号**的形式。"① 由此可见,

---

① 《马克思恩格斯全集》第 13 卷,第 104 页。

纸币是生产过程较高阶段的产物，是人们认识到商品交换过程中的这种特点而自觉地加以利用的结果。它是特殊商品的一种升华形式。在纸币行使初期，由于人们习惯于以具有物质形式和使用价值的特殊商品为货币，不大相信纸币能起一般等价物的作用，因此，除由国家赋予强制流通的权力外，还要用金、银作发行准备并保证随时可以兑换金银。久而久之，当人们习惯于使用不兑现的纸币作为一般等价物时，它就逐步脱离它所代表的特殊商品，而独立地成为货币了。

有人说，特殊商品是以其自身的价值作为衡量处于相对价值形式的商品价值的价值尺度。纸币所代表的价值不是来自特殊商品，而是来自处于相对价值形式的商品价值。那岂不是以商品价值来衡量商品价值吗？岂不是否定了马克思的商品货币理论？

应该看到，纸币所代表的价值的形成是不同于特殊商品的。在前引马克思关于纸币流通规律的话中指出："金因为有价值才流通，而纸币却因为流通才有价值。"因为纸币所代表的价值是在流通中形成的，它就必然借助于相对价值形式的商品价值。纸币能够以国家规定的或历史继承的或任意规定的价格标度投入流通，但它所代表的真实价值只能取决于它所代表的商品流通实际需要的价值量，也就是取决于和它处于相对价值形态的商品总价值。这种价值对比关系一旦形成以后，货币就可以用来衡量一切具体的商品价值。这与纸币代表一种特殊商品的价值都是一种观念形态，本质上没有什么不同，是符合马克思的商品货币理论的。由于这个阶段的纸币不是"从商品直接交换产生出来的那些货币形式"，而是商品生产过程更高阶段的产物，因而不能机械地套用马克思关于"从商品直接交换产生出来的那些货币形式"的论述。

有人把以上对于纸币所代表的价值的解释看成是一种"扩大的价值形式"的表述，并认为这是一种"历史的倒退"。这是一种误解。什么是扩大价值形式？扩大价值形式是处于相对价值形式的商品价值表现在一系列商品上面，而不是经常表现在一种充当一般等价物的特殊商品上面。我们研究的对象是纸币，它是现实生活中唯一的一般等价物。一切商品都必须同它相交换才能实现其价值。这种纸币同作为金属币的符号的纸币的区别在于：后者代表一种特殊商品的价值，而前者则直接代表一定的价值。但它们的共同点则是，作为价值实体的形式来说，只有一个不是多个。怎能说是扩大价值形式呢？前面说过，这是货币形式的一种新发展。还应该说，这是货币形式的一种质的飞跃。怎能说是历史的倒退呢？

有人认为：人民币没有含金量是现象；人民币代表黄金是本质。现象同本质不一定是完全一致的。他们引用马克思说的话来论证这一点："如果事物的表现形式和事物的本质会直接合而为一，一切科学就都成为多余的了。"① 我们知道，马克思这句话是在批判庸俗经济学的"三位一体的公式"时讲的，完全不能用来为主张人民币代表黄金论者辩护。什么是货币的本质？货币的本质是黄金吗？货币的本质是一般等价物，是代表一定的价值实体（社会必要劳动量），表现、衡量和实现商品价值的工具，它是一定生产关系的体现。黄金只有在充当一般等价物时才成为货币。这时，黄金也不过是形式，是体现一定价值量或社会必要劳动时间的形式。如果把货币同黄金等同起来，把货币的本质看成是黄金，那就不是马克思的劳动价值论，也就同金属主义划不清界限了。

总之，马克思的《政治经济学批判》和《资本论》第一卷是在19世纪中叶写的。那时英国正处于金本位的"黄金时代"。马克思当时针对金本位制度所说的话没有错。但今天情况变了。如果不从精神实质上去理解，而抱住原话不放，似乎就如薛暮桥同志所说的是"刻舟求剑"了。陈云同志指出，应该"不唯上，不唯书，要唯实"。这是我们应该学习的真正马克思主义者的态度。

五、货币形式的发展前途

货币形式的这种变化，即纸币从代表黄金发展为脱离黄金而直接代表价值或社会必要劳动量，是社会生产力和商品生产进一步发展的结果，是不以人们意志为转移的客观经济规律所导致的结果。

---

① 《马克思恩格斯全集》第25卷，第923页。

人们有意识的行动可以加速或延缓这种进程,但不能从根本上阻止这种进程。这种货币形式的出现,是货币形式发展的新阶段,是历史的一种进步。但就某种意义来说,却不是为人们所欢迎的"进步",因为它为通货膨胀开辟了道路。而通货膨胀的危害性是众所周知的。

纸币在代表黄金阶段中,它所代表的价值依附于黄金,受黄金的约束,因而它的发行量不能有很大的随意性。一旦脱离黄金的羁绊,它以独立自在的货币身份出现,就易受国家政策的操纵,成为国家政策的牺牲品。如前所述,由于"二战"后资本主义国家普遍执行凯恩斯主义的赤字财政和廉价货币政策,资本主义国家普遍走上了通货膨胀的道路。许多社会主义国家,由于没有掌握好国民经济中的各种比例关系以及其他原因,也出现了通货膨胀。我国过去在"左"的思想影响下在经济政策上出现一些失误,也出现了这种苗头。这就提出了一个人们普遍关注的问题:货币形式的发展前途怎样?

不少人憧憬于典型金本位时期那种物价比较稳定的"黄金时代",怀着善良的愿望,幻想有朝一日,金本位卷土重来。主张纸币代表黄金的人们中有相当一部分人具有这种思想,认为只有把纸币同黄金联系起来,才能稳定物价。但是,善良的愿望与严酷的现实是两回事。以愿望代替现实,不是科学的态度。

我认为恢复金本位币制的可能性很小。主要原因:一是黄金总存量和年生产量赶不上全世界经济发展的需要;二是黄金分配极不均衡,主要集中在少数国家手中。前面说过,处于相对价值形态一端的商品是千千万万,而处于等价形态一端的黄金只是一种劳动产品,显而易见,它的总价值量无论如何也不可能适应全世界经济发展的需要。有人认为实行金本位不一定全部要金币流通,绝大部分的流通手段和支付手段可以由纸币和信用货币来代替。但问题在于:这种纸币或信用货币能不能兑换为黄金?如能兑换,黄金的供应量绝不敷用。如不能兑换,则纸币价值得不到保证,如果财政收支不能平衡或其他原因导致货币发行过多,仍会走上通货膨胀的道路。将来也许有可能有一两个国家恢复金本位币制。但是,现在全世界各国的经济关系日益密切，黄金又是价高质优、最受欢迎、最易流动的国际商品。在全世界交往甚密的情况下，这一两个国家能够安稳地推行金本位币制吗？我看即使有一两个国家这样做，金本位币制仍将重复历史的进程，迟早要为历史的洪流所淹没。

那么，能不能制止通货膨胀？答案是我们的国家是有可能制止通货膨胀的。原因是：我国是社会主义国家，社会主义制度的优越性之一在于能够按客观经济规律的要求办事。过去由于"左"的思想影响没能做到这一点，现在我们国家的方针政策是正确的，只要大力贯彻以调整为中心的八字方针，切实按照客观经济规律办事，处理好各种比例关系，实现财政、信贷、物资和外汇四者的综合平衡，大力发展生产，是能够做到这一点的。

但是资本主义国家却很难做到这一点。现在资本主义国家的通货膨胀已经取得了一种惯性（或自身加速）作用。这种惯性作用主要表现在以下一些矛盾难以解决：第一，通货膨胀同解决失业问题之间的矛盾。失业是资本主义根本矛盾的产物；通货膨胀是资产阶级企图用来防止失业的药方。要制止通货膨胀，就会加深失业；要防止失业，通货膨胀就要继续下去。第二，物价—工资螺旋上升的矛盾。在物价持续上涨期间，工人阶级的实际工资打了折扣，不能不要求增加名义工资以资补偿，而资本家又会把这种增加的支出转嫁到物价上去，从而造成一种恶性循环。第三，在物价上涨的情况下货币利息率与实际利息率不一致的矛盾。在通货膨胀的过程中，货币资本家要提高货币利息率以补偿通货贬值的损失，而职能资本家又要把这种利息负担转嫁到物价上面去。这样又推动了物价的上涨。第四，财政收入增长幅度赶不上财政支出增长幅度，从而导致赤字日益扩大的矛盾。通货膨胀的根本原因是财政赤字的不断扩大，但在通货膨胀持续进行期间，财政支出因物价和劳务价格上涨而随时增加，财政收入却因种种限制不能相应提高。财政赤字的继续扩大自然又会加强通货膨胀的趋势。第五，对物价的看涨心理又起着推波助澜的作用。人们把他们的经济活动建立在预期物价继续上涨上面，就必须加速物价上涨①。此外，通货膨胀在国际间的相互影响和相互传递也会加剧这种趋势。由于存在着这种惯性作用，尽管各国政府采取了这样或那样的政策，通货膨胀势将继续下去。1979年英国保守党政府上台以后，根据现代货币主义的理论，坚决贯彻紧缩的措施，严格控制货币供应量的增长率，但迄今两年，收效甚微，反而使生产不断下降，企业破产日增，失业迭创战后新纪录。美国自里根上台以来，虽然宣布了若干新政策措施，看来也难完全解决以上矛盾。资本主义国家在当前货币形式不变的情况下，看来至多只能缓和一下通货膨胀的速度，要想根本扭转这种趋势是非常困难的。

那么，货币形式的发展前途怎样？我认为企图再用任何一种"特殊商品"来充当货币商品，都是不可能的，因为黄金曾经是最好的"特殊商品"。黄金既不能继续执行货币的任务，就没有其他任何一种商品可以执行货币的任务了。看来，或者现状将继续下去；或者将在货币制度方面引起新的变化。如果现状继续下去，将会出现这样的模式：刺激——紧缩——再刺激（经济政策）；赤字——赤字——再赤字（财政）；举债——举债——再举债（债务）；膨胀——膨胀——再膨胀（通货）。如果在货币制度方面发生新变化，则可能逐步出现物价指数本位币制。在国际上，则以多种货币复合体来代替黄金。

我们知道，货币最基本的职能是价值尺度。在以一种特殊商品充当货币的时候，这种特殊商品以其自身的价值充当价值尺度。在纸币充当货币的时候，它所代表的价值决定于社会商品总价值与通货数量之间的对比关系。在通货膨胀过程中，由于纸币不断贬值，它就不能顺利执行这种职能。进入20世纪70年代以来，西方各国为了应付通货膨胀所造成的消极后果，在经济活动中纷纷采取所谓指数化的办法来"矫正"由于通货贬值所引起的不正常现象，亦即定时按物价指数来调整由于通货贬值所造成的价值差距。根据不完全的统计，西方各国在

---

① 关于这些，详见拙作《试论资本主义国家通货膨胀的惯性作用及货币制度的发展趋势》一文，载《世界经济》杂志1980年第12期。

工资、储蓄、债券、房租、保险金、退休金等方面（多半是自发地）实行指数化的国家已达一二十个。这种趋势发展下去，指数化的应用范围愈来愈广，就有可能出现一种用综合的物价指数单位作为计值的标准的物价指数本位币制。在这种制度下，物价指数单位在观念形态上执行货币的价值尺度的职能，纸币仍作为流通手段和支付手段。这种单位与纸币单位之间的比价按时就物价上涨幅度加以调整。这种单位在形式上虽然是一种观念形态的东西，但在实质上代表一定的价值。这种价值，不像黄金或其他特殊商品那样只代表一种商品的价值，而是代表许多商品的价值，可以称为商品复合体价值。由于纸币不断贬值，纸币所代表的这种价值就让给物价指数单位了。指数单位以这样的价值作为价值尺度，不会像单一特殊商品那样易受本身价值或处于相对价值形式的商品价格的影响；也不会像单一劳动产品那样受到本身产量的限制（如前所述，任何单一特殊商品充当等价物总是要受到它本身产量的限制，迟早要退出历史舞台）。由于它本身所表现的就是物价水平，随物价的涨落而涨落，它所代表的价值不受通货数量的影响，因而总是稳定的。用它来作为计值单位，可使各种主要经济活动在物价上涨时基本上能够顺利进行。在物价稳定时，它的价值就同纸币合而为一。我国建国初期实行的折实单位就属于这一类型。在国际上国际货币基金组织所采用的"特别提款权"，过去用十六种货币加权定值，1981年改用五种货币加权定值，也属于这一类型。它被称为"一揽子货币"或"纸黄金"，我看也可以称为"多种货币复合体"。欧洲经济共同体所采用的"欧洲货币单位"，由加入共同体各国的货币加权定值，也具有同样性质。关于这方面，请详见《试论资本主义国家通货膨胀的惯性作用及货币制度的发展趋势》一文。

　　这种单位不代表一种特殊商品，而是代表商品总价值的等分值或商品复合体价值。就这一意义来说，它同纸币一样属于这一新阶段的货币形式。但是，指数本位币制与单纯的纸币制度有区别，在单纯的纸币制度下，货币的职能由纸币单独承当。在指数本位币制下，货币的职能却由指数单位和纸币分别承当，前者主要执行价值尺度和价值贮藏手段的职能，后者主要执行流通手段和支付手段的职能。两者相辅相成，又相互制约，共同完成货币的职能。在物价波动时，两者就分开；在物价稳定时，两者就合而为一。

应该指出，这种制度并不能从根本上消灭通货膨胀。它只能消除大部分通货膨胀所产生的消极作用，特别是保障人民生活和消除物价上涨的预期心理和预期行动对物价助涨的影响，保障主要经济活动在通货膨胀中能够顺利运行，并有助于采取其他措施来消灭通货膨胀，如我国建国初期所采取的折实制度就是这样。但要真正消灭通货膨胀，还得配合其他有效措施，如正确处理国民经济中各种比例关系和消灭财政赤字等。巴西和其他一些拉丁美洲国家在比较广泛的范围内推行了"指数化"的政策，经济增长较快。但由于资产阶级的统治，经济结构不合理，国民经济中主要比例关系失调，原燃料进口比重大，财政赤字有增无减以及其他原因，通货膨胀率仍然很高。这就削弱了指数化的效果。

不过这里要指出的是：我们所谓通货膨胀，是指流通中的纸币而言。就物价指数单位来说，尽管通货膨胀在进行，由于它和物价水平联系在一起，不发生贬值问题，因而仍能执行价值尺度和贮藏手段的职能，从而保障主要经济活动的正常进行，能够促进经济的发展。至于指数本位币制不能完全纠正通货膨胀所造成的价格结构的变化和分配不均的现象，以及指数单位只能反映纳入统计范围内的物价水平的变化，而不能反映各种商品和每类商品价格变化的情况等问题，我看不能归罪于指数本位币制。因为历史上还没有任何一种货币制度能够克服这些问题。许多问题应该看作是经济制度、经济结构、物价结构和经济政策方面的问题，而不是货币制度方面的问题。当然，由于现在各国"指数化"的过程，更多是自发的过程而不是自觉的过程，因而在技术方面存在的问题可能不少，这是需要进一步研究解决的。

（原载《中国社会科学》1982年第2期）

应联系实际来理解和
运用马克思的货币理论
——从当前黄金是否仍是世界货币的问题谈起

(1984年6月)

一、问题的由来

我在《中国社会科学》1982年第2期上《论货币形式发展的新阶段》（以下简称《新阶段》）一文中提到：黄金"已不再是或基本上不再是货币商品了"。谭寿清同志不同意这个观点。他在《中国社会科学》1983年第5期上发表的《黄金并没有退出货币的历史舞台》（以下简称谭文）一文中提出了以下几点理由：[①]

（1）世界上大多数国家现在都保有大量的黄金储备。全世界二十个工业国家，1974年底共拥有黄金储备8.7365亿盎司，1982年4月底拥有黄金储备实际为8.7316亿盎司，基本上未见减少。各国政府为什么这样偏爱黄金？因为"黄金仍然是国际支付手段和购买手段"。

（2）不但国家储备了大量黄金，私人也保藏了大量黄金。一些国家铸造和发售了大量的铸币，这些铸币的售价都超过了它所含金量的30%，有的甚至超过一倍，但买者仍然十分踊跃。铸币也好，首饰也好，黄金在这里主要是执行保藏货币的职能。

（3）国际货币基金组织关于取消黄金条款的决定，不过是一纸具文。"欧洲货币体系"1979年3月13日正式成立，规定它的成员

---

① 《中国社会科学》1983年第5期，第103－108页。

国必须以20%的黄金和美元储备，存入"欧洲货币基金"。

（4）在货币的历史舞台上，黄金总是阴魂不散。这突出地表现在两个问题上，一个是国际汇价问题，另一个是国内通货膨胀问题。

此外，还有一些持有和谭文相同观点的文章提出了一些更多的理由，如：

（5）认为货币的实体和形式必须是统一的。他们认为货币的实体就是特殊商品，就是黄金。黄金就是财富本身，是"社会财富的集成"。一切货币的形式"永远不能和这个基础脱离"，纸币只有代表货币实体（或黄金）才能行使货币的职能。这种论点实际上同"货币必须是一种特殊商品"的观点同出一辙。

（6）认为纸币本身没有价值，必须代表金银才能成为价值符号。主张纸币必须代表黄金论者，几乎毫无例外地都引用了马克思的下列一段话来论证他们的论点："纸币流通的特殊规律只能从纸币是金的代表这种关系中产生。这一规律简单说来就是：纸币的发行限于它象征地代表的金（或银）的实际流通的数量。"① 因此，不管各国纸币名称怎样，是否有含金量，归根到底，都必须代表黄金。

（7）1974年国际货币基金组织同意用黄金作为债务方面的抵押品。近来在国际交易中，以黄金作为价值担保，发行以金为面额的债券和存单，开设黄金存款的做法也时有所闻。

凡此种种，用来证明"黄金的作用没有消失"，甚至说黄金仍有很大的作用，这我完全同意。黄金毕竟是价高质优的商品，它在生产上和消费上的用途很广，是人类的财富。目前世界上的黄金总存量约有12万吨，有谁能或愿意把它们从地球上消灭掉？如不消灭，它总得发挥作用，就是到商品和货币经济退出历史舞台的时候，黄金仍会发生作用。如列宁所说"用来建筑公共厕所"也是作用嘛。能把它全部抛到大海中去吗？问题的实质在于怎样看待这些作用？是说明黄金仍然发挥世界货币的作用？还是发挥它的商品作用？这就需要我们用马克思的货币理论的精神实质结合当前的实际情况来进行分析论证了。

---

① 《马克思恩格斯全集》第23卷，第147页。

至于谭文的第四点，作者所持理由恰好否定他自己所要论证的东西。他以很大的篇幅来说明，"汇价波动的影响这样严重，人们不能不怀念稳定的汇价，不能不怀念黄金"。对通货膨胀也是如此。因而，"人们开始为黄金招魂"。姑不论"招魂"的前途怎样，作者本来的意图是说明只有发挥黄金的作用，才能有稳定的汇价和制止通货膨胀。但由于作者在逻辑上把"是什么"和"应该是什么"加以混淆了，反而恰恰证明黄金已经退出货币历史舞台。按照作者的逻辑，如果黄金作为货币仍然"健在"，汇价就不致那样波动，通货膨胀也会制止，还用得着"招魂"么？

本文在未对以上问题进行探讨之前，需要说明两点：

（1）马克思主义唯物辩证法的一个根本点就是实事求是，从实际出发，理论联系实际。邓小平同志在《全军政治工作会议上的讲话》中指出："马克思主义的活的灵魂，就是具体地分析情况。马列主义、毛泽东思想如果不同实际情况相结合，就没有生命力。"① 马克思主义为什么具有无限生命力？那就是因为它是实事求是，理论联系实际，能随客观世界的发展而发展，因而具有无限生命力。对马克思主义的基本原则，一定要坚持。但是，如果对马克思主义的经典著作中的所有词句，不分时间地点条件，不分基本原则和个别言论，而一概看成绝对的、不变的真理，那它就不能随客观事物的发展而发展，还有什么生命力呢？因此，对待马克思货币理论的正确的态度应该是联系两个实际：一是联系19世纪中叶的国际实际来理解它，一是联系当前的国际实际来运用它。

（2）马克思的劳动价值论和商品货币学说都是正确的，只要存在商品经济，这些理论都可用为我们的指导。但我们必须分清，哪些是他的理论的本体部分，哪些是他在当时条件下用来阐明他的理论的枝节部分。譬如说，马克思写《资本论》的一个重要目的就是要揭开在"五光十色"的外衣下掩盖着的货币形式之谜。他说："我们要做资产阶级经济学家从来没有打算做的事情：指明这种货币形式的起源，就

---

① 《邓小平文选》，人民出版社1983年版，第113页。

是说，探讨商品价值关系中包含的价值表现，怎样从最简单的最不显眼的样子一直发展到炫目的货币形式。这样，货币的谜就会消失。"① 这里，他所指的"五光十色"和"炫目的货币形式"明明指的是黄金。他所探讨的并不是这种货币的形式（外壳），而是其中"包含的价值表现"，也就是"价值实体"——社会必要劳动量。这句话也明明告诉我们：他是用发展观点（从"最简单的……到炫目……"）来阐明货币的发生和发展。"金银天然不是货币，但货币天然是金银。"这句话原不是马克思自己的话，而是引的意大利的加利阿尼《货币论》中的话。② 马克思所处的时代，正是货币形式已经发展到"黄金"的时代，他引用这句话的目的不过是说明在当时情况下金银的"自然属性"最"适于担任货币的职能"，并没有把金银同货币永远等同起来的意思。可是，有人把这句话奉为"不朽的名句"，用来证明货币必须是金银。他们还把作为特殊商品的金银看成是货币的实体（而不是货币形式，应该说，货币的实体是价值，价值的实体是抽象劳动），并认为纸币必须代表这种"实体"（金银，而不是社会必要劳动量）才能成为货币。这难道符合马克思的原意吗？怎样同金属主义划清界限呢？

二、怎样判断黄金是否仍是货币商品

判断任何事物必须有个标准，那就是它的质的规定性。黄金现在是否仍然是世界货币？关键在于黄金是否仍旧是货币商品。马克思把货币商品定义为"充当一般等价物的特殊商品"。一般等价物是货币的本质，它是"价值尺度和流通手段的统一"。这就是货币的质的规定性。没有这种质的规定性，就不成其为货币。试为设想，如果一种东西不能充当价值尺度来表现和衡量一般商品的价值，又不能作为流通手段来实现商品的价值，能说它是货币或特殊商品吗？特别是价值尺度，马克思称它为货币的"第一职能"。

货币的职能除了价值尺度和流通手段外，还有贮藏手段和支付手

---

① 《马克思恩格斯全集》第23卷，第61页。
② 《资本论》第1卷，人民出版社1975年版，第107页。

段的职能（至于世界货币，以后再谈）。但是，这两种职能是前两种职能的延伸，不是货币的质的规定性。因为凡是商品，都凝结着人类的劳动，都可用作价值贮藏手段（如珍宝），必要时也可用作支付手段（如用公粮纳税或用实物还债）。这两种职能不是货币所特有的，因而不能用作论证黄金仍是货币的根据。正如同人有嘴巴，动物也有嘴巴，我们不能把有嘴巴的动物都看成人一样。至于黄金是财富，则更不能用作说明它是货币商品，因为财富的含义非常广泛，不能用作货币的质的规定性。有人用马克思说过的话，黄金"是物质财富的代表"、"社会财富的集成"、"一切实在劳动的总汇"来证明货币必须是黄金。其实马克思这里指的是黄金充当货币时的表现，因为货币"能满足任何需要"，"可以直接转化成任何需要的对象"。① 如果黄金不是货币，它只不过是一般的财富，而不是财富的"代表"和"集成"了。

当然，黄金作为货币商品，不一定自己出面。它可以让价值符号——纸币——作代表。但是，价值符号代表黄金，必定要有一种委托其代表它的法定证书，这就是国家规定的一定的含金量，并且还要能够兑现。如果纸币没有国家规定的一定的含金量，又不能兑现，是不能代表它的。因为这样黄金就不能起着价值尺度的作用，黄金同物价就没有联系，也就同商品交换没有关系，就谈不上它是货币商品。

前面指出，不少人用马克思以下的话来论证纸币必须代表黄金，即"纸币的特殊流通规律只能从纸币是黄金的代表这种关系中产生。这一规律简单说来就是：纸币的发行限于它象征地代表的金（或银）的实际流通数量"。② 马克思这句话是正确的，但用作论证当前纸币，却值得商榷。因为与当前实际对不上号。我们知道，这句话是指金本位条件下的纸币而言。当时纸币都有一定含金量，是金币的价值符号，而物价又以金本位币标价，因而商品流通所需要的金（或银）币量是可知的。如果纸币本身不代表一定的含金量，而物价又不以含金量的货币来表示，那么，怎么知道商品流通需要多少金币量呢？在

---

① 《马克思恩格斯全集》第 13 卷，第 114 页。
② 《马克思恩格斯全集》第 23 卷，第 147 页，第 107 页。

这种情况下，纸币怎样代表它？

对于当前各国纸币是否仍然代表黄金，我认为应该运用马克思的货币理论联系实际来论证它"是否"代表黄金，而不应该用"应该是什么"或"必须是什么"的话来论证它，那样的论证方法似乎不是科学的方法。

三、黄金在国内已不是一般等价物，人民币不代表黄金

举例来说，新中国成立以来，我国人民币就没有法定的含金量，也不用黄金作为法定的发行储备，国内又禁止金银在市场流通，黄金同我国物价没有联系，它不起价值尺度和流通手段的作用。因此，黄金不是我国的货币商品，人民币也不代表黄金。有人以所谓"价格体系的继承性"来论证人民币仍然代表黄金。他们认为1935年国民党实行金汇兑本位制，1948年8月又发行过以黄金为准备的金圆券，可以说继承了这种以黄金为基础的价格体制。姑不论国民党时期伪法币与黄金究竟有多大关系（1935年曾规定法币一元可换英镑一先令二便士半，但这时英国本身连金本位制也放弃了），这种论证本身在思想方法上就成问题。我们知道所谓物价体系主要是指各类不同物价之间的对比关系，这种物价对比关系主要决定于生产各类商品所需要的社会必要劳动量的对比关系（另加上供求关系和政策）。货币不过起着中介的作用，对物价体系的决定根本没有关系。如果生产一只茶杯的社会必要劳动量为5小时，生产一只手表的社会必要劳动量为100小时，这两种商品的价值之比为1：20。设一个货币单位（元）所代表的价值量为 X 小时，则茶杯的价格为 $5/X$ 元，手表的价格为 $100/X$ 元。那么茶杯与手表的价格之比为 $5/X：100/X=1：20$，仍然是1：20。稍懂数学的人就会知道，这个 X 可以是代表任何价值量的货币。伪法币也好，美元也好，英镑也好，在对比关系中，总会消除掉。这对物价体系的继承有什么关系呢？退一万步讲，即使伪法币曾经一度代表了一定的金量，但到新中国成立前夕，物价飞腾，伪法币的价值连一张废纸也不如，究竟代表多少黄金呢？何况，我们历史上采用的货币还有白银、铜元以及布帛、贝壳等，为什么不能说这些东

西都是人民币的"价值基础"呢？

不过，20世纪70年代以前，国际上还实行过以美元为中心的国际金汇兑货币体系，认为人民币在对外关系上也以黄金为基础，似乎还有一点道理。其实，这种道理也是牵强的，因为当时我国尚未参加国际货币基金组织，人民币没有像参加国际货币基金组织的国家那样具有两个法定挂钩关系，人民币的对外汇价也不以黄金为基础，它同黄金的具体联系表现在哪里呢？能用间接的办法来论证这种联系吗？

当时参加国际货币基金组织各国的货币都有一定的含金量，都与美元保持固定汇率，美元又规定有一定的含金量并在一定条件下可以由各国中央银行兑换黄金。在这种情况下，各国纸币可以说是黄金的价值符号，在一定程度上代表黄金执行着一般等价物的职能。但在牙买加会议以后，各国货币的含金量失效，黄金失去了世界货币的作用，各国纸币就不再代表黄金了。

四、黄金曾经是世界货币

世界货币是货币职能在世界范围的表现。黄金曾经占据了世界货币的宝座。国际间的商品交换，也是等价交换，需要一种东西来充当价值尺度和交易的媒介。由于黄金是贵金属，是价高质优的商品，又质量均匀，经久耐磨，便于分割、保管、携带和运输，易于转化为其他财富，因而它在一定历史时期内就成为国际间所普遍接受的货币商品。在金本位制度下，各国货币都打上了本国的烙印，"穿着本国的制服"，是不能在其他国家流通的。因此，马克思说："货币一越出国内流通领域，便失去了在这一领域内获得的价格标准、铸币和价值符号等形式，又恢复了原来的贵金属块的形式。"① 这是在典型的金本位制度下，黄金作为世界货币的最主要的特征。

当时，黄金作为世界货币，它的作用主要表现在：

（1）作为价值尺度。在19世纪上半叶，当时在国际上通行的货币商品是金和银，因而这种职能表现为双重价值尺度。后来在白银退

---

① 《马克思恩格斯全集》第23卷，第163页。

出作为世界货币以后，执行这种职能的就主要由黄金承担了。金的这种职能主要体现在国际货币汇价的决定以货币的含金量（亦即"铸币评价"）为基础上面。一国国际收支的顺逆差，引起了黄金供求的变化，就反映在汇价的波动上面。但这种汇价的波动受到黄金输送点的限制，因而基本上是稳定的。

（2）作为支付手段，主要用来平衡贸易差额。

（3）作为购买手段，以购买他国商品。

（4）充当财富的社会化身，以便把财富从一国转移到另一国。

（5）充当准备金，以便应付国内外货币作为支付手段和购买手段的需要。

以上都是人所共知，不用细述。但这里要特别指出：马克思在《政治经济学批判》和《资本论》中关于世界货币的论述是以当时国际间普遍实行金属货币本位制为背景的。在这种背景下，金属货币制度有三大特点：第一，铸币可以自由铸造；第二，价值符号（辅币和银行券）可以自由兑现；第三，黄金可以自由输出入。记着这一点非常重要。没有这些条件，黄金作为世界货币的特点和作用是不能（或不能充分）表现出来的。可是许多文章中却偏偏忽视了这一点。

我们知道，货币是用来表现、衡量和实现商品价值的工具。在理论上，处于相对价值形式一边的商品价值和处于等价形式一边的货币价值总是相等的。但是，随着社会生产力的发展，产品的种类越来越多，交换的范围越来越广，处于相对价值形式一边的商品价值量越来越大，而处于等价形式一边的货币只是一种劳动产品，它的总价值，无论如何赶不上用来实现处于相对价值形式一边的商品总价值的需要。这就引起了作为一般等价物的特殊商品的一系列的变化，特别是用作货币币材的变化，终于归结到黄金上面。黄金虽然是价高质优的特殊商品，最适宜于充当一般等价物，但它毕竟是一种劳动产品。它的产量无论如何赶不上处于相对价值形式一边的商品总量。即使把价值符号和流通速度计算在内，也难符合商品流通的需要。加之，由于资本主义国家发展不平衡规律和战争等因素的影响，黄金的分布愈来愈集中在少数国家手中。第一次世界大战期间，这种情况特别突出，于是"一战"后在一些国家中出现价值符号不能兑现的问题，从而不得不先后放弃具有三大自由特点的金币本位制度，实行有限制的兑现的金块本位制，或国内完全不能兑现（只能兑换银币或外汇）的金汇兑本位制度。在1929—1933年世界性大危机以前，美国由于"得天独厚"，黄金在国内尚可兑现和流通，但在1933年也被迫放弃了。这样，在全世界范围内就出现黄金在各国不能当作货币来流通的局面。国际是各国组成的，没有真空地带。黄金在各国既不能自由铸造成金币，又不能当作流通手段，更不能随意地输出入，怎能作为一种商品的购买手段和财富的化身而随便转移呢（商品性的流通是另一回事，这里从略）？再就作为国际支付手段来说，由于各国银行制度和国际信用制度的日益发达，大宗的国际贸易交易是通过信用工具来进行支付和结算的，黄金只不过是用作国际收支差额最后的支付手段罢了。

此时，在黄金发挥价值尺度的作用方面，也起了重大的变化。在金本位制度下，各国的价值符号均可兑现，国际汇价又以各国铸币平价为基础，各国对外汇率的波动以黄金输送点为上下限。这样，黄金对国际物价基本上能够发挥价值尺度的作用。

但是，在各国发行的纸币都不能兑现的情况下，各国纸币虽然仍规定有含金量，对外汇价虽然仍可用各国货币的含金量（即黄金平价）为基础，但它却不能反映有关国家货币的真实价值，因为各国的价值符号已不能代表它所应该代表的黄金价值了。这里，前引马克思所说的纸币流通规律就起着作用。因此，这时黄金作为汇价的基础，已经名不符实了。

至于黄金作为准备金的作用，也打了折扣。许多国家虽仍以黄金作为发行纸币的准备金，但由于不能兑现，这种准备金，已没有多大实际意义。不过，在国际上，由于黄金是各国最后的支付手段，它仍然用作国际储备。

总之，"一战"前黄金的世界货币作用，已不如马克思当年所说的那样了。

五、"一战"后黄金的世界货币的作用大大削弱

1929—1933年资本主义世界经济危机期间，资本主义国家的金本位、金块本位和金汇兑本位币制先后解体，统一的国际金本位制度也随之瓦解，在国内，各国也普遍实行纸币流通制度。在国际上，帝国主义国家纷纷成立各种货币集团，如英镑集团、美元集团、法郎集团、日元集团等。它们各以本国货币为中心，拉拢一部分卫星国家作为它们的势力范围，来与其他国家或集团竞争。在集团内部，以中心货币作为清算工具和储备货币，对集团内部的货币比价、汇率波动界限和货币兑现支付均有统一规定，实行资金流通自由，但对集团外的收付与结算则加以严格控制。各集团之间仍要用黄金作为国际结算的手段，因此，黄金还在一定程度上起着世界货币的作用。不过，由于各集团明争暗斗，竞争激烈，各国国际收支危机不断出现，外汇汇率极不稳定，对外汇管理普遍加强，国际货币关系陷于一片混乱状态，严重影响国际贸易的发展。战争期间，各国支付庞大军费，在世界市场争夺原材料和军用物资，这种状态更进一步加剧。

"一战"后为了医治战争创伤、克服国际货币关系的混乱状况，加强各国之间的经济合作，建立比较稳定的国际货币制度，根据布雷顿森林会议通过的"国际货币基金协定"，建立起以美元为中心的国际金汇兑货币体系。这个货币体系的主要特点就是一个中心、两个挂钩。也就是把美元置于国际货币体系的中心地位，使之成为资本主义世界的世界货币，执行着世界货币的职能。各国货币与美元挂钩，保持固定汇率。美元与黄金挂钩，一美元含金量为 0.888671 克黄金（或 1/35 盎司黄金）。

在这种体系下，黄金的作用怎样呢？

（1）各国货币都有含金量，与美元保持一定的固定汇率与黄金平价。汇率的波动，限制在 ±1% 以内。如果汇率波动太大，各国有义务协助美国维持黄金的官价水平。因此，黄金和美元一道在国际商品交换中起着价值尺度的作用。

（2）各国货币不能直接兑换黄金，但可以通过各国政府或中央银行以美元按官价兑换黄金，黄金的流动受到很大的限制，一般不能以货币商品身份自由流通或进出国境。

（3）作为国际支付手段和购买手段的是美元，黄金只是在特别需要时才用作支付手段。

（4）黄金同美元一道作为国际储备资产。在70年代初期特别提款权问世以后，特别提款权又同黄金美元一道作为国际储备。

以美元为中心的国际货币体系在一定程度上克服了"一战"前国际货币关系的混乱状态。"一战"后初期，由于美国的黄金储备充足，国际收支经常顺差，美元对外价值稳定，黄金价格尚能维持在官价水平上，使黄金在一定程度上得以保持世界货币的地位。但同马克思所处的时代相比，黄金的世界货币作用已经大大削弱了。

但是，自1950年美国发动侵朝战争以后，美国国际收支从大量顺差转变为年年逆差，美国黄金储备不断流失。进入60年代，随着美国侵越战争的扩大，美国国际收支逆差更形严重。黄金储备大量外流，美元危机频繁爆发。1961年10月，美英等八国成立"黄金总库"，筹集黄金共2.7亿美元，参加伦敦黄金市场的黄金买卖活动，以维持金价稳定。1968年3月美国出现空前严重的第二次美元危机，半个多月中，黄金储备流失14亿多美元。经"黄金总库"中央银行行长会议决定，美国及黄金总库不再按官价向黄金市场供应黄金，听任黄金市场金价自由涨落。不过，各国政府或中央银行仍可按黄金官价以美元兑换黄金，各国官方金融机构仍按黄金官价进行结算。因此，形成了黄金双价制度，自由市场的黄金价格与官价完全背离。

1971年5月和7月，又连续两次爆发美元危机，美国黄金储备减少到102亿美元，而美国对外短期负债却增至520亿美元。各国为协助美元维持固定汇率，就要抛售本国货币购进美元，这就促使本国通货膨胀。有些国家不愿这样做，就开始采用浮动汇率制。有些国家则要向美国兑换大量黄金。1971年8月美国为了应付当时国内经济困难，宣布实行"新经济政策"，对内冻结工资物价，对外停止执行各国用美元兑换黄金的义务。于是美元与黄金开始脱钩，但并未能因此挽救美元危机。1971年12月和1973年2月，美元不得不两次法定贬值。从此美元地位更一落千丈。1973年3月西欧又出现抛售美元，抢购黄金和西德马克的风潮，各主要资本主义国家纷纷采取浮动汇率。1976年的牙买加会议取消黄金官价，正式承认浮动汇率制，于是以美元为中心的固定汇率制就此瓦解。

六、牙买加会议后黄金离开了世界货币的宝座

国际货币基金理事会于1976年4月在牙买加举行的会议所拟定的国际货币基金协定修改草案，于1978年4月1日经过立法手续批准生效。关于黄金方面，新的条款主要有：

（1）黄金不再作为货币定值标准。

（2）废除黄金官价，会员国可以在自由市场按市价买卖黄金。

（3）会员国之间，以及会员国与基金组织之间必须用黄金清算债权债务的规定，一律取消。

（4）基金组织所持的黄金，应该逐步加以处理。黄金的六分之一（2500万盎司）在四年内按市价出售。超过官价（42.22美元）的部分建立专门基金，按较优惠的条件贷予国际收支困难的发展中国家。另有六分之一按官价由原缴纳国买回。其余1亿盎司黄金，则经总投票数85%的多数通过后可向市场出售或由会员国买回。

（5）黄金作为国际储备资产的地位将由特别提款权逐步取代。

特别提款权是根据1969年基金组织召开时由"十国集团"提出的方案而建立的。它是一种具有类似黄金保值性质的记账单位，按会员国所摊付的原有基金份额比例进行分配，是会员国原有的普通提款权以外的、代替黄金作为补充储备资产的一种手段。这种记账单位最初规定只能用于政府间结算，可以同黄金、外汇一起作为国际储备，故又称"纸黄金"。当会员国发生收支逆差时，可以动用特别提款权，把它转让给另一会员国，或用来偿还基金组织的贷款，但不能兑换黄金，不能直接作为国际支付手段。

特别提款权最初创建时与美元等值。每一特别提款权为0.888671克黄金，1974年正式同美元与黄金脱钩，按一揽子货币的原则定值。当时按16种主要西方货币加权平均定值。1980年1月1日改用五种货币（美元、英镑、西德马克、法郎、日元）加权定值。这是一种多种货币复合体的价值单位。采用这种方法的目的在于使它成为一种比较稳定的保值单位。

随着美元地位的没落与黄金退出作为货币的历史舞台，国际上出现多种货币储备体系的局面，特别提款权在国际货币体系中的作用愈

来愈大。它不仅成为国际储备和国际支付手段,而且成为各国货币的定值标准。现在参加国际货币基金组织的国家的货币都以特别提款权来表示它的对外汇率。许多国家还规定它的货币与特别提款权的固定比价,即中心汇率。现在不仅国际货币基金组织在计算份额、贷款和其他资产(如黄金)方面都以特别提款权来表示,而且特别提款权也愈益成为国际间支付手段并进入私人市场,已有几十家大银行办理特别提款权的存款,还有公司发行以特别提款权为单位的债券。

以上所说的国际货币基金组织关于取消黄金条款的决定并不是"一纸具文",而是已经付诸实践的事实。

反之,黄金的世界货币的作用表现在哪里呢?

(1) 金价对物价和汇价已经没有决定作用。

前面说过,作为货币的质的规定性的首要条件是执行价值尺度的职能,世界货币也不例外。黄金是否还执行价值尺度的职能,主要表现在黄金市价对各国物价和汇价有无作用方面。我们知道,自1976年牙买加会议取消黄金官价以后,黄金的市场价格如脱缰之马,不时剧烈波动,大起大落,同世界物价没有任何规律性的联系。以1975年为基础,1979年黄金市价上涨指数为410.4(1980年1月下旬伦敦市场金价一度高达每盎司850美元),而同期世界所有商品价格指数上涨仅为151.7,其中农业原料价格指数上升最快,也只是168.2。同期各主要资本主义国家物价上涨幅度不高,最高如意大利,也不过175.9。1980年金价指数下跌为377.5,但同期各种世界物价指数和各国物价指数无不上升(统计数字参见IMF《国际金融统计》1982年报和近期月报,下同)。可见两者没有任何关联。

再就各国汇价来说,自70年代初期各国普遍实行浮动汇率以来,黄金就不再在决定各国汇价中起作用,因而黄金市价变动同各国汇价变动的关系也无规律可循。如自1982年9月到1983年1月,伦敦金价变动指数是从271.6升到298.9(增10.05%),而同期以特别提款权所表示的美元汇率由1.0723上升到1.0865(增1.32%),英镑由0.63351上升到0.70963(增12.02%),里拉由1525.4上升为1529.7(增0.28%),但日元、法郎和西德马克则相反,都在下降。

这里应该指出,20世纪70年代以来金价的变动主要反映黄金市场上的供求关系和投机活动,而不反映黄金本身价值的变化;但却能够证明:金价只是作为一种商品的价格独自在变化,而不是作为货币商品所代表的价值在变化。如果作为货币商品,它的价值反映在金价上,一定会通过纸币价值的变化影响到汇价和各种物价水平。

谭文以相当大的篇幅来说明"货币是一个特殊的尺度,是一个相对的、变动的、不适当的尺度,是一个出于无奈而又不得不采用的尺度",[①] 以此来论证金价和物价不可捉摸的莫名其妙的内在联系。读后令人感到,他所论证的恰恰是一个没有尺度的价值尺度。也不禁令人想起过去天主教神父的说教:"你不相信上帝么?他是无所不在的。他支配着你们每一个人的命运。"

但是,实际情况是,商品交换是在时时刻刻地进行着的。没有一个共同的、现实的、相对固定的价值尺度,商品经济能够运行么?

(2) 黄金储备已不再作为支付手段来平衡国际贸易和国际收支差额。先看下表:

1976年以来各主要资本主义国家黄金储备状况

(单位:百万盎司)

	1976年	1977年	1978年	1979年	1980年	1981年	1982年
美 国	274.68	277.55	276.41	264.60	264.32	264.11	264.03
英 国	21.03	22.22	22.83	18.25	18.84	19.03	19.00
法 国	101.02	101.67	101.99	81.92	81.85	81.85	81.85
联邦德国	117.61	118.30	118.64	95.25	95.18	95.18	95.18
意大利	82.48	82.91	83.12	66.71	66.67	66.67	66.67
日 本	21.11	21.12	23.97	24.23	24.23	24.23	24.23

资料来源:IMF《国际金融统计》1983年年报。1983年末数字与1982年基本相同。

---

① 《中国社会科学》1983年第5期,第110页。

从上表不难看出（谭文所列举的统计也是如此）：第一，各国黄金储备除 1979 年外基本上处于冻结状态，变动极微。不用说，这多年中，各国的外汇储备和经常收支项目不可能处于冻结状态，事实上变化很大。这就说明黄金储备同各国际收支的变化没有联系。同时这也就说明，黄金在国际收支中已不用作购买手段和支付手段；否则各国黄金储备不可能没有显著变化。第二，1979 年美国黄金储备的减少主要是为了抛售黄金平抑金价的缘故。第三，西欧国家 1979 年黄金储备的减少主要是因为欧洲货币体系于 1979 年 3 月成立，要求各成员国以 20% 的黄金储备转入欧洲货币合作基金的缘故。这笔黄金在转入欧洲货币合作基金之后换成欧洲货币单位再转入该国家的外汇储备，因而在国际货币基金组织的统计表上反映出有关国家黄金储备的减少和黄金以外国际储备的增加。

以上说明黄金不仅不起价值尺度的作用，也不起购买手段和支付手段的作用。各国发生收支逆差，一般并不用黄金来弥补，即使用输出黄金来弥补，也是作为一般商品按市价卖掉换取外汇收入来弥补。这里，黄金与一般商品何异？同马克思所论述的世界货币有何共同之处？

对此，谭文反驳说："至于黄金在国家往来中按市价计算，更不奇怪。现在世界上既然没有哪个国家规定含金量，也没有哪个国家按规定的官价无限制买卖黄金，同时却有人不能不用黄金进行国际支付，那么，请问，不按市价计算，按什么计算呢"？① 请问，这是支持我的论点呢？还是反对？黄金按市价卖出换取他国外汇支付，能说它发挥货币作用吗？

七、怎样理解黄金作为国际储备的作用

很多人为黄金作为国际储备所迷惑，把它看成黄金仍然发挥世界货币作用的铁证。怎样理解这个问题呢？马克思说："每个国家，为了国内流通，需要有准备金。为了世界市场的流通，也需要有准备

---

① 《中国社会科学》1983 年第 5 期，第 105 页。

金。因此，货币贮藏的职能，一部分来源于货币作为国内流通手段和国内支付手段的职能，一部分来源于作为世界货币的职能。在后一种职能上，始终需要实在的货币商品，真实的金和银。"①

有人由此认为世界货币必须是黄金。我的理解是：在金币本位制度下，作为流通手段和支付手段的金币流通量决定于商品的流通量，多余的金币量由流通手段退为贮藏手段，不足的又由贮藏手段进入流通。因此，贮藏手段是流通手段和支付手段的派生职能。在金币流通下，黄金准备起着蓄水池的作用。当纸币以黄金的符号代替黄金进入流通时，黄金准备对纸币的兑现起着保证作用，因此银行券的发行一般需要一定量的黄金储备。在纸币不兑现的情况下，起初为了保证纸币的信用和把纸币发行量限制在客观需要的金币上，也需要一定的准备金。久而久之，人们习惯于不兑现的纸币流通，纸币又不能兑现，黄金准备就没有实际意义了。因此，随着金本位制度的蜕化和没落，在国内用黄金作发行准备的比例就不断减小，甚至完全取消。在国际上，在黄金作为世界货币时的黄金准备本来也是用作国际购买手段和支付手段的调节，但当黄金在国际上失去价值尺度、购买手段和支付手段的职能并为各种价值符号和信用工具及清算工具所代替时，黄金准备同样也就没有实际意义了。至于黄金的保值功能，现在完全可以由普遍接受的价值符号或多种货币复合体单位（如特别提款权和欧洲货币单位）来代替。因此，牙买加会议不再把黄金列为必要的官方储备。但是，大量的黄金储备不保留在各国中央银行的金库里，怎么办呢？如果全部卖出，卖价低了怕吃亏；卖价高了，不一定卖得出去，而且抛出大量黄金，会引起通货收缩和外汇储备减少，并造成国际收支困难。何况，对将来黄金的前途怎样，能否恢复它的世界货币宝座，人们捉摸不定，也不愿冒险把它全部抛光。由于进退两难，就使黄金储备基本上处于冻结状态，即使有所买卖，也是按照市价作商品来处理。

为什么欧洲货币合作基金在 1979 年 3 月成立时要成员国在缴纳

---

① 《马克思恩格斯全集》第 23 卷，第 165 页。

其他外汇的同时还要缴纳 20% 的黄金储备呢？因为欧洲共同体发行欧洲货币单位，维持各成员国之间相对稳定的汇率，平衡国际收支和向成员国发放中短期信贷等，都需要共同的储备。这种储备只能由各国分摊缴纳。如果要求各国缴纳太多，成员国负担不起，如要求各成员国缴纳太少，又怕不敷应用。另外，各成员国都保留大量的黄金储备，为何不加利用呢？于是在其他外汇储备之外，又将各成员国的黄金储备 20% 转到欧洲合作基金的账户上。这样就把部分冻结的黄金化作欧洲货币单位用来充实各成员国的外汇储备，岂不两得？但是，这种黄金储备却不能看作货币的作用，因为：第一，欧洲货币单位是共同体所共用的货币单位，起着价值尺度的作用，它的价值构成是各成员国货币的加权平均值，与黄金价值无关，但有保值功能；第二，在共同体内部起着结算和支付作用的是欧洲货币单位，不是黄金；第三，黄金在欧洲货币体系中既不起价值尺度，又不起购买手段和支付手段的作用，它虽仍有价值贮藏的功能，但这种功能却不是由于它作为货币而派生出来的，而是由于它是价高质优的商品性质带来的，它所处的地位与各成员国中央银行金库中的黄金所处的地位并非两样。

总之，科学地说，无论是各国中央银行的黄金储备，或者是欧洲货币合作基金中的黄金储备，按照本文第二节所理解的马克思关于货币的质的规定性和第四节所理解的马克思关于世界货币的理论，都不能看成是货币的作用，而是商品性质的价值贮藏作用。不过，因为作为国际储备曾经是黄金作为世界货币的一种表现，说目前黄金还有一点点世界货币的作用或尚未完全丧失世界货币的作用也未尝不可。但绝不能舍本逐末，把黄金仍然看成世界货币本体。黄金储备既然不能看作黄金的货币作用，其他如黄金用作国际债务的押品，举办黄金存款（相当于保值存款）和作为私人珍宝储藏等，就更不用说了。令人惊异的是，谭文和其他类似的文章竟然把充当纪念的铸币和首饰也看成黄金的货币作用，这与马克思的货币理论有何共同之处？

退一万步讲，即使黄金在很小的范围内仍然起世界货币的作用，也不能看作黄金基本上没有退回货币历史舞台。我们看问题应从大处着眼，不能以偏概全，舍本逐末。世界上没有纯粹的社会现象。在我国社会主义社会中,也还存在着封建和资本主义的残余,能说封建主义和资本主义还没有退出我国历史舞台么?能说我国还不是社会主义社会吗?

谭文中说:"货币的本质是通过货币的职能表现出来的,任何货币理论的终极目的都是要说明货币的职能以及它的各种表现形态。如果一种货币理论对于货币的各种职能不能作出适当说明,不能自圆其说,那么,这种理论是不能得到人们承认的。"① 我完全同意他这种观点,本文正是试图按照他所指的方向来证明黄金已不能再看作世界货币了。

综上所述,就我个人对马克思货币理论的理解,结合当前实际情况来看,黄金曾经是世界货币,但现在已经退出或基本上退出世界货币的历史舞台了。它还有作用,但不是货币作用,而是价高质优的商品作用。用一个形象化的比喻来说,好像一位长期担任局长的老干部退居二线当顾问,他仍然起着重要作用,但却不是局长了。

至于货币形式发展的前途怎样?有人憧憬着金本位制的恢复,但善良的愿望不等于可能实现的现实。我认为,恢复金本位制的可能性是极小的,原因已见前述。不管哪一个国家,如果要实行金本位,无论兑现不兑现,总归要走历史的老路。将来世界货币形式发展的前途,就是特别提款权和欧洲货币单位那样的货币复合体或物价指数单位。关于这一点,我在《论货币形式发展的新阶段》和《试论资本主义通货膨胀的惯性作用及货币制度的发展趋势》(《世界经济》1980年第12期)两文中早有详细论述,这里从略。

八、对谭文其他商榷问题的答复

谭文除了论述黄金没有退出历史舞台以外,还以相当的篇幅对《新阶段》一文中的一些论点进行了商榷。他山之石,可以攻玉,是值得欢迎的。但有些地方,还需要加以说明。譬如,谭文引了《新阶段》中一段话:"纸币能够以国家规定的或历史继承的或任意规定

---

① 《中国社会科学》1983年第5期,第112页。

的价格标度投入流通,但它所代表的真实价值只能取决于它所代表的商品流通实际需要的价值量,也就是取决于和它处于相对价值形态的商品总价值。……"① 并说:"它和'货币国定说'非常相似。"② 结合他所引用的马克思批判其他资产阶级学者的话看来,大概是作者认为我否定货币的内在价值,并把货币的价值看成是从流通中来的缘故。这里谭文把作为信用货币的纸币同作为货币商品的货币相混淆了。我们所讨论的不是商品货币的价值,而是价值符号纸币。认为纸币没有价值,它的价值是在流通中形成的,不是我,而是马克思。马克思说:"在价值符号的流通中,实际货币流通的一切规律反着表现出来了,颠倒过来了。金因为有价值才流通,而纸票却因为流通才有价值。已知商品的交换价值,流通中的金量决定于金自己的价值。而纸票的价值却决定于流通中的纸票的数量。"③(着重号是我加的)我由此而引申出:纸币所代表的真实价值只能取决于它所代表的商品流通所需要的价值量,也就是取决于它本身的数量和处于相对价值形态的商品总价值的对比关系。这里是我所说的"处于相对价值形态的商品总价值",就是马克思所说的"已知商品的交换价值"。这有什么不当呢?难道要认为纸币有内在价值才符合马克思的原意吗?

纸币本身没有价值,但它代表一定的价值,是价值符号。这是众所周知的马克思的观点。在纸币有含金量的前提下,"价值符号直接地是价格的符号,因而是金的符号,它间接地才是商品价值的符号"。④ 价格是价值的货币表现,在纸币没有含金量的情况下,为什么不能说纸币是商品的价值符号呢?

在纸币有含金量的情况下,说纸币是代表一种特殊商品的价值,被认为是符合马克思的劳动价值论的,但在没有一种特殊商品的条件下,说它代表的也是商品价值,但不是一种特定的货币商品价值,而

---

① 《中国社会科学》1982 年第 2 期,第 94 页。
② 《中国社会科学》1983 年第 5 期,第 109 页。
③ 《马克思恩格斯全集》第 13 卷,第 111 页。
④ 《马克思恩格斯全集》第 13 卷,第 105 页。

是代表一般的商品的价值，或具有平均概念的商品价值，亦即代表商品价值等分值，或商品复合体价值等，也是代表劳动产品的价值嘛。为什么就是违反马克思的劳动价值论呢？

为什么我把纸币单位所代表的价值有时说成是"商品总价值的等分值"，有时又说成是"商品复合体价值"呢？因为我所指的纸币所代表的价值变化是通过物价指数的变动来衡量的（参见《新阶段》一文），而物价指数是一种复合的商品价格指数。它所反映的正是综合的商品价值或商品复合体价值的变化，因而我又称之为"商品复合体价值"。举例来说，建国初期我国实行过一种折实制度，以粮、布、油、煤、盐五种商品的综合价格指数作为折实单位，用作发付工薪、收存储蓄和发行公债的单位。这不既是商品复合体单位又是物价指数单位吗？当用这种单位来衡量一批待实现商品的价值时，不就成为这批商品总价值的等分值吗？关于"等分值"的含义，《新阶段》第四节中曾有较详论述，本文下一节中还将有所补充，这里就不赘述了。

最后，当我们讨论现阶段纸币的价值问题时，需要再度强调应该重温马克思在《政治经济学批判》第二章中所说的话："在以下的研究中要把握住，我们所说的只是从商品交换直接产生出来的那些货币形式，而不是属于生产过程较高阶段的那些货币形式，如信用货币。为简化起见，到处把金作为货币商品。"[①] "信用货币属于社会生产过程的较高阶段。它受完全不同的规律支配。"[②] 现在的纸币（包括支票在内），主要由银行券演变而来，因而是信用货币。它属于社会生产过程的较高阶段。为什么有些人偏偏置马克思这段非常重要的话于不顾，而老是用马克思对从商品交换直接产生出来的货币形式的论述来对待当前的货币形式呢？这岂不是固步自封、刻舟求剑吗？按照谭文的逻辑，货币必须有内在价值，人民币和其他国家的纸币以及类似的信用货币都不是货币，只有黄金才是货币。那么，在黄金退出历

---

① 《马克思恩格斯全集》，第13卷，第54页。
② 《马克思恩格斯全集》，第13卷，第106页。

史舞台的今天,不就成为没有货币的世界了吗?无怪谭文千方百计地要为黄金"招魂"了。

九、对叶世昌同志《不同意见》的答复

此外,叶世昌同志在其《对〈论货币形式发展的新阶段〉的一点不同意见》①中也对"商品总价值的等分值"提出了疑义,其理由如下:

"第一,用这种办法计算等分值,是把纸币和商品作为两个整体看待,以商品总和为一方,以纸币总和为另一方,把商品交换看成是全体纸币交换全体商品的行为。可是,商品流通的客观事实并非如此。在商品买卖中,纸币分别和各种不同的商品建立交换关系,在交换时纸币具有一定的购买力,这种购买力从流通中产生,而不是由分割商品的总价值而产生。这一点同金属货币流通时的情况一样。叶同志认为在金币流通情况下,'金币作为一般等价物所代表的价值,既是金币含金量的价值,也是社会商品总价值的等分值'。'也是'以下的说法是不能成立的。金币不可能代表社会商品总价值的等分值,它代表的只是它本身的价值。它和各种不同的商品相交换,分别给它们以价格。金币和纸币流通在这个问题上的区别,只是前者的购买力由商品和货币双方价值相比较而形成,而后者的购买力则排除了货币本身的价值因素。

第二,商品的总价值是一个难以确定的概念。它是指一定时期内所生产出来的全部商品总价值,还是指一定时期内进入流通的全部商品的总价值?如果是前者,生产出来的商品不一定都进入流通,有些可能根本实现不了价值,这些商品的价值要不要计入总价值内呢?纸币根本不与这一部分商品发生交换关系,这一部分商品的价值怎么能作为计算纸币价值的组成部分呢?如果只是指进入流通的商品总价值,那么,哪些商品是进入流通的,只是在交换关系建立之后才知道,那时纸币所代表的价值早已存在了。"

---

① 《中国社会科学》1982年第5期。

他又在《为什么说"等分值"理论是错误的》① 一文中说:"货币是分别和各种商品建立对等关系的。各种商品都以货币表示自己的价值,而货币则以无穷系列的商品来表示自己的价值。显然,绝不可能将无穷系列的商品加在一起进行平均后,再来反映货币的价值。如果一般等价物代表商品总价值的等分值,那马克思所分析的价值形式发展的第四阶段,就用不到列举许多商品来和黄金建立等式关系,等式的左边只要简化成'商品总价值的等分值'就可以了。马克思没有这样做,是有深刻的道理的,因为他根本不承认货币能代表商品总价值的等分值!"

由于他提出的问题对如何理解纸币所代表的价值问题十分重要,因此有必要花费一些笔墨来讨论它。

应该指出:"商品总价值的等分值"这一概念不是凭空提出来的,而是根据马克思的货币理论引申出来的。如果我们复习一下《资本论》第一卷第一篇第三章 2(b)"货币的流通"这一节,叶同志所提出的问题则是不难解决的。

在这一节里,马克思论述了货币流通与商品流通的关系,他从个别的商品流通谈到商品总体流通和货币总体流通的关系。在谈到商品总体时,他常采用"商品总量"、"商品总价格"、"流通中的商品总额"、"待实现的商品价格总额"等提法,其实都是指的"待实现的总商品"或"流通中的总商品"。至于那些卖不出去的或不能实现其价值的商品,自然不发生与货币对等流通的问题。如果这些原来卖不出去的商品以后又进入流通,自然又会有对等的货币来实现它们的价值。因此,这种变化并不妨碍我们对马克思货币流通规律的引用。

在这一节里,马克思指出:"……一方面单是卖,另一方面单是买。商品在自己的价格上已经等于一定的想象的货币量。因为这里所考察的直接的流通形式总是使商品和货币作为物体彼此对立着,商品在卖的一极,货币在买的一极,所以,商品世界的流通过

---

① 《经济研究》1982 年第 2 期。

程所需要的流通手段量,已经由商品的价格总额决定了。事实上,货币不过是把已经在商品价格总额中观念地表现出来的金额实在地表现出来。因此,这两个数额相等是不言而喻的。"①(着重符号是我加的)因此,他进一步指出:"流通手段量决定于待实现的商品价格总额",②或"流通手段量决定于流通商品的价格总额和货币流通的平均速度"。③

我在阐明我对马克思的货币流通规律的理解时指出:这一规律的起源可以追溯到商品交换的最初形式,即在简单的价值形式下,相对价值形式的商品价值=等价形式的商品价值。唯有这样,处于等价形式的商品才能用来表现、衡量和实现处于相对价值形式的商品价值。货币既然是一般等价物,它的数量自然取决于相对价值形式一边的商品价值总量,即以货币表现的总价格。由于每个货币可以周转多次,于是进入流通的商品总价格就等于货币流通量乘上它的流通速度。我认为这是正确理解马克思货币流通规律的关键。④

马克思的货币流通规律既是从简单的价值形式引申出来,并用于商品总体的流通,那么,它就既适用于单个商品的流通,也适用于一批商品的流通,还适用于社会总商品的流通,它不仅适用于金币的流通,也适用于纸币流通。不过,在不同条件下,它所表现的作用不同。

在金币流通下,金币是先有价值而后进入流通的,金币的含金量同"等分值"是什么样的关系呢?

现在就用马克思本人所讲到的价值形式的第四阶段中所举的例子⑤来说明这一点。

---

① 《马克思恩格斯全集》第 23 卷,第 136–137 页。
② 《马克思恩格斯全集》第 23 卷,第 138 页。
③ 《马克思恩格斯全集》第 23 卷,第 142 页。
④ 《中国社会科学》1982 年第 2 期,第 81 页。
⑤ 《资本论》第 1 卷,人民出版社 1975 年版,第 86 页。

$$\left.\begin{array}{l} 20\text{ 码麻布} = \\ 1\text{ 件上衣} = \\ 10\text{ 磅茶叶} = \\ 40\text{ 磅咖啡} = \\ 1\text{ 夸脱小麦} = \\ \frac{1}{2}\text{吨铁} = \\ x\text{ 量商品 A} = \end{array}\right\} 2\text{ 盎司金}$$

设 1 美元金币的价值 $= 0.888671$ 克或 $\frac{1}{35}$ 盎司金，

则
$$\left.\begin{array}{l} 20\text{ 码麻布} = \\ 1\text{ 件上衣} = \\ 10\text{ 磅茶叶} = \\ 40\text{ 磅咖啡} = \\ 1\text{ 夸脱小麦} = \\ \frac{1}{2}\text{吨铁} = \\ x\text{ 量商品 A} = \end{array}\right\} 2\text{ 盎司金} = 70\text{ 美元}$$

于是每种商品的单价为：

1 码麻布 = 3.5 美元

1 件上衣 = 70 美元

1 磅茶叶 = 7 美元

1 磅咖啡 = 1.75 美元

1 夸脱小麦 = 70 美元

1 吨铁 = 140 美元

1 商品 A $= \frac{70}{x}$ 美元

同除以货币单位的系数，就成为：

$$1\text{ 美元的价值} = \frac{1\text{ 码麻布的价值}}{3.5}$$

$$= \frac{1 \text{ 件上衣的价值}}{70}$$

$$= \frac{1 \text{ 磅茶叶的价值}}{7} = \cdots\cdots$$

这不是货币价值表现在一系列的商品上面吗？如用代数表示，也就是《新阶段》一文中所说的：

$$U = \frac{C_1}{P_1} = \frac{C_2}{P_2} = \cdots\cdots = \frac{C_n}{P_n}$$

上式经过演绎，就得出：

$$U = \frac{\text{待实现商品总价值}}{\text{待实现商品总价格}}$$

= 待实现商品总价值的等分值

这就是说，一美元的价值（1/35 盎司金）把一码麻布的价值等分成 3.5 份，每份值 1/35 盎司金；把一件上衣的价值等分成 70 份，每份值 1/35 盎司金；把一磅茶叶的价值等分成 7 份，每份值 1/35 盎司金；……就价值 1 亿美元的商品来说，一美元的价值把这类商品等分成 1 亿份，每份仍然是 1/35 盎司黄金。

很显然，这种等分值在不同情况下是一样的，因为它就是金币的含金量的价值，也就是金币本身所自有的价值。因此，我在《新阶段》一文中说："金币作为一般等价物所代表的价值，既是金币含量的价值，也是社会商品总价值的等分值。"

其实，说起来问题也很简单，因为价格标度本身就意味着以一种共同的标度将不同商品价值加以等分的意思。这样才好对不同商品所包含的价值大小进行比较。

那么，为什么又"标新立异"，提出"等分值"这样一个概念呢？

这是因为：在不同的货币形式下，货币本身的价值（或其名义上所代表的价值量）和它在流通中所形成的实际上的等分值是不一定相等的。

在金币流通条件下，由于金币本身有价值，它的流通手段量是由待实现的商品总价格决定的，金币（或其符号）可按照商品流通的需要而进入或退出流通界。这样，就能保持（或基本上保持）商品流通所需要的金币量和商品总价格相等（假定流通速度为1），所以也就能保持它的原来价值与等分值的一致性。因而这种区分也就没有多大实际意义。

但在纸币的流通的条件下，情况就大不相同了。纸币本身没有价值，它是以历史继承的或国家规定的它所代表的价值进入流通的，它所代表的这种价值是名义上的，一切商品的最初价格是根据这种价格标度形成的。而另外，纸币的实际价值却是在流通当中形成的，如《新阶段》第四节中所述，取决于纸币的流通数量和社会商品总价值的对比关系，也就是它所代表的商品总价值的等分值。但投入流通的纸币数量却不决定于商品流通的客观需要，而是根据国家的经济政策投放的，国家对货币的投放往往不是根据客观商品流通的需要，而且常常大大超过需要，因而就使纸币后来实际上所代表的价值与当初投入流通时名义上所代表的价值不断发生背离。在其他条件不变的情况下，如实际流通的货币量（包括速度）比客观需要的增多一倍，那么，纸币所代表的商品总价值的等分值就贬低一半，于是物价就会上涨一倍。这样，物价指数的升降就成为衡量纸币所代表的商品总价值的等分值的变化的主要指标了。很显然，在经济持续发展过程中，这种背离影响到经济活动的各个方面，因此，现在提出"商品总价值的等分值"这个概念有十分重要的现实意义。

关于这方面的详细说明，可参见《新阶段》一文，这里不再赘述。

在叶世昌同志的《为什么说"等分值"理论是错误的》一文中，还反映出他对事物的"平均"概念以及个别与一般的关系也许缺乏科学的统计方法上的理解。如他说："绝不可能将无穷系列的商品加在一起进行平均后，再来反映货币的价值。"他承认，"纸币是价值符号，它代表一定的价值"，并且说"代表在流通中形成的、客观上存在的、没有货币商品实体的抽象价值"，但遗憾的是，他却到此为止，没能进一步探索这种"抽象价值"的量究竟是什么，因为他认为："单位纸币究竟代表多少价值量，是无法计算的。"

这里，我们不妨将马克思的价值论简单地回忆一下。马克思所指的价值，其实体就是抽象劳动，而价值量则是由社会必要劳动时间所决定的。"社会必要劳动时间"就是"平均必要劳动时间"，"是在现有的社会正常的生产条件下，在社会平均的劳动熟练程度和劳动强度下制造某种使用价值所需要的劳动时间"。①（着重点是我加的）难道马克思需要将千千万万制造某种使用价值所需要的劳动时间"加在一起"，才能得出"平均"的概念吗？如果按照叶世昌同志的思维逻辑，像物价指数这种统计指标都是错误的，因为它只能从物价的选样中计算出来，而不可能把社会上所有商品价格都纳入统计的范围。

再说，我的"商品总价值的等分值"这一概念是从货币本身的价值同单个商品价值的对比关系中引申出来的（即用由具体到抽象、由个别到一般的方法），何必要把所有商品加起来再平均呢？

至于叶世昌同志引用马克思批评休谟的货币数量说的一些话来论证我的"等分值"概念是错误的，更是"驴唇不对马嘴"了。我们知道，休谟"货币数量说"的主要错误在于：第一，他抹煞货币在投入流通时本身具有价值；第二，商品价格决定于货币流通量。而我则认为：第一，货币在投入流通时是有价值的（如金属货币）或代表一定价值的（如纸币）；第二，货币流通量是商品总价格所决定的。但在纸币流通条件下，纸币虽然以一定的名义价值投入流通，但它的实际价值却取决于它的流通量是否符合商品流通所需要的它所代表的价值量。在金本位制度下，这样的价值量就是它的含金量的价值；在纸币流通的条件下，就是它以历史继承的或法定的标度投入流通时所代表的价值量。马克思并不否定纸币数量对物价的影响，如前节所引马克思在《马克思、恩格斯全集》第 13 卷，第 111 页上所讲的话就是证明。不过，纸币数量对物价的影响是通过它本身价值的变化而反映到物价上面，而不是像货币数量说那样，认为直接决定物价。我提出"等分值"的概念，正是为了说明在纸币流通的条件下，纸币代表的价值（"等分值"）是随着纸币数量同待实现商品总价值

---

① 《资本论》第 1 卷，人民出版社 1975 年版，第 52 页。

的对比关系的变化而变化的,这样,就为用物价指数的变化来检验纸币代表的价值的变化提供了理论依据。如果只泛泛地说纸币价值随其数量的增减而变化的话,这种说法有何实际意义呢?

总之,对复杂的社会经济现象进行研究是一件很不容易的事情。社会经济现象是许多复杂因素相互作用的结果。我们研究一种特定规律时,不可能同时把许许多多的因素都考虑在内,必须假定其他因素不变,舍去其无关大体的枝节,抓住影响较大的主要变量,研究它们之间的相互关系。社会科学与自然科学不同,自然科学可以在实验室中得出比较精确的数据来。在复杂的社会现象中,用抽象思维找出某些变量之间的关系时,这种关系也只能是近似值,而不可能绝对符合客观实际。如果过分强调个别商品交换的特点,要求绝对符合实际,抹煞了从商品总体来分析问题和使用科学的抽象法的可能性,那么连马克思的货币流通规律,社会必要劳动量和价值等范畴都将成为"实际上不存在"或"不切实际"的东西了。这就很难探索出带有规律性的东西来。

(原载《经济管理与研究》1984年第6期)

就当前货币形式问题答谭寿清同志

(1984 年 8 月)

拙作《论货币形式发展的新阶段》在《中国社会科学》1982 年第 2 期发表后，谭寿清同志提出了不同意见（见《中国社会科学》1983 年第 5 期）。现答复如下：

一、谭寿清同志不同意我的黄金"已不再是或基本上不再是货币商品了"的看法，并提出了四点理由。我认为，这四点理由都不能说明黄金基本上没有退出货币的历史舞台。

先说第四点。谭寿清同志以很大的篇幅来说明，"汇价波动的影响这样严重，人们不能不怀念稳定的汇价，不能不怀念黄金"。对通货膨胀也是如此。因而，"人们开始为黄金招魂"。姑不论"招魂"的前途如何，他本来的意图是想说明只有发挥黄金的货币作用，才能有稳定的汇价，制止通货膨胀。但由于他在逻辑上把"是什么"和"应该是什么"加以混淆了，反而恰恰证明黄金已经退出货币的历史舞台。如果黄金作为货币仍然"健在"，还用得着"招魂"么？

再说第二点。谭寿清同志在这里把黄金的价值贮藏作用看成是世界货币的作用了。我们知道，黄金原具有货币商品和一般商品两重身份。根据马克思的货币理论，货币商品是价值尺度和流通手段的统一。这是货币的质的规定性。它的首要职能是价值尺度，贮藏手段是它的派生职能。凡是商品都有价值，都有贮藏手段的职能，因而有贮藏手段职能的东西不一定是货币，必须兼有价值尺度和流通手段的职能才能称为货币。谭文把不起价值尺度和流通手段作用的纪念币和首饰等都看作货币，这就离开了货币的质的规定性来论证黄金仍然是世界货币，犯了方法论的错误。

谭文所持理由第一、三两点，可以归纳为如何看待当前世界各国所保有的黄金储备问题。谭文认为，这是因为"黄金仍然是当今世界的国际支付手段和购买手段"，这个答案是难以令人信服的。

我们知道：在黄金作为世界货币而发挥作用时，黄金储备是充当支付手段和购买手段的准备金。黄金作为世界货币的"最主要职能，是作为支付手段平衡国际贸易差额"。① 由于国际贸易和国际收支是经常变化的，因此，各国黄金储备也必然是一个不断变化的量。"同国内流通一样，国际流通也需要有一个经常变动的金银量。因此，每一个民族都有一部分积累起来的贮藏货币充当世界货币准备金，这笔准备金随着商品交换的波动而时枯时满。"② "如果贮藏货币不是经常渴望流通，它就仅仅是无用的金属，它的货币灵魂就会离它而去，它将变成流通的灰烬，流通的残渣。"③

当今世界，国际贸易交往和国际收支十分频繁，如果黄金仍然充当支付手段和购买手段，各国黄金的储备量必然有很大的变化，不可能基本上处于冻结状态；但实际情况却恰恰相反（见谭文所例举的数字。这些数字说明从1974到1982年间，世界各国的黄金储备基本上是一个恒量）。当前黄金储备既不是"时枯时满"，又不是"渴望流通"，怎能说它是世界货币呢？我们并不排除在个别或极少数情况下，黄金仍可用来弥补国际收支差额。但在黄金已没有官价和不作为法定支付手段的情况下，这种支付是通过将黄金按市价卖出换取他国外汇来实现的，而不是作为直接支付的手段。因此，黄金在这里不是发挥货币商品，而是发挥一般商品的作用。如果黄金仍是世界货币，它可以用来直接支付了，何必还要卖出换取外汇来支付呢？

至于各国为什么还保留大量黄金储备，这需要进行分析。各国黄金储备都是多年积累起来的财富，岂能随便处理？如果出卖，卖少了意义不大。如果全部或大多数出卖，卖价高了，卖不出去；卖价低

---

① 《马克思恩格斯全集》第23卷，第164页。
② 《马克思恩格斯全集》第13卷，第140–141页。
③ 《马克思恩格斯全集》第13卷，第121页。

了，将会吃亏；而且大量抛售，势必引起金价猛跌，通货收缩，从而造成国际收支困难。如果大家都出卖黄金，谁来买呢？何况，对黄金将来的前途，人们捉摸不定，因而也不愿冒险把它处理。当前黄金仍然是价高质优的商品，是最佳的保值手段，最好的物资储备。保有它，可以保证国际贸易和国际收支的正常运行。在实行浮动汇率和多种货币储备体系下，全部保持外汇，也有贬值的风险；一旦发生战争，还有被他国冻结的危险。保有黄金储备，可以避免这些风险。因而，黄金储备就长期处于冻结状态。即使有所买卖，也是按照市价作商品处理，为数有限。有些国家黄金外汇储备略有增加，只不过反映世界黄金产量有所增加而已。

在欧洲共同体内部，起价值尺度或计算货币作用的是欧洲货币单位，它的价值构成是各成员国货币的加权平均值，与黄金价值无关。因而，也不能说黄金起着货币作用。实际上，欧洲共同体各国的黄金储备多年来也处于冻结状态。

总之，黄金不仅不再作为支付手段来平衡国际收支差额，而且金价对物价和汇价也没有决定作用。关于这方面，请参见我写的《当前黄金是否仍是世界货币并在决定国际汇价中发生作用》一文（《世界经济》1983年第12期）。

二、谭寿清同志认为，他和我的分歧关键在于是否承认货币具有内在价值。他认为我否认货币有内在价值的主要根据是我说过："纸币价值是在流通中形成的。"这里，谭寿清同志把作为信用货币的纸币与作为货币商品的金属货币相混淆了。我们所讨论的不是金属货币有无内在价值，而是纸币代表什么价值，它的价值是从哪儿来的。

认为纸币的实际价值是在流通中形成的，不是我，而是马克思。他说："因为纸票有强制通用的效力，所以谁也不能阻止国家任意把大量纸票硬塞到流通中去。……国家固然可以把印有任意的铸币名称的任意数量的纸票投入流通，可是它的控制同这个机械动作一起结束。价值符号或纸币一经为流通所掌握,就受流通的内在规律的支配。"① "在价值符号的流通中,实际货币流通的一切规律都反着表现出来了,颠倒过来了。黄金因为有价值才流通,而纸票却因为流通才有价值。已知商品的交换价值,流通中的黄金量决定于黄金自己的价值,而纸票的价值却决定于流通中的纸票的数量。"② 马克思的意思很清楚:纸币所代表的实际价值或其所代表的价值量的变化决定于流通中纸票的数量与商品数量的对比关系。我在文章中不过是将马克思上述引语加以重新表述而已。

至于纸币在投入流通之始,它的价值是怎样形成的,不妨借用谭寿清同志说过的话:"这个问题也不难回答,因为不能割断历史。"任何纸币在投入流通伊始,总是按一定比率与当时通行的货币发生兑换关系。当时流通的货币如果是金属货币,它就按规定的比率继承这种金属货币所代表的价值量。当时流行的货币如果是纸币,这种纸币也必然代表一定的、在过去流通中形成的价值,否则它就不会在流通中被接受。这样,新币就按所规定的比率继承了旧币所代表的价值量。如我国人民币在1949年上海解放时以一比十万的比率收兑伪金圆券,它就按这种比率继承了伪金圆券所代表的价值量。这就是人民币在投入流通之始所代表的价值量。不过,这里要指出的是:新币继承旧币,并不是继承它的外壳,而是继承它所代表的价值——社会必要劳动量。主张人民币代表黄金论者,把人民币代表一定量价值的继承性看成是货币形式(外壳)的继承性,因而导致人民币代表黄金的结论。这是错误的。

应该看到:纸币与金属货币不同。金属货币本身有内在价值,因而它所代表的价值是比较稳定的。但纸币不同,按照马克思的理论,纸币价值是在流通中形成的。人民币在投入流通伊始,它代表着伪金圆券在过去流通中所形成的价值量。但它在投入流通以后,它所代表的实际价值就随着它自己的数量与今后商品流通所需要的货币量的对

---

① 《马克思恩格斯全集》第13卷,第109-110页。
② 《马克思恩格斯全集》第13卷,第111页。

比关系而变化了。

那么,纸币价值的变化与商品价格的变化是一种什么样的关系呢?我们知道,社会经济现象是一条川流不息的长河,我们所讨论的问题往往是就一个特定的时点和时段来说的。在一个特定的时段上,它的起点就是前一阶段的终点,它的终点又是后一阶段的起点。因此,在每一阶段的起点上,商品价格总是以前一阶段形成的纸币价值来表现,纸币也是以代表这种价值进入流通。但在这个时段中,由于纸币数量与商品数量的对比关系发生了变化,纸币的实际价值随之发生变化,因而,新的时点上的价格水平也就变化了。在其他条件不变的情况下,如果货币量增加一倍,纸币就贬值一半,物价就上涨一倍。这时,新的物价水平下的纸币价值又成为下一阶段进入流通的始点。因此,不存在纸币在投入流通之始的所谓"价值真空"问题。

在黄金仍然起着货币作用的时候或纸币有含金量的情况下,纸币代表黄金这一观点大家是一致的。问题在于,在纸币没有含金量而黄金又不起货币作用的条件下,纸币代表着什么?谭寿清同志和其他黄金派者坚持认为:纸币仍然代表黄金。可是,他们不能证明当前黄金仍然是货币。我们认为既然黄金已失去货币的身份,纸币就不再代表黄金。但它仍然代表一定的价值,不过不是代表一种特殊商品的价值,而是代表一般商品的价值,或具有平均概念的商品价值,或商品复合体价值(就单位货币来说,就是"商品总价值的等分值",亦即单位货币所代表的价值量相当于商品总价值除以商品总价格所得的平均值,也就是单位货币对商品的购买力)。这是我们之间的分歧的实质所在。谭寿清同志不是不知道这一点,为什么硬说我们的分歧是是否承认货币有内在价值呢?为什么谭寿清同志说纸币仍然代表黄金就是承认"货币有内在价值",就符合马克思之劳动价值论;而我们说纸币代表一般商品价值(也可包括黄金在内)就是否认"货币有内在价值",就是"名目论"或"国定货币说"呢?难道把黄金与货币永远等同起来,就是与金属主义划清了界限吗?

这里,我们需要强调马克思所说的话:"在以下的研究中要把握住,我们所谈的只是从商品交换直接产生出来的那些货币形式,而不是属于生产过程较高阶段的那些货币形式,如信用货币。""**信用货币**属于社会生产过程的较高阶段,它受完全不同的规律支配。"① 现在的纸币(包括支票在内),主要由银行券演变而来,因而是信用货币,它属于社会生产过程的较高阶段。为什么有些人偏偏置马克思这段非常重要的话于不顾,而老是用马克思对商品交换直接产生出来的货币形式的论述来对待当前的货币形式呢?

总之,我认为,黄金曾是货币商品,但现在已基本上退出了货币的历史舞台,纸币和其他信用货币正执行着货币的职能,我们进入了没有一种特殊商品来充当货币的新阶段,即信用货币阶段。客观世界总是在不断发展的,事物总是在不断变化的,货币形式也是在不断变化的。如果我们老是用不变的眼光看待一切,岂不是固步自封,刻舟求剑吗?

(原载《中国社会科学》1984年第4期)

---

① 《马克思恩格斯全集》第13卷,第54页,第106页。

怎样理解马克思的货币流通规律？

(1985年2月)

马克思在论述纸币流通的特殊规律时说过："纸币流通的特殊规律只能从纸币是金的代表这种关系中产生。这一规律简单说来就是：纸币的发行限于它象征地代表金（或银）的实际流通的数量。"① 不少人以此来论证人民币必然代表黄金。其实，这段话是马克思处于典型的金币本位时代时说的。当时的黄金是社会上普遍使用的货币商品，这种本位制度有三大特点：第一，金币可以自由铸造；第二，价值符号可以自由兑现为金币；第三，黄金可以自由输出与输入。当时的纸币和银行券都以一定的含金量为本位，代表着一定的金量来表现、衡量和实现商品的价值。因此，商品流通所需要的金币量是可知的，纸币的发行应该代表多少金币量也是可知的。马克思在当时历史条件下对纸币流通规律的这种表述是完全正确的。今天的情况完全不同了。我国的人民币没有含金量，不能兑现为黄金，也不用黄金为保证，黄金不能流通，更不是什么普遍接受的货币商品。现在的情况与19世纪下半叶完全不同了。可是，他们仍然用马克思这段话来论证人民币代表黄金，甚至有人"以国家规定的收购价格为基础，进而通过纸币流通规律，由此推算出人民币的含金量"。② 作者还认为："国家规定不规定人民币的含金量，这是货币制度的问题，属于上层建筑。"国家虽然不规定人民币的含金量，人民币仍然是"金的符

---

① 《马克思恩格斯全集》第23卷，第147页。
② 参见蒋金波：《试探人民币的含金量及其推算方法》，《学术月刊》1983年11月号。

号，代表着黄金一定量的价值，即客观上存在着的含金量。"这种思想方法，令人难以苟同。

我们知道，一种货币的含金量是被用作表现和衡量商品价值的价格标度（准）的。它通过代表着一定的金的使用价值量来表现一定的价值量。在金充当货币商品的条件下，一切商品都是以具有一定含金量的价格标度来表现其价值，于是形成以金表示的价格。它在观念上与商品价值处于对立面，与商品价值形影相随，谁也离不开谁。正是在这个意义上，纸币才是"金的符号"。这样，以金所表现的商品总价格才是可知的，用来实现商品总价格所需要的金币量才是可知的，上述纸币流通规律才起作用。一国的价格标度，是一国货币制度的最主要的内容，通常都是由法律规定并为社会所普遍接受的。如果国家不规定纸币单位的含金量，而黄金又不是普遍接受的货币商品，它能代表黄金吗？能用间接的办法来论证纸币的含金量吗？马克思从来没有这样做过。该文作者以国家收购黄金的价格推算出每元人民币的含金量为1/13克黄金，并引用马克思下列的话来证明："可兑换的金银成了以金银命名的任何纸币的实际价值尺度，不管这种纸币在法律上是否兑现。"① 可是，这里马克思明明是说"可兑换的金银"，而现在的金银却是不可兑换的。马克思明明是说"以金银命名的任何纸币"，而现在的纸币却不是以金银命名的。怎么可以这样不加分析地生搬硬套呢？作者根据国家规定的对黄金的现行收购价格每克为13元推算出每元人民币的含金量为1/13克，商品流通所需要的金币量为商品总价格×1/13克黄金（含速度）。我们知道，这个牌价是1980年2月底实施的。在此以前，黄金收购价是每克3.04元。这就是说，每元人民币的含金量在一夜之间由1/3.04克降为1/13克，即不到原价的1/4。我们知道，在一夜之间，商品总价格是不会有什么变化的。那么，按照作者的理论，商品流通所需要的金币量（亦即进入流通的商品总价值）在一夜之间，就由"商品总价格×1/3.04克黄金"降为"商品总价格×1/13克黄金"。这怎么可能呢？作者如何自圆其说？

---

① 《马克思恩格斯全集》第46卷，第138页。

该文以很长的篇幅来论证人民币的含金量和纸币的特殊流通规律的关系，可是最后却得出下列公式：

$$\text{人民币的币值变动率} = \frac{1\text{元人民币实际代表的黄金量}}{1\text{元人民币按国家黄金收购价格的含金量}} - 1$$

$$= \frac{\text{商品价格总额} \times \frac{1}{13}\text{克}}{\text{流通中的纸币数量} \times \text{货币流通速度}} \div \frac{1}{13}\text{克} - 1$$

$$= \frac{\text{商品价格总额}}{\text{流通中的纸币数量} \times \text{货币流通速度}} - 1$$

请看，人民币的含金量在对比关系中消失了，影响币值稳定的三个因素变成为：商品价格总额，流通中的纸币数量和货币流通速度。所谓人民币的含金量对币值变化根本不发生任何作用。作者的结论恰恰否定了作者自己所要论证的东西。兜了一个大圈子，又回到原来的地方，有什么实际意义呢？

邓小平同志在《"两个凡是"不符合马克思主义》一文中说："把毛泽东同志在这个问题上讲的移到另外的问题上，在这个地点讲的移到另外的地点，在这个时间讲的移到另外的时间，在这个条件下讲的移到另外的条件下，这样做，不行嘛！"马克思主义的根本点是从实际出发，实事求是，理论联系实际。如果我们不问时间、地点、条件，把马克思的话一概照搬，这是马克思主义吗？

这不是说，马克思关于货币流通规律和纸币流通规律的原理就错了，就过时了。马克思关于货币流通规律和纸币流通规律的原理并没有错，也没有过时。问题在于：我们怎样理解它们。我们不应从字面上来理解它，而应从精神实质上，从原理原则上来理解它。这样，我们就可以举一反三、灵活运用，而不至于机械地生搬硬套。

怎样理解马克思的货币流通规律呢？

马克思对于货币流通规律的表述有好几种，最基本的表述是"流通手段量决定于待实现的商品价格总额"。①

对这种表述怎样理解呢？马克思说："……一方面单是卖，另一

---

① 《马克思恩格斯全集》第23卷，第138页。

方面单是买。商品在自己的价格上已经等于一定的想象的货币量。因为这里所考察的直接的流通形式总是使商品和货币作为物体彼此对立着,商品在卖的一极,货币在买的一极,所以,商品世界的流通过程所需要的流通手段量,已经由商品总额决定了。事实上,货币不过是把已经在商品价格总额中观念地表现出来的金额实在地表现出来。因此,这两个数额相等是不言而喻的。"①

这段话包含着两层意思:价格是价值的货币表现;商品交换是按等价原则进行的。这样,以货币表现的商品价值,自然要与和它同等的货币相交换才能实现它的价值。

这就是说,设一本书的价格为5元,就需要5元的货币量来实现它的价值。一只手表的价格为100元,就需要100元来实现它的价值。一夸脱小麦价格为2镑,100夸脱小麦总价格为200镑,就需要200镑来实现它的价值。马克思又说:"如果我们再假设每一种商品的价格都是既定的,显然,商品价格总额就决定于流通中的商品。"② 随后他用1夸脱小麦、20码麻布、1本圣经、4加仑烧酒的价格总和推导出商品总价格和所需要的货币流通量。由于每枚货币可以周转多次,于是他就得出下列公式:

$$\frac{商品价格总额(PQ)}{同名货币的流通次数(V)} = 执行流通手段职能的货币量(M)$$

并说:"这个规律是普遍适用的。"③

的确,这个公式应该看作具有普遍意义的,即可以适用于任何货币形式,不仅适用于贱金属货币,也适用于贵金属货币,还适用于纸币。设市场上有一万件商品出售,每件平均价格5元,那么,需要用来实现这批商品价值量的货币量就是5万元(包含支付手段和流通速度)。这个"元",无论是代表金或银或纸币单位,都是一样。这是显而易见的道理。

---

① 《马克思恩格斯全集》第23卷,第136页。
② 《马克思恩格斯全集》第23卷,第138页。
③ 《马克思恩格斯全集》第23卷,第139页。

那么，为什么马克思又要提出上述纸币流通规律呢？

这是因为：在金币流通下，由于金币本身有价值，流通中多余的金币可以退出流通转为贮藏。如流通中货币量不足，它又可由贮藏进入流通。这样，商品流通所需要的货币量基本上能够和实际上与商品相交换的货币量保持相等，不发生货币价值的变化问题。但在纸币流通条件下，就不同了。纸币没有什么价值，它是代表一定价值投入流通的。在金币流通条件下，这一定的价值就是它所代表的一定含金量的价值。"因为纸票有强制通用的效力，所以谁也不能阻止国家任意把大量纸票硬塞到流通中去。"① 这样，商品流通所需的货币量与实际进入流通的货币量就不相等。于是，纸币所代表的实际价值在流通中就发生了变化，与它原先所代表的价值不等。马克思说："国家固然可以把所有任意的铸币名称的任意数量的纸票投入流通，可是它的控制同这个机械动作一起结束。价值符号或纸币一经为流通所掌握，就受流通的内在规律的支配。"② 这个流通的内在规律是什么呢？马克思说："只要这些纸票确实代替同名的金额来流通，它们的运动就只反映货币流通本身的规律。纸币流通的特殊规律只能从纸币是金的代表关系中产生。这一规律简单说来就是：纸币的发行限于它象征地代表金（或银）的实际流通量。"③ 又说："在价值符号的流通中，实际货币流通的一切规律都反着表现出来了，颠倒过来了。金因为有价值才流通，而纸票却因为流通才有价值。已知商品的交换价值，流通的金量决定于金自己的价值。而纸票的价值却决定于流通的纸票数量。"④

马克思的这些话怎样理解呢？

简单说来，在金本位制度下，一切商品都以一定含金量的价格标度来标价的。设商品总价格为一万金币，需要一万金币来同它相交

---

① 《马克思恩格斯全集》第 13 卷，第 109 页。
② 《马克思恩格斯全集》第 13 卷，第 109 页。
③ 《马克思恩格斯全集》第 23 卷，第 147 页。
④ 《马克思恩格斯全集》第 13 卷，第 111 页。

换，才能实现这批商品的总价值，因而需要的流通手段量就是一万金币（含流通速度）。纸币投入流通的数量不管多少，它的总价值（即它的实际价值乘上它的数量）必须与这一万金币的价值相等，这样才能实现这批商品的总价值。如果纸币单位的名义价值与金币相等，而它投入流通的数量也是一万单位，那么，它的实际价值就与名义价值相等。如果投入流通的纸币为两万单位，那么它的实际价值就降为名义价值的一半。依此类推。

由于当时马克思所处的时代是金本位时代，当时的纸币都法定有一定的含金量，是金的符号。马克思就纸币同金的关系来论述纸币流通规律，是很自然的。马克思在论述上述纸币流通规律时特别指出："只要这些纸票确实代替同名的金额来流通，……"可是现在纸币却不是代替同名的金额来流通，怎能照搬呢？今天我们如果要正确理解这一规律的普遍含义，就有必要将这一规律放在货币流通一般规律的基础上来理解，把它看成是货币流通规律在纸币作为金的符号的条件下的特殊表现。

为此，我们就有必要把单位货币所代表的价值（u）这一概念引进到马克思的货币流通公式中去，并说明它的变化与其他变量之间的关系。找出这种变化的规律性来，我们就把纸币流通规律从纸币代表金的条件下解放出来，并赋予它以普遍的意义。

设商品价值为 C，商品数量为 Q，物价水平为 P，则商品总价值为 CQ，商品总价格为 PQ。由于价格是商品价值的货币表现，则单位货币价值同商品总价值和商品总价格的关系为：$CQ/u = PQ$，

于是，每单位货币的价值 $u =$ 商品总价值／商品总价格 $= CQ/PQ$

这就是我们通常所谓的币值或单位货币对商品的购买力。也就是每单位货币所代表的商品价值。我称它为"商品总价值的等分值"。①

按照马克思的货币流通规律用来实现这批商品总价格的货币量应该是 MV，亦即 $PQ = MV$，于是 $u = CQ/PQ = CQ/MV$。

---

① 见《论货币形式发展的新阶段》，《中国社会科学》1982 年第 2 期。

这种关系适用于任何货币形式。由于商品流通是一个川流不息的长河，为了进一步说明有关变量之间的关系，有必要将以上公式再就两个不同时点来观察。

设商品流通在原先时点 1 的几个变量为 u_1，C_1，Q_1，P_1，M_1，V_1，则商品总价值为 $C_1 Q_1$，商品总价格为 $P_1 Q_1$，需要实现这批商品总价值的货币量为 $M_1 V_1$。按照等价交换原则，

$u_1 \times P_1 Q_1 = C_1 Q_1 = u_1 \times M_1 V_1$（相对价值形式的商品价值 = 等价形式的货币价值）

这就是说，需要具有价值 u_1 的 $M_1 V_1$ 货币量来实现这批商品的总价值。但在投入流通之后，假定商品总价值未变，而进入流通的货币量变了，由 $M_1 V_1 \rightarrow M_2 V_2$，按照等价交换原则，在新时点上与这批商品相交换的货币价值仍应与这批商品的总价值相等，即：

$u_2 M_2 V_2 = C_1 Q_1 = u_1 M_1 V_1$ 亦即 $u_2 = u_1 \times M_1 V_1 / M_2 V_2$

这个公式适用于一切货币形式。在金币流通条件下，由于金币本身有价值，多余的可以退为储藏，它的价值在两个时点上是一样的，亦即 $u_2 = u_1$，所以 $M_2 V_2 = M_1 V_1$。我想这可能就是马克思在当时条件下没有将单位货币价值的概念引进货币流通规律的主要原因。在纸币作为金的符号进入流通的条件下，前引马克思对纸币流通规律的表述，就可理解为：$u_1 M_1 V_1 =$ 商品流通所需要的金币量，$u_2 M_2 V_2 =$ 纸币的发行量（或供给量），而这两者是应该相等的。即 $u_2 M_2 V_2 = u_1 M_1 V_1$。这就是说，在 $u_1 M_1 V_1$ 为既定的条件下，"流通的纸票价值完全决定于它自身的量"。① 也就是，纸票价值与它的数量成反比关系。这就是马克思在纸币作为金的符号的条件下所阐述的纸币流通规律的具体含义。也就是马克思的货币流通规律在纸币代表金币的条件下的具体表现。

现在纸币不代表黄金了，但 $u_2 M_2 V_2 = u_1 M_1 V_1$ 的关系仍然存在。我们对这个公式应该理解为：在商品总价值不变的情况下，在后一时点上进入流通的纸币总价值量仍然应该与前一时点上的商品流通所需

---

① 《马克思恩格斯全集》第 13 卷，第 109 页。

要的同名货币的总价值量是相等的。这样,在其他条件不变的情况下,纸币价值的变化仍然决定它本身数量的变化。设 $u_1M_1V_1 = 100$ 万元,如 $u_2M_2V_2 = 200$ 万元,则 $u_2 = u_1/2$。在这里,纸币是否代表黄金,代表多少黄金,已经没有任何意义。于是纸币流通规律就从"纸代表金"的条件下解放出来而成为带有普遍意义的规律了。这样,纸币流通规律就可表达为:纸币的流通量(或供给量)(含速度)应与商品流通中(或广义地,国民经济发展)所需要的同名货币量(含速度)相适应,超过或不及,就会引起纸币价值的变化,从而发生物价涨跌的现象。

那么,纸币价值的变化对商品价格的变化是怎样影响的呢?

根据前引公式:$u = CQ/PQ$,前一时点上的 $u_1 = C_1Q_1/P_1Q_1$

后一时点上的 $u_2 = C_2Q_2/p_2Q_2$。假定商品价值和商品总量不变,即 $C_2Q_2 = C_1Q_1$ 和 $Q_2 = Q_1$ 由于 $u_2/u_1 = p_1Q_1/p_2Q_2 = M_1V_1/M_2V_2$。于是 $p_2 = (u_1/u_2) p_1 = (M_2V_2/M_1V_1) p_1$

如果进入流通的商品总价值不变,与其相交换的货币量(含速度)增加一倍,则币值跌落一半,而物价水平也将上涨一倍。这样,即使在流通之始,纸币代表的价值不知道,但两个时点之间变化的幅度是可知的。因而物价指数也就成为衡量这种变化幅度的标尺了。

于是 $u = CQ/pQ = CQ/MV$ 这个公式就把马克思的货币流通规律公式化了,普遍化了。根据这个公式,我们可以按照有关变量之间的相互的关系来制定正确的货币政策。譬如,假定其他因素不变,1. 如果生产发展,CQ 增加,而 MV 以同一比例增加,则 u 不变,而纸币单位所表示的价格水平也就不变。2. 如果 CQ 增加,而 MV 不变,或 MV 增加的幅度不及 CQ 增加的幅度,则 u 将升值,物价水平将相应下降。3. 如果 CQ 不变而 MV 增加,或者 CQ 增加但 MV 增加的幅度超过 CQ 增加的速度,则 u 相应贬值,而物价水平也就相应上升。

因此,如果国家要维持稳定的物价水平,就得维持纸币每单位所代表的价值不变,就是要维持 CQ 和 MV 的对比关系不变,也就是要使纸币流通量和商品总价值相适应。这就是国家在纸币流通条件下赖以制定的正确货币政策的理论基础。

这里，我们所讨论的仅限于整个社会的 CQ 和 MV 的对比关系。至于 M 和 V 的各自变化和相互关系，这里略而不论。又各类商品由于产量、劳动生产率和供求关系的变化而引起的价格结构和社会必要劳动量分配比例的变化（亦即 CQ 的分别变化）这里也从略。

我国建国以来对于控制货币流通量以适应经济发展的需要并稳定物价还是重视的。过去的经验数据、即货币流通量对社会商品零售额要保持 1：8.5（或 8）的比例，正是根据这种理论和实际经验得出的，根本与金币流通规律无关。不过，这几年情况变了。由于：1. 农村经济发展很快，需要大量现金周转。2. 工商、交通、特别是第三产业的发展需要增加不少货币。3. 过去由转账形式进行调拨的部分生产资料投入市场。4. 人民的收入普遍提高了，等等，因而对货币需要量大大增加了。因此，现在的货币流通量如何计算，需要重新研究。

这里要指出的是：马克思所阐明的货币流通规律与资产阶级的货币数量说是有根本区别的，其主要区别在于：1. 后者否定货币（含金属货币）的内在价值；认为货币不是先有价值而后进入流通，无论是金币还是纸币，它的价值是在流通中形成的，是由它的数量决定的。2. 马克思认为金属货币是有内在价值的，是先有价值而后进入流通的。纸币虽然没有价值，但在进入流通之始，也是代表一定的价值，不过这种价值是名义上的，它的实际价值是在流通中形成的。3. 资产阶级货币数量说认为：商品总价格是由货币数量来决定的。无论是金属货币或纸币条件下都是如此。马克思认为，是商品总价格决定货币流通量，而不是相反。在金属货币流通的条件下，多余的货币可以退出流通、转为贮藏。但在纸币流通条件下，纸币数量超过流通的需要，就会引起物价上涨，但这是通过纸币的贬值反映到物价上面去，而不是直接的影响。

（原载《武汉大学学报》（社会科学版）1985 年第 2 期）

建设有中国特色的社会主义
和经济体制改革

(1984年10月)

一、我们的目标是什么？——建设有中国特色的社会主义

邓小平同志在党的十二大的开幕词中指出："把马克思主义的普遍真理同我国的具体实际结合起来，走自己的道路，建设有中国特色的社会主义，这就是我们总结长期历史经验得出的基本结论。"这段话的含义很丰富，它高度概括了我们今后所努力的方向和应走的道路。从总体上说，它至少包括两个方面：一是我们要建设的是社会主义，不是封建主义或资本主义，在现阶段也不是共产主义。一是我们要建设的社会主义是中国式的，是符合自己国情的，不是照搬别国的，也不是准备让别国照抄的。这个号召符合我国各族人民的利益和要求，是从中国实际出发，实事求是的。这还意味着我们虽已跨进了社会主义的大门，但还不能算是完善的、中国式的社会主义，还需要大家努力去建设。这段话体现了马克思主义的立场、观点和方法，因而是彻底的辩证唯物主义。

"建设有中国特色的社会主义"这句话的内容非常丰富，为了要更好地理解它，似还需要作进一步深入的分析，现就以下几个方面扼要谈谈个人的体会。

（一）什么是社会主义？

马克思、恩格斯根据对人类社会发展规律的研究，把社会主义由空想变为科学，得出了科学社会主义的结论，指出了由资本主义过渡到社会主义的必然性。但是，他们在当时只能勾画出一个大致的轮廓,还不可能比较具体化。毛泽东同志指出:"无论何人要认识什么事物,除了同那个事物接触,即生活于(实践于)那个事物的环境中,是没有法子解决的。不能在封建社会就预先认识资本主义社会的规律,因为资本主义还未实现,还无这种实践。马克思主义只能是资本主义社会的产物。马克思不能在自由资本主义时代就预先具体地认识帝国主义时代的某些特异的规律,因为帝国主义这个资本主义的最高阶段还未到来,还无这种实践……"① 因此,要马克思、恩格斯给我们指出比较完善的社会主义的具体模式,是不可能的,势必要经历一个摸索的阶段。根据马克思主义革命导师的论述和社会主义国家几十年的革命实践以及《邓小平文选》中的启示,我们是否可以提出以下几条作为社会主义制度必不可少的共同特征:

1. 生产资料公有制占主导地位。一种社会制度的性质决定于它的经济基础,而其经济基础又决定于在经济活动中占主导地位的生产资料占有方式。在封建社会中,生产资料的主导占有方式为封建地主所有制。在资本主义社会中,则为资本家所有制。在社会主义社会中,应是生产资料公有制。这是使社会主义区别于资本主义和其他非社会主义形态的根本点。但是,"占主导地位"并不等于"占全部地位"。无论在封建社会中还是在资本主义社会中,都存在有大量的居于非主导地位的其他方式的生产资料占有形式,如个体所有制。这是一定生产方式下的必要的补充。因此,那种认为完全取消私有制实行全部公有制、甚至尽快过渡到全民所有制才是社会主义的看法是不切实际的,那种过早地消灭个体经济的做法也是有害的。

2. 实行各尽所能,按劳分配的原则。这是马克思早就阐明了的社会主义基本特征之一。它既区别于资本主义的剥削制度,又区别于共产主义的"各尽所能、按需分配"的原则,也区别于农业社会主义的平均主义。

3. 有计划的商品经济。国民经济有计划按比例的发展规律是在生产资料公有制基础上产生的,是社会主义的特征和优越性之一。在

---

① 《毛泽东选集》第一卷,1967年版,第263-264页。

资本主义社会中，由于生产资料为资本家私人占有，资本家生产的目的，是为了追求利润，追求剩余价值，各人自有打算，而整个社会却处于无政府状态，不能有计划地、协调地发展。社会主义以生产资料公有制为基础，生产的目的首先是为了满足人民的物质和文化的需要，有可能也有必要从全社会的利益来安排各种重大比例关系，保证重点建设和重点物资的生产，使国民经济各个主要方面能协调地发展。这样，才能避免走弯路和发生严重失调现象，但是社会主义社会中还存在着商品生产，价值规律还发生作用。搞计划不考虑价值规律的作用，不考虑市场的调节是不行的。社会主义经济是有计划的商品经济，只有在计划指导下，利用价值规律和发挥市场调节的作用，才能更好地发挥计划经济的优越性。

4. 在上层建筑方面，社会主义的一个共同的特征和必要条件是马克思主义政党的领导。因为只有马克思主义才是科学的社会主义，只有以马克思主义立场、观点、方法武装起来的政党来代表工人阶级作为无产阶级专政的领导核心，才能认识客观规律、按客观规律办事，才能从全体人民的利益出发，建立真正的社会主义。

5. 有广泛的民主和健全的法制。社会主义民主应是比资本主义更广泛的民主。资本主义社会的民主实际上是资产阶级的民主。社会主义民主应是包括工人阶级在内除去专政对象以外的各族人民的民主。这种民主，代表绝大多数人民的利益、愿望、智慧、权利和义务，还必须通过一定的方式加以集中才能体现出来。因为人民由亿万个分子组成，各人的利益和愿望不尽一致，如不加以集中，就成为一盘散沙，就不能表现为大多数人民的利益和愿望。因此，有必要实行民主集中制。民主和集中是辩证统一的。真正的民主集中制必须是广泛民主基础上的集中，是金字塔式的集中。这样的集中才是真正代表广大人民利益的集中，代表广大人民愿望和智慧的集中，也才是代表广大人民权利和义务的集中。这种集中指导下的民主才是高效率的民主，因为它体现了广大人民本身的利益、愿望、智慧、权利和义务，必然会受到广大人民的拥护和支持。那种没有广泛民主基础的集中，那种旗杆式的集中，不是真正的社会主义民主，实际上不过是穿着社会主义民主的外衣的封建家长制的化身而已。因此，各级政府和各企业事业单位的领导人应在广泛民主基础上产生，并服从于民主的监督，才符合社会主义民主的要求。同时，这种广泛的民主，还要通过宪法、法律、法令和各种规章、条例等形式把人民的利益、愿望、智慧、权利和义务集中地表现出来，形之于文字以便作为大家共同遵守的准则。这样才能有助于加强党的领导，建立起纪律和秩序，使整个国家有效地运转。因此，法制是民主集中制的具体表现形式。没有法制，民主集中制就成为空洞的口号，民主就是没有保障，集中就徒有形式，难以得到真正的实现，党的领导也难以巩固和加强。《邓小平文选》多次强调实现社会主义民主和健全社会主义法制的必要性，我想，其道理即在此。这几年来，我国正在努力向这个方向迈进。

6. 有比资本主义更高的物质文明和精神文明。社会主义是人类社会发展比资本主义更高的阶段。它的优越性主要在于它摆脱了资本主义剥削制度的束缚，可以调动广大劳动人民的积极性，并且可以把经济的发展由无政府状态转移到有计划按比例发展的轨道上来，从而能够更有效地利用资源、人力、物力和财力，产生出比资本主义更高的劳动生产率，经济效益和生产速度，从而也就能够创造出更多的物质财富来。同时，同剥削制度和阶级对立相伴随的一切腐朽的精神文明也将为伴随公有制而产生的社会主义和共产主义的思想和理想、道德和情操、纪律和秩序、世界观和人生观以及人与人之间同志式的关系等精神文明所代替。因此，社会主义应该、也必将拥有比资本主义更高的物质文明和精神文明。

以上是一切社会主义国家所应具有的一般的模式，或者说，凡是真正的社会主义国家都应该具备这种共性或共同特征。至于实现的程度如何，要看各国具体情况了。

（二）什么是我国的国情？

马克思主义毛泽东思想不是抽象的教条，而是行动的指南。马克思主义的一条根本原则是从实际出发，实事求是，理论联系实际。因此，建设中国式的社会主义也必须从中国的实际出发，也就是从中国的国情出发，把社会主义的共性同中国的特殊性结合起来，这样才能建设具有中国特色的社会主义。

哪些是中国国情？初步考虑，有：

1. 已经废除了生产资料资本家所有制，确立了生产资料公有制的主导地位；废除了资本主义的剥削，初步走上了按劳分配的途径；改变了生产无政府状态，初步实现了有计划的经济；以马列主义为指导思想的中国共产党已成为全国革命和建设事业的坚强的领导力量和人民大团结的核心，建立起人民民主专政和民主集中制，已经建立起比较完整的工业体系和强大的物质生产基础；以及科技文化教育事业有了迅速的发展等。总之，我国已经进入了社会主义社会。不过还不是完善的社会主义社会，而是处在初级阶段。还需要经历一个相当长的历程才能实现完善的社会主义社会。

2. 地大、物博、人口多。这一方面说明我国自然资源和劳动力资源很丰富，潜力很大；但另一方面也说明在这种资源没有得到充分开发以前，国家在提供生活条件、教育条件和工作机会等方面的任务是十分艰巨的。

3. 生产力相对于先进国家说来，还很低下，广大农村还处于自给半自给的自然经济状态。商品经济也不够发达。科技文化教育水平比西方落后约二三十年。

4. 经济管理体制照搬苏联的模式，在50年代初期，起了一定的积极作用，但以后愈来愈不适应生产力发展的要求，成为向"四化"前进的障碍。关于这方面，在第二部分再详加说明。

5. 在"左"的思想影响下，集中有余，民主不够，人治有余，法治不足。

6. 几千年来的封建思想以及资产阶级思想和小生产者的思想影响很深很广，50年代后期到70年代末，"左"的错误思想影响也很深。

7. 党的十一届三中全会以来，经过拨乱反正，在思想路线、政治路线和组织路线方面走上了正确的轨道。全国人民正团结在党的周围，沿着正确的路线、方针、政策奋勇前进。

8. 积六十多年的丰富的革命历史经验，有着多次正反两方面的经验教训,特别是"文革"十年的灾难是非常深刻的。前事不忘,后事之师,将会避免今后的弯路,加速前进的步伐。

根据社会主义社会共同要求和从我国具体国情出发,党在十二大提出了在新的历史时期的总任务是:团结全国各族人民,自力更生,艰苦奋斗,逐步实现工业、农业、国防和科学技术的现代化,把我国建设成为高度文明、高度民主的社会主义国家。这就是建设中国式的社会主义模式。团结就是力量。团结各族人民,调动一切积极因素,就是取之不尽、用之不竭的力量源泉。自力更生,就是从自己国情出发,独立自主地运用国内外的一切积极因素,为我所用。对外开放,吸引外资和先进科学技术及管理经验,但不崇洋媚外,不盲目追随任何国家。艰苦奋斗,就是要处处精打细算,讲究经济效益,以最小的劳动消耗,谋取最大的劳动成果,使地尽其利,物尽其用,货畅其流,人尽其才。"四化"是实现物质文明和精神文明的基础。逐步实现"四化"就是逐步建设高度的物质文明和精神文明。我们建设社会主义,根本的目的是为了全国人民的幸福,这就要使人民真正成为国家的主人。没有高度的民主,就不是完善的社会主义社会。因此,党的新时期总任务既是建设中国式社会主义的模式,也是全国人民共同奋斗的战略目标。

二、为什么要改革?

马克思主义告诉我们:生产关系一定要适合生产力性质的规律是人类社会发展的基本经济规律。生产力的发展要求与之相适应的生产关系,经济基础要求与之相适应的上层建筑。生产关系适应生产力,上层建筑适应经济基础就会促进生产力的发展。否则,就会对生产力的发展起着阻碍作用。社会主义的基本矛盾仍然是生产关系和生产力的矛盾,上层建筑与经济基础的矛盾。要实现党在新的历史时期的总任务,把我国逐步建成"四化"、"两高"的社会主义国家,必然要求社会生产力有一个大的发展,而要达到社会生产力的大发展,就必然要求改革生产关系与上层建筑中那些同生产力发展不相适应的部分。我国虽已进入社会主义社会,但社会主义的特征和优越性还没有充分发挥出来,还存在着大量不适应生产力发展,甚至障碍生产力发展的东西。1957年以后,由于"左"倾思想长期占据了统治地位以及照搬了苏联的模式,我国经济体制中存在着一些严重障碍生产力发展的消极因素,主要表现在:

1. 经济形式、生产资料所有制的结构不合理。我国从对资本主义改造基本完成以后,在"左"的错误思想干扰下,在所有制结构方面,出现过片面发展全民所有制、轻视和削弱集体所有制经济、排斥和取消个体所有制的做法。特别是在"大跃进"和"文革"时期,盲目追求"一大二公",实行"穷过渡",要割资本主义尾巴,使国民经济遭受严重损失。历史经验反复证明,像我国这样的社会主义国家,搞单一公有制经济,尤其是搞单一的全民所有制经济,是行不通的。这是因为:(1)我国生产力总的发展水平不高,国民经济的各部门各个行业、各地区之间发展很不平衡,既有现代化大生产,也有落后的小生产,既有机械化、自动化操作,也有大量手工劳动。这种不同层次的生产力,要求与之相适应的各种形式的生产资料所有制与多种经营方式。(2)我国地大、物博、人口多,资源丰富,就业压力也大,生产建设和人民生活需要多种多样,单靠国有经济,不可能满足各方面的不同需要,不可能使人力、物力、财力和自然资源得到充分的、合理的利用。(3)国家资金有限,只能用于重点建设。许多社会和人民生活所需要的事业,要动员集体和个人集资来办。因此,必须实行以国有经济为主导、集体经济为重要组成部分、个体经济和私营经济为补充以及各种经济联合体的多种形式的结构,才能充分调动各种积极因素。

2. 忽视商品生产及其特点。商品是为交换而生产的劳动产品,只要存在着不同所有制,只要各生产单位不是为自身需要而进行生产,而是为社会需要而生产,那么就必然存在着商品交换。只要存在着交换,就要有货币作为表现、衡量和实现商品价值的工具,等价交换原则和价值规律就必然要发挥作用;有关商品货币经济的经济杠杆就必然要发生作用。马克思、恩格斯曾经设想在社会主义社会中将会消灭商品生产和货币。那是指生产力高度发达的社会而言。在十月革命后的苏联,列宁发现还不可能消灭商品生产和货币。斯大林虽然承认商品生产,但只限于消费资料,他认为生产资料不是商品。我国过去在"左"的思想影响下,在"大跃进"中,一度也曾提出要取消商品和货币,把发展商品经济看成是发展资本主义。以后虽然没有取消商品货币,但对商品货币经济存在的必要性和它的特点认识不足,不敢放手发展商品经济,如生产资料不进入市场,计划工作和价格的制定不考虑价值规律和供求关系,不利用货币经济的杠杆作为宏观经济调节的手段,只重生产,轻视流通,只讲投入,不讲产出和不讲经济效益等。

3. 计划管理体制不适应。计划管理范围太宽,指令性指标太多,忽视市场调节和价值规律的作用。计划经济本来是社会主义制度下国民经济有计划(按比例)发展规律的体现,是社会主义社会优越性之一。但是,这种计划,应指国民经济中的主要比例关系(如生产与消费,积累与消费,农、工、商,农、轻、重等比例关系)和保证重点建设需要的产品的生产和分配等,不是指囊括一切的产品生产。社会生产是亿万人民参加的活动,产品种类千千万万,人民的需要花样繁多,变化又大,而计划机构又掌握在少数人的手中,在幅员广大,交通不便,市场瞬息变化,信息不灵,调查统计技术还不高明的条件下,怎样能对那么多的产品的需要作出准确的科学预测呢?怎样能使各种产品的需求与供给能够平衡呢?据说苏联现在产品计划指标达2000万个,还嫌不够。这样,不犯主观主义和官僚主义才怪呢。我国没有那么多,这几年已经大为减少,现在也还有120多种,即将减少到60种左右。过去我国许多产品积压过多,或严重不足,或不适销对路,或者只顾产量、不顾质量和经济效益不高等,这种计划管理体制是一个重要原因。指令性指标过多,不仅会造成严重浪费,而且由于企业本身没有自主权,一切"唯命"是从,按指标生产,就限制了它们的积极性,不去主动积极地想方设法使生产适应市场需要,使产品价廉物美,适销对路,讲究经济效益。

4. 其他各种管理体制也都有权力过于集中,统得过多,管得过死的毛病,如财政上的统收统支,银行信贷上的统存统放,商业上的统购统销，外贸上的统进统出、统购统销，物资上的统调统配等。这样，不仅易犯主观主义和官僚主义错误，而且妨碍了基层和企事业单位的积极性，使得许多应由基层来解决的问题得不到解决。这不仅在经济管理体制上如此，行政、文教、科技等其他体制也是如此。如武大在1979年花了20万元买了一部可装800部电话的总机，由于要建一间总机房，向有关方面申请了几年得不到批准，直到去年才动工，到现在还没有搞起来。

5. 对经济实行过多的行政干预，不按经济规律办事，不注重使用经济杠杆来调节经济活动。由于认为社会主义国家有组织经济的职能，以为用行政手段来管理经济是理所当然的事，于是造成政企不分、条块分割、地区封锁等不合理的现象，把社会化大生产的有机联系分割得支离破碎。如在流通领域，就形成机构重叠、婆婆多、层次多、环节多，人为障碍壁垒多和批零机构少，流通渠道少，以及商品流向不合理（如迂回运输，反向运输）等现象。在工业也是如此。如去年武汉市机械工业有1141户，拥有固定资金原值23亿元，总产值占全市工业总产值四分之一以上。但纵向分别隶属40多个系统和部门，横向分属中央、省、市、区、街道五级行政领导，纵横互不联系，以致设备利用率低，一般只达30%左右，经济效益不高，形成很大浪费。

以上情况使企业经营管理得好坏无关紧要，横竖都在吃国家的"大锅饭"。于是，企事业单位的主动性、积极性和创造性就难以调动起来。

6. 此外，在分配上，也没有贯彻按劳分配的原则，"铁饭碗"、"大锅饭"和平均主义比较严重，于是在劳动者之间就出现"干好干坏一样、干多干少一样、干与不干一样"的现象，勤懒不分，赏罚不明。这样，广大劳动者的主动性和积极性也难以调动起来。

7. 闭关自守，固步自封。把自力更生片面理解为闭关自守，不重视对外经济贸易往来，以致不能用他人之长，补我之所短，也不能利用外资来从事建设。致使我国科学技术和生产设备长期落后于世界先进国家。

8. 片面强调生产，忽视流通，以致"两通"——交通（包括运输、邮电）和流通（包括物流、商流、信息流和钱流）——不畅，使再生产过程受到严重障碍，不能顺利循环。

9. 价格体系不合理，价格没有反映价值规律和供求关系，如表现在农副产品价格倒挂，部分矿产品和原材料价格偏低，工业制成品价格有的偏高，有的偏低，总的偏高，同种产品优质不优价，劣质不低价，等等。同时价格管理体制也不合理，过分僵硬和集中，不能灵活反映劳动生产率和供求关系的变化。

以上问题在1957年以前不很突出，因为那时经济体制基本上符合国情，而且矛盾也还没有发展到这么明显。后来却愈来愈严重了。出现这种情况的根本原因有三：一是建设社会主义在我国是新鲜事物，过去没有经验。二是"左"的思想影响。"左"的思想的基本特点是急于求成、主观、形而上学、教条、唯书、唯上、不唯实。三是照搬苏联模式。这三条可以归纳为一条，就是不联系实际，不从我国国情出发。

因此，要建设有中国特色的社会主义，积三十多年的经验，集中到一点，就是要从中国的实际出发，建立起符合国情的、中国式的社会主义经济体制。

三、如何改革？

1978年底，党的十一届三中全会开始纠正经济工作中长期存在的"左"的错误，重新确定了马克思主义的实事求是的思想路线，端正了指导思想。1979年4月党的中央工作会议提出了对国民经济实行"调整、改革、整顿、提高"的方针，在以"调整"为中心的同时，逐步开展了经济体制的改革。经过了拨乱反正和对国民经济严重比例失调的调整，出现了安定团结和经济健康发展的局面。1982年党的十二大会议上进一步指出经济体制改革是进行现代化建设的最重要的四条保证之一，从而稳妥地加快了经济体制改革的进程。

从1979到1983年，在改革方面着重做了以下几项工作：

1. 首先抓农业，在农村普遍推行了生产责任制。

农业是国民经济的基础。农业是人民衣、食和工业原料主要来源，又是工业生产资料和消费品的广大市场，我国人口80%在农村。农村工作的好坏，关系国民经济发展，再说农村改革，比城市改革要容易一些。我们知道，生产活动是人类劳动与生产工具和劳动对象的结合。农村有广大的劳动力和丰富的自然资源（土地、山林、水塘、土特产等）可作为劳动对象，生产工具也比较简单，无需多大资金去购置，只要充分发挥农民劳动的主动性、积极性和创造性，农业不难得到迅速发展，可是，自农业合作化以来，我国农村基本上是以生产队为单位实行集体经营，集中劳动和统一分配的方式。在一个相当长的时期里，又限制农村的副业和自留地。这样，农民的主要劳动用于集体出工，其余就没有什么活可干了。而集中劳动的"大锅饭"、"平均主义"又很严重，出工计分、男女有别，但好坏不分。于是出现"出工一窝蜂、下地磨洋工，下工两手空"的现象。广大的农民的剩余劳动力无处使，丰富的自然资源得不到充分利用，于是农业的生产力提不高，长期限于自给半自给的自然经济形态。商品经济得不到发展，农民富裕不起来。党的十一届三中全会以后，党的一系列农村经济政策得到贯彻。按照农民的愿望在各地农村普遍建立了许多不同形式的农业生产责任制，如"小段包工，定额计酬"、"专业承包"、"联产计酬"、"联产到户"、"联产到劳"、"包产到户"、"包干到户"等生产责任制，其中包产到户、包干到户占绝大的比重。于是在我国农村基本上形成了土地等重要生产资料集体所有、经营管理以户为主的经营方式，把农民的收益与劳动成果直接联系起来，这就加强了农民的责任心，合理地有效地使用劳动力，提高了生产效果。农民收入提高了，有钱购买生产资料，又有多余的劳动搞其他活动。于是，不仅农业本身得到迅速发展，而且农业以外的副业和小型工商业也发展起来了。这几年来，农村出现了朝气蓬勃兴旺发达的新气象，正在经历着两大转化——由自给的半自给的自然经济向大规模的商品经济转化，由传统的手工生产方式向现代的生产方式转化。这是与上述政策的成功分不开的。

2. 在城市进行了扩大企业自主权的试点并逐步推行了经济责

任制。

我国经济体制中的一个重要毛病是企业的权力过小,一切按照上级的指挥棒行事,积极性不能发挥,以致责任心不强,经营管理不善,不能适应市场变化的需要。1978年4月四川省首先在部分工业企业中进行扩权试点。1979年7月,国务院6个部委(经委、财政部……)在京、津、沪选择了首钢等八个企业进行试点。1980年又进一步扩大。试点的企业实行利润留成制度,同时在生产计划、产品销售、资金使用、中层干部任免等方面拥有部分权力;还建立了职工代表大会,扩大职工民主管理的权力。这就将职工的经济利益与企业的经营成果有了初步的挂钩,在一定程度上改变了国家对企业管得过死的状况,并调动了企业和职工对改善经营管理和发展生产的积极性。到1981年,已经有三万多个工业企业实行利润包干,推行了经济责任制,占预算内国有企业的80%。商业系统从1979年也实行了全行业利润留成制度,并部分推行了经营责任制。扩权试点企业采取利润包干、分成等各种形式,并拥有部分的业务经营权,非计划商品可以自选批发机构,各渠道进货;拥有部分财权,可以支配经理基金,用于集体福利和发放奖金;还拥有部分产品削价和处理权等。在供销社进行了清股、扩股、建立社员代表大会等恢复合作性质的改革试点。在饮食、服务、修理、零售等小企业中试行国家所有、职工集体或个人承包经营。这对有效地推动商业企业扩大购销、搞活经营、加强核算、改善服务、增加收入起了一定的促进作用。此外,交通、建筑、邮电、军工及农垦等部门,实行了行业利润留成或亏损包干,也取得了较好的效果。

3. 鼓励集体、个体经济的发展,实行以国有经济为主导、多种经济并存的经济体制。

为了适应社会经济生活各方面的需要,随着在所有制问题上"左"的思想的逐步得到克服,对农村和城市所有制结构进行了改革,劳动者的集体经济有了很大发展。农村扩大了自留地。家庭副业发展很快,包括林、牧、副、渔和乡队企业。城镇恢复和发展了集体所有制的工业、运输业、零售商业、饮食业和修理业。这对繁荣经济、活跃市场、扩大就业门路、增加服务网点、方便群众生活起了积极作用。

4. 增加了流通渠道，减少了周转环节。

长期以来，我国经济生活中存在着流通渠道少，环节多，货不畅流，生产与需要脱节的弊病。党的十一届三中全会以来，打破了一些老框框，创造了不少新的形式。过去生产资料不被看作是商品，只在国有企业中进行分配。现在开始作为商品进入流通领域，并对计划分配的物资采取了灵活供应的办法。256种统配物资中，除去三四十种最重要的燃料，原材料和机电产品外，基本上实行敞开供应。对建设项目的重要物资，试行承包配套供应。对工业消费品长期采取的包销办法也进行了改革，分别采取统购统销、计划收购、订购、选购、代批代销和联合销售等多种形式。1982年把工业消费品，流通由城乡分工改为商品分工、城乡通开、归口经营、城乡统管的体制，统筹安排全国城乡市场。对外贸统得过死的状况也有了改变。除了十六种大宗重要商品外，其他商品下放到地方或各部门经营。广东、福建两省，除了个别商品外，全部由省经营出口。中央还批准了十一个大企业作为进行对外贸易和工贸结合的试点。

5. 逐步进行了物价、税收、银行、财政等体制的改革，以便进一步发挥经济杠杆的作用。如在物价方面，大幅度提高了十八种主要农副产品的收购价格；对部分农副产品实行了议购议销；对某些行业的部分产品试行了浮动价格和内部协作价格；并对许多小商品实行了工商双方协商定价或由企业自行定价等。这些，初步改变了价格管得过死，形式过于单一的局面。在税收方面，对四百多个国营工业企业进行了征收所得税试点；对九百多个企业实行征收增值税的试点；建立了涉外税制，颁布了海外企业的所得税法；调整税收政策，减轻了个体经济和城镇集体经济的所得税负担等，初步发挥了税收杠杆的调节作用。在贷款方面，对部分建设的投资，试行由财政拨款改为银行贷款，并实行了差别利率、浮动利率，使资金使用效果有所提高。财政体制，从1980年起，由中央统收统支，改为中央与地方财政"划分收支，分级包干"，提高了地方增收节支的积极性。

6. 此外，还进行了企业的改组和经济联合。一些地区和部门按专业化协作的原则，组建了一批专业公司，总厂和工艺协作中心，成立了不同类型的联合体。对提高企业专业化协作水平和资源综合利用程度，沟通经济横向联系，作了有益的尝试。

以上都为进一步进行全面经济改革打下了基础，起了先导作用。

以上初步改革，在国民经济中取得了丰硕的成果。近两年来，农村正处在由自给半自给的经济向大规模商品生产发展，由传统农业向现代化农业发展的历史性转折时期。广大农村，出现了大批勤劳致富的重点户、专业户和欣欣向荣的景象。农村的发展要求城市为农产品提供广大市场并供应农村日益增长的对工业消费品和科学技术以及农村所需的生产资料如化肥、农业机械、运输工具、农药等的需要。而农村买难卖难的问题却日益严重。这就迫切要求城市加快经济改革的步伐以适应农村经济发展的需要。

为了加快城市经济体制的改革步伐，这两年来，在"对内搞活，对外开放"方针的指导下，党中央国务院又采取了一系列的重大措施和步骤：

1. 自1983年6月1日起，分两个阶段执行利改税的工作。第一阶段，全国推行了"以税代利"、"税利并存"的办法。自今年第四季度起，进入第二阶段，全国实行利改税。今后国有企业上缴利润改为按国家规定的税种及税率纳税金，税后利润全归企业支配。同时，还在进一步完善税收制度。这样既可保证国家的财政收入，又可使企业逐步摆脱不必要的行政干预，打破条条框框的束缚，从而成为在国家计划和政策的指导下，责权利统一的，相对独立的经济实体。这样，就把企业同国家的分配关系固定下来，可以促使企业建立健全的内部经济责任制，以便彻底解决企业吃国家的"大锅饭"，职工吃企业的"大锅饭"的问题。这样，就能充分调动企业和职工的主动性、积极性和创造性，从而加强企业的活力。

2. 发挥中心城市的作用，打破政企不分，条块分割，地区封锁的局面。以城市为中心，按照社会化大生产的要求组织生产和流通，根据经济发展的内在联系组织各种经济活动，发展统一的社会主义市场。认真消除种种壁垒和堵塞，开辟各种流通渠道，减少流通环节，做到货畅其流，逐步形成以中心城市为依托的、跨行业、跨地区的经济区和经济网络。这几年来，中央已在沿海和内地大中城市试点。今年5月21日，党中央国务院批准武汉市实行计划单列和进行经济体制综合改革的试点。四个月来，我市以搞活"两通"为突破口，以搞活企业为重点，推动全市综合改革，取得了很大的成绩。最近，党中央国务院又正式批准我市经济体制综合改革方案。按照这个方案做下去。不难设想，在不久的将来，武汉市能够成为全国内地最大的内外经济贸易中心。到现在为止，全国试点的中心城市已达52个。

3. 正确处理计划与市场的关系。

计划经济，是社会主义的优越性。如果不按照有计划按比例发展的规律来对国民经济加强计划管理，是搞不成社会主义的。社会主义社会中同时还存在并要发展商品经济，如果不按照价值规律的要求办事，忽视市场的调节作用，社会生产力也得不到发展。因此，如何正确处理计划与市场的关系，是我们面临的一大课题。为了适应对内搞活经济，对外实行开放的需要，我国现行计划体制的改革，将根据"大的方面管住管好，小的方面放开放活"的原则，适当缩小指令性计划的范围，扩大指导性计划和市场调节的范围。对关系国计民生的重要经济活动，实行指令性的计划。对大量的一般经济活动，实行指导性计划。对饮食业，服务业和小商品生产方面，实行市场调节。今年10月4日，国务院批转的国家计委《关于改进计划体制的若干暂行规定》，就体现这一精神。今后计划工作重点将转移到中期和长期计划上来，适当简化年度计划，并且相应改革计划方法，充分重视经济信息和预测，提高计划的科学性。

4. 扩大企业的自主权，进一步搞活企业。

当前城市改革的中心环节是搞活几十万个企业。企业是国民经济的细胞，是社会财富的创造者。如果企业不搞活，社会生产难以发展。要搞活企业，必须解决好以下几个问题：①国家与企业的关系，要解决吃国家"大锅饭"的问题，主要通过利改税；②企业与职工的关系，主要解决职工吃企业"大锅饭"和"平均主义"的问题；

③实行厂长负责制，建立由厂长负责的生产经营、指挥和管理系统，使厂长拥有必要的自主权，以履行国家对责、权、利的要求。为此，1984年5月10日国务院颁发了《进一步扩大国营工业企业自主权的暂行规定》，就生产经营计划、产品销售、产品价格、物资选购、资金使用、资产处理、机构设置、人事劳动管理、工资奖金和联合经营等十个方面作出了规定，以便调动企业的积极性，提高企业素质和经济效益，从而把经济搞活。

5. 政企分开，商业先行，进一步改革城乡商品流通体制。

商业是联系工业和农业、城市和农村，生产者和消费者，以及各地区之间的桥梁和纽带。如果流通不畅，商品生产以至整个经济发展都会受到限制。商业体制改革是整个经济体制改革中的一个极其重要的部分。这几年来，我国在这方面作了不少努力。今年7月间，国务院先后批转了商业部《关于当前城市商业体制改革若干问题的报告》和国家体改委、商业部、农牧渔部《关于进一步做好农村商品流通工作的报告》。前者主要内容有：①实行政企分开，扩大企业权力，加强行政管理；②改革日用工业品一、二、三级批发层次，批发站与批发公司合并；③建立城市贸易中心，逐步形成开放式、多渠道、少环节的批发体制；④小型国营零售商业、饮食服务业转为集体经营或租赁给经营者个人经营；⑤国营零售商业和饮食服务业要有计划有步骤地实行经营承包责任制；⑥要正确执行价格政策，严禁转嫁负担。后者主要内容有：①发展多渠道流通；②调整农副产品购销政策；③改革价格管理办法；④改变农副产品按行政区域、行政层次统一收购和供应的批发体制，砍掉不合理的经营环节；⑤加快供销合作社体制改革；⑥积极发展农副产品加工业，全民、集体、个体一齐上；⑦大力发展交通运输业和商业经营设施，合理组织现存的社会运输工具，以市、县为单位组织联营。

武汉市进行综合经济体制改革，以"两通"为突破口，敞开三镇，面向全国。在商品流通体制方面的改革走在全国前列。今年七月，即开始实行政企分开，把市财贸办公室以及一商、二商和粮食局取消，成立商业管理委员会，对全市商业活动根据统筹、协调、监督、服务的原则加强指导和管理。

6. 有计划有步骤地进行外贸体制的改革。

长期以来，我国的对外贸易基本上实行政企合一、官商不分，国家统负盈亏的"大锅饭"体制。这种体制，限制了地方和企业的积极性，不利于对外开放和对内搞活经济，又影响了外贸行政职能的发挥，不利于全国外贸的统一规划，协调和管理。为了有计划有步骤地实施外贸体制改革，国务院9月15日批转了对外经济贸易部关于外贸体制改革意见的报告，其主要内容有：政企分开，加强对外贸易的行政管理；简政放权，外贸企业成为独立经营的经济实体，独立核算，自负盈亏，改革外贸经营体制，实行进出口代理制，使外贸企业同生产企业直接结合，使生产单位直接参与国际市场竞争，以利于促进工贸、技贸结合和改善经营管理，克服官商作风，提高经济效益；并相应改革外贸计划和财务体制。

今后在统一对外的原则下，要积极扩大对外经济技术交流和合作的规模，努力办好经济特区，进一步开放沿海港口城市。利用外资、吸引外商举办合资经营企业、合作经营企业和独资企业，也是对我国社会主义经济的必要的补充。党中央号召我们要充分利用国内和国外两种资源，开拓国内和国外两种市场，学会组织国内建设和发展对外经济关系两种本领。

7. 改革固定资产投资的计划管理。

固定资产投资是进行社会主义扩大再生产的重要手段。目前全国每年的固定资产投资总规模达一千多亿元，管好用好这些资金，对推动科技进步，加速技术改造，促进国民经济迅速发展具有十分重要的意义。现行固定资产投资的计划管理问题不少，主要是：①管理权限过于集中，而且手续繁琐，环节太多。②建设资金无偿使用，责权利脱节，普遍存在吃"大锅饭"现象。今年10月，经国务院批准从明年起，在三个方面放宽固定资产投资计划管理权限，即下放基建和技改项目的审批权限；放宽对地方、部门自筹投资的计划管理权限；简化基建项目的审批手续。同时，计委还规定：从1985年起，凡是由国家预算内拨款安排的建设项目，一律改为银行贷款，对不同的建设项目实行差别利率等办法,并规定不同的还款期限。少数建设项目无力偿还的,经国家批准可以豁免。

8. 为了适应整个经济体制改革的需要,我国金融体系也作了一些重大的改革,如1983年9月间颁布了《国务院关于中国人民银行专门行使中央银行职能的决定》,不再兼办工商信贷和储蓄业务,以加强信贷资金的集中管理和综合平衡,更好地为宏观经济决策服务。今年1月,正式成立了中国工商银行。建立起中央银行领导下的各专业银行分工合作的金融体系。今后还要大大发挥银行的作用。现在银行正在探索如何配合城市经济改革进行金融改革和建立金融中心的问题。如本月8至10日,武汉市就召开了这样的讨论会。为了有效地动员和利用社会上的闲散资金,将有可能大力发展集体所有制形式的股份公司,还有可能开放商业信用。

9. 要建立多种形式的经济责任制,认真贯彻按劳分配的原则。各企业将按照责、权、利相结合,国家、集体、个人利益兼顾的原则普遍建立层层以承包为中心的经济责任制。在工资制度上要体现多劳多得、少劳少得、奖勤罚懒、奖优罚劣的原则。在国家机关和事业单位将实行基本工资、工龄津贴和职务工资为主体结构的工资制,使职工工资收入同自己所肩负的责任和劳动贡献联系起来。

党中央召开的十二届三中全会,作出了《中共中央关于经济体制改革的决定》,将以城市改革为重点,加速走向全面改革的步伐。可以想见,这种改革必将加速"四化""两高"的实现,从而尽快地建立起具有中国特色的社会主义强国。

(本文原是李崇淮在1984年10月中旬为湖北省暨武汉市民建、工商联举办"经济管理讲座"所写讲稿。后经胡春芳同志略加修改联名发表在《经济管理研究》1985年第1期上。)

从交通和商业入手加强中心城市建设
——关于武汉经济发展战略的设想

(1983年5月)

如何发挥武汉市作为中心城市的作用？建设武汉应该采用什么样的发展战略？我和一部分同志的设想是：根据武汉市的特点，发挥优势，从加强交通运输入手，大力发展商业，把武汉建成一个内地贸易中心，对外经济贸易中心，金融中心，旅游中心，科技中心，以及信息、咨询和管理服务中心，以此带动武汉地区、湖北地区和内地各省经济的全面发展，从而把武汉市建成华中地区的经济中心。

武汉市的特点是地理位置适中，交通方便。水路有长江汉水之利，上溯重庆宜宾，下达南京上海；附近湖泊星罗棋布，网络两湖。铁路有京广线，北通华北、东北各省并与陇海、兰新线相连，西达乌鲁木齐，东达连云港，南通广州、深圳，西南与湘桂线相接，可达南宁、湛江。汉丹线直指西北，与焦枝、襄渝和阳安线相接，可以通向川、陕、云、贵各省。省内武（汉）大（冶）线稍加延长，可与浙赣路相连，直达我国东南隅。公路已有通向湖北省内地各处的网络，并与邻近各省相接，航空事业也正在发展。可谓四通八达，不愧"九省通衢"之称。这种特点，如果再加以发挥，不难使武汉市成为华中地区甚至西南和西北地区的交通枢纽和物资吞吐的心脏。这就是武汉市的优势。

既是心脏，就要有大小血管来吞吐血液。交通运输就是吞吐血液的血管。要发挥武汉市这种心脏的作用，首先要加强交通运输的条件。铁路、公路已经有较好的基础，今后主要是增加车辆和加强管理，并希望中央投资把武大线和浙赣线尽快联接起来。未来交通运输发展的重点应该是水运，充分利用武汉市地处长江中游的优势和江河湖泊舟楫之便。运输费用是各行各业的重要成本。一般来说，航空与公路的运输成本最高，次为铁路，水运最廉。长江是我国水运的大动脉。有人估计，长江如果加以整治，运输量可以抵得上十四条、甚至二十条铁路的运输量，而且运输成本便宜得多。过去汉水和内地湖泊运输也没有得到发展。今后发展水运的主要措施应该是：1.尽快地把汉口下面阳逻的深水港建起来，必要时可利用外资，使之能够停泊和装卸万吨以上的海轮。这样，今后部分的海外运输可以不要经过上海或广州转口，而能直接在武汉装运或卸货。2.发展造船事业，建造大量可以在内地江河湖泊航行的小机动运输船和江轮，还可以建造海洋轮。小船可以从事省内和两湖地区内河和湖泊的运输，江轮可以上溯重庆，下达南京上海，海轮至少能以航行到香港或日本为目标。此外，还须建国际机场，把武汉变成国内航空和国际航空的一个中心。

与此同时，大力发展商业，使武汉成为内地贸易中心。要打破条条块块，组织各种形式的贸易组织：国营的、集体的、合股的和个体的；从事多种商品贸易的和单一商品贸易的；从事远距离运销的和近距离运销的；从事批发的和零售的；还有专门从事仓储保管和运输的，要采取多种渠道、多种方式来便利商品流通，把商业搞活。要让内地各省（甚至包括川、陕、云、贵）的农副产品、土特产、原材料和其他产品通过武汉，再转销到其他各地去，使武汉成为华中地区的物资集散中心。

此外，还要建立各种对外贸易公司，以及与外商进行合作投资。加工订货和补偿贸易等各种经济活动的组织，以加强对外经济贸易的联系。一方面大力发展出口贸易，一方面利用外资引进先进技术，进口关键设备，以加快武汉市的、湖北省的和内地其他各省的企业技术改造，使武汉市成为对外经济联系的一个重要口岸。这样，不仅华中各省，甚至西北、西南各省的出口物资都可以通过武汉直接转运出去。这些地区向国外引进的机器和技术设备以及其他物品也能由国外直接运到武汉再转运到内地。

从交通和商业入手加强中心城市建设

从发展战略角度考虑，首先，要从发展商业、交通运输业入手。商业的发展，可以带动服务行业（如旅社、饭馆等），金融保险、仓储包装和其他"第三产业"的发展。第三产业的发展将给经济带来以下的好处：1. 所需的投资少、资金周转快，经济效益大；2. 可以吸收较多的劳动力，增加就业机会；3. 可以加速资金积累，用于增加工业投资；4. 可以增加社会购买力，为工农业产品，特别是日用消费品开拓市场；5. 可以改变城市面貌，增强城市的吸引力；6. 可以提高劳动生产率和改善人民生活。

其次，商业的发展和对外经济的发展将会大大促进工业的发展。建国三十年来，武汉市已经形成了以钢铁、机械、纺织为主，轻工、化工、电子、建材具有一定水平，门类比较齐全的综合性工业基地。1982年底，在全国25个大中城市中，武汉工农业总产值仅次于京、津、沪，居第四位；冶金工业居全国第三位，纺织工业是全国五大纺织中心之一。机床拥有量居第五位，还有具有七十年代的现代化的武钢一米七轧机。工业生产潜力很大。但不少设备利用率低，经济效益不高。其原因固然有管理体制不健全，技术设备落后和经营管理不善等因素，但是由于市场阻塞，导致原材料和燃料供应不上，技术设备更新改造困难，产品销路不畅也是重要因素。因此，在进行经济改革的同时，还要大力发展商业，使原材料、燃料供应及时，技术设备更新改造容易，产品有广阔销路。这就必然会促进武汉工业的发展，从而使武汉能够充分发挥作为工业基地的作用。这样也就必然会带动依靠武汉工业基地和与武汉关系密切的有关地区的工业发展。

再次，交通运输和商业的发展，也将会促进广大农村经济的发展。近几年来，由于贯彻了党的农业政策，农村商品经济取得了长足的发展，不少农民富裕起来了，农村出现了空前的繁荣景象。但是，由于交通运输和商业赶不上，据说有不少产品的产量增加了，但运不出去，出现了积压，甚至腐烂的现象，造成了极大的浪费。这就影响了这部分农民的积极性。交通运输和商业的发展，不仅可以为农副产品的进城和外销提供方便，同时也更有利于把农民所需要的工业生产资料和消费品输送下乡。今后还要特别注意边远地区和山区经济的开发,那里有无穷无尽的宝藏,应给他们创造交通运输和贸易的条件,把那里的土特产运到武汉转送到适销的市场上去,并把他们所需要的生产资料和消费品及时供应给他们。

对外经济贸易的发展和交通的改善,武汉作为对外通商口岸,内外旅客一定会增多。这就为武汉进一步发展旅游事业创造了条件,不难把武汉市变为一个旅游中心。武汉地区的风景名胜不少,但有的需要修整,如归元寺、宝通寺等;有的需要宣传,如辛亥革命纪念馆、农民运动讲习所、磨山植物园等;有的需要扩建和重建,如东湖风景区、黄鹤楼、晴川阁等。湖北地区也有不少名胜古迹,如三峡的风光,葛洲坝的水利枢纽工程,宜昌的三游洞,荆州的古城古墓,当阳的玉泉寺,襄阳的隆中,鄂西北的武当山,咸宁的温泉,鄂北避暑胜地鸡公山等。这些名胜古迹,如加以修饰扩充,必将吸引不少国内外游客。专来武汉市游览的旅客不用说,即使到湖北其他各地游览的旅客也必然要经过武汉中转或把武汉市作为驻地。同时,还可把武汉市变为华中地区土特产和外销的手工艺品的中心,以便利旅客购买,这样可以吸收一大笔外汇,为进一步引进先进技术设备创造条件。

此外,武汉地区高等学校和科研机构也比较集中,力量比较雄厚,可以把他们组织起来,成立科技服务中心,为武汉市和附近各省工农各业的技术改造服务。由于交通方便,与国内外联系面广,信息比较灵通,可以利用报刊和通讯社及现代电子计算机设备,建立信息中心,为各行各业及时提供有关信息。还可利用武汉地区的财经管理人才,建立管理咨询中心,为当前的经济改革、企业的技术改造和改善经营管理服务。这样,就更能发挥武汉市作为中心城市的作用,并有利于促进华中和有关各省的经济发展。

我认为,从加强交通运输条件以及扩大市场和商品流通来促进经济的发展,而不是先谋求发展工业而后向外开拓市场来发展经济。这是符合经济历史发展进程的。我们知道,15 世纪末和 16 世纪初的地理大发现,为西欧新兴的资产阶级开辟了新的市场,扩大了国际间的商品流通,从而促进了英国的工业革命和其他西欧国家的资本主义的发展。英国的伦敦、法国的巴黎、德国的汉堡、美国的纽约和芝加哥、日本的东京都是作为对外通商口岸而发展起来的。我国现在经济发达的城市如上海、天津、广州也是从作为对外通商口岸而发展起来的。

不过，过去那些自发的发展过程来得缓慢。今天我们认识到这种规律，自觉地加以利用，使工业的发展伴随着商品市场的扩大而发展，将是有益的。过去那种不顾市场需要和供给情况而盲目扩大生产的做法，曾经导致国民经济的比例失调，使我国经济濒临崩溃的边缘，应引以为戒。

根据以上所说，如果用一个形象化的口号来表达我们的战略目标：就是要把武汉市变成为仅次于上海的"东方芝加哥"。

（原载《长江日报》1983年5月26日）

再谈从"两翼"起飞问题

(1983年8月)

在五月二十六日《长江日报》的文章中,我关于武汉发展战略的提法是:

从加强交通运输条件入手,大力发展商业,把武汉建成为一个内地贸易中心、对外经济贸易中心、旅游中心、科技中心以及信息、咨询和管理服务中心,以此带动武汉地区、湖北地区和内地各省经济的全面发展,从而把武汉市建成为一个华中地区的经济中心。

当时我曾说,这是一个粗糙的、很不成熟的设想,提出来的目的在于"抛砖引玉"。

果然,在此以后听到不少高论,看到不少有价值的文章,对自己认识的提高有很大助益。现将原来的提法修改为:

从"十"字中心的地位出发,凭借加强交通运输和商品流通(简称"两通")两翼起飞,把武汉市建成为"内联九省,外通海洋"的经济中心(这里经济中心的含义包括交通运输中心、内地贸易中心、对外经济贸易中心、工业基地、农副产品集散中心、金融中心、旅游中心、科技教育中心以及信息、咨询和管理服务中心等)。以此促进武汉地区、湖北地区和内地各省经济的全面和迅速的发展。

现将这一修改的理由说明如下:

制定一个地区的发展战略,主要应该包括:1. 所依据的条件,亦即这个地区的特点和优势;2. 战略所要达到的目标;3. 达到这个目标的主要途径。

关于所依据的条件,原来提到的有:

(1)地理位置适中,交通方便,水陆交通都很发达。

（2）拥有雄厚的物质技术基础，已经形成了以钢铁、机械纺织为主，轻工、化工、电子、建材具有一定水平，门类比较齐全的综合性的工业基地。水源、电源也比较充分。

（3）商业比较发达，市场广阔，早就是我国内地的贸易中心。

（4）高等学校、科研、设计机构比较集中，专业比较齐全。

这四点中最重要的是第一点。在看到童大林同志的谈话后，感到武汉的地理位置正处于全国总战略设想（东靠西移，南北对流）的"十"字中心，亦即南北铁路大动脉（京广线）和东西水路大动脉（长江）的交叉点。这特点正是武汉得天独厚的战略优势。不管今后全国的经济发展战略怎样制定，这一特点和优势总是改变不了的。其他条件，国内有些其他大城市也有，唯独这一特点任何中心无法代替。一般来说，制定战略所依据的条件不一定要在战略方针中表达出来。但在武汉具体情况下，把它在战略表述中突出起来好。

关于目标的提法是：要把武汉建成为一个经济中心，这是没有多大争论的。其实它本来或大或小就是一个经济中心了，不过这个中心的条件还不很好，作用还不够大罢了。国内其他许多大城市也将成为有关地区的经济中心，单提经济中心似乎还不够说明武汉区别于其他经济中心的特点和优势。因此，要把这个经济中心的特征表达出来，同时也可更鲜明地说明它的奋斗目标。

在讨论中，关于武汉发展战略的目标的提法有好几种，如面向湖北，面向农村，辐射发展；面向内地，通畅江海等。我反复考虑，认为"内联九省，外通海洋"的提法比较好。因为：

（1）它突出了武汉作为"九省通衢"的特点。九省，自然包括湖北在内。

（2）内地各省的生产主要是农业，但不完全是农业。"内联九省"包括"面向内地"、"面向农业"的意义在内，但内涵更广泛一些，如各省的林、牧、副、渔、工业、科技等的发展，都在"内联"之内。

（3）"外通海洋"，在沿海城市不足为奇，就内地城市来说，能直通外洋的就不多见了。特别是地处内地中心的城市，可说只有武汉。武汉在新中国成立前就是对外贸易港口。1980年国家已批准为对外贸易的口岸，今后如能把阳逻港口修好，万吨轮直通外洋，就能使武汉变成内地九省对外贸易和经济联系的中心。过去必须集中在上海和其他口岸对外贸易的物品和经济联系就会有一部分转移到武汉来（因为运输费用和时间就要节约得多）。这样既可以减轻上海和其他口岸的负担，又可大大发挥武汉内联九省的作用。

这个提法既具体，又充分反映武汉的特点和优势，还体现武汉市作为中心城市的雄伟气魄，比较好。

关于实现目标的手段或途径，原来提的是"从加强交通运输条件入手，大力发展商业……"或"从交通和商业入手……"，这次修改在实质上没有变，只是在措辞上修改了一下。我觉得把"两通"看成两翼，凭借这两翼带动整个经济起飞，更形象化，更能说明两翼与主体（经济——主要是生产活动）的关系。经济主要指生产活动。我们说，以两翼带动主体起飞，不是说只抬起两翼，而主体就不动了。一个鸟儿，如果两翼飞起，主体能不动吗？只会跟着飞起来。我们强调从"两通"入手，有人发生误会，以为我们主张"脱离工业生产发展而单纯发展贸易"，因此，有人强调，应"首先使工业站稳脚跟，增强市属工业实力"。我并不反对"要使工业站稳脚跟"，也不反对"增强市属工业实力"，在加强"两通"的同时，应该这样做。问题是我们应以"两通"为鸟翼呢？还是以工业为翅膀？

这里牵涉一个新中国成立以来，长期未能很好解决的理论问题，就是生产和流通的关系问题，或工业与商业的关系问题。

社会主义制度下的生产，是否仍然是商品生产，包括生产资料在内，这一点，新中国成立以来，长期存在着不同看法，现在算是解决了。商品是为交换而生产的产品，它与直接分配的产品不同。它要通过流通的环节方能到达使用者手中。如果一个工厂，它所需要的原材料买不进来，它的再生产就无法进行。如果它的产品卖不出去，产品价值不能实现，没有资金购买原材料或发付工资，再生产也无法进行。整个社会商品的生产过程，就是生产和流通相互交迭的过程（至于消费，这里略而不论）。如果流通环节堵塞，或不通畅，工业所需原材料买不进来，所生产的产品卖不出去，能够顺利地进行再生产吗？因此，生产和流通，工业和商业，是相互促进而又相互制约的，最好是齐头并进，才能使再生产顺利进行。但是，过去长期在"左"的思想影响下，我们只一再强调生产、生产、再生产，对流通很不重视。由于"两通"不畅，许多工业所需的原材料供应不上，产品积压卖不出去，或开工不足，设备利用率不高。这种现象，难道不应该引起重视吗？

我们的目标是要把武汉建成为华中地区的经济中心。所谓地区中心，其实就是地区的心脏。心脏的作用主要是掌管全身的血液流通。交通运输条件就是血管，商品流通就是血液循环。没有这"两通"，心脏就发挥不了作用。单靠工业的发展能发挥这样的作用吗？

现在的问题，不是"两通"过头了，而是"两通"赶不上生产发展的需要，不仅对工业生产如此，而且对农业生产也是如此。因此，现在强调加强"两通"，只不过是弥补过去的不足而已，并没有不要工业发展的意思。我们一再说过，通过加强"两通"，可以带动第三产业的发展，促进湖北和各省广大农村的农业发展，可以更好地发挥武汉作为工业基地的作用和各种中心的作用，还可帮助湖北卫星城市的发展等。这些归根结底，都将会促进内地各省的工业发展。

这里，我再重复一下我在《从交通和商业入手加强中心城市建设》一文曾经说过的话："使工业的发展伴随商品市场的扩大而发展，将是有益的。过去那种不顾市场需要和供给情况而盲目扩大生产的做法，曾经导致国民经济的比例失调，使我国经济濒临崩溃的边缘，应引以为戒。"①

以上是就发展战略来说的，至于当前我市工作的重点，还是应该搞好经济改革。通过改革进一步调整经济管理体制，提高经营管理水平和加速技术改造来提高经济效益。这是当务之急。

（原载《长江日报》1983年8月10日）

---

① 1983年5月26日《长江日报》第4版。

凭借"两通"起飞,把武汉建成为"内联华中、外通海洋"的经济中心
——三论武汉经济发展战略问题

(1983 年 12 月)

自从开展对武汉经济社会发展战略问题的探讨以来,历时已数月。在此期间,听到不少高论,也读到不少有价值的论文,对自己很有启发和帮助。它们提高了我对这一问题的认识。现将我和部分同志对武汉经济发展战略的设想重新表达如下:

从地处全国交通中心的地位出发,凭借加强交通(包括运输和电讯)和流通(包括商流、物流、钱流和信息流)(简称"两通")两翼起飞,把武汉市建成"内联华中、外通海洋"或"内联九省,外通海洋"的经济中心(这里经济中心的含义包括交通运输中心、内地贸易中心、对外经济贸易中心、工业基地、农副产品集散中心、金融中心、旅游中心、科技教育中心以及信息、咨询和管理服务中心等,亦即多功能中心之意),以此带动并促进武汉地区、湖北地区以及内地有关各省经济的全面和迅速的发展。

制订一个地区的经济发展战略,主要应该考虑:1. 所依据的条件,亦即这个地区的特点和优势;2. 战略所要达到的目标;3. 达到这个目标所应采取的主要手段或途径。现就这些方面试予说明如下:

一、武汉的特点和优势

武汉能够成为较广大地区的经济中心所具备的条件很多,主要有:

1. 武汉地理位置适中,长江横贯东西,京广铁路纵穿南北,水

凭借"两通"起飞，把武汉建成为"内联华中、外通海洋"的经济中心

陆空运四通八达，是我国内地最大的交通运输中心。

在水运方面，武汉地处长江中游和汉水的入江口。以长江、汉水为主的航运水系，连接我国中部的江河湖泊，构成一个庞大的水运网，从武汉由长江东去上海1 125公里，全年可通航5 000吨轮船，盛水季节，可通万吨轮船。由长江西去重庆1 375公里，全年可通航2 500吨轮船，洪水期可上达宜宾。从武汉溯江而上，经洞庭湖可通湘、资、沅、澧诸水；顺江而下，可经赣、皖、苏三省通达鄱阳湖、巢湖和太湖区域。沿汉水北上，可通往陕西并连接丹江等支流。小型客货轮可抵襄樊；小拖轮可达光化。湖北省内有河流214条，长年木船里程可达6 000公里，通航城镇有30个。

铁路方面，京广线北可通华北、东北各省，直达我国北部与东北边陲。该线北与陇海、兰新相连，可西达乌鲁木齐，东达连云港；南通广州、深圳；西南与湘桂线相接，可达南宁、湛江。汉丹线直指西北，与焦枝、襄渝和阳安线相接，可通川、陕、云、贵各省。省内武（汉）大（冶）线正在延建至江西沙河街，将与湘赣路和鹰厦路相连，这样就可直抵我国东南隅的福州和厦门。

公路方面，以武汉为中心，在湖北境内已形成稠密的公路网。出入武汉的主要干道有五条，可通向豫、皖、赣、川、湘等省。空运方面，有省内外航线9条，过境航线8条，由武汉可以直达国内各大中心城市。

由此可见，武汉的交通，真可说是四通八达。历史上湖南、云南、贵州、四川、陕西、河南、江西、安徽、江苏等省的土特产多从水路运到武汉集散，故有"九省通衢"之称。现在加上铁路、公路，直接通达的地方已远远不止九省，十几个省都有；加上间接联运，在国内可说无所不至。

这是武汉能够成为经济中心的最重要的条件。在看到童大林同志关于全国总战略设想（"东靠西移，南北对流"）以后，感到武汉正处于这个战略设想的"十"字中心，亦即南北铁路大动脉（京广线）和东西水路大动脉（长江）的交叉点。这个特点正是武汉得天独厚的战略优势。不管今后全国的经济发展战略怎样制定，这个特点和优

势总是改变不了的。其他条件，国内有些其他大城市也有，唯独这一特点任何中心无法代替。即使没有其他条件，仅凭这一点，武汉就能成为一个大的经济中心。不过，由于过去对水运和港口建设不够重视，铁路、公路车辆不敷需要。这种优势难以充分发挥。

2. 商业基础较好，历史上早就是我国内地的贸易中心。由于武汉自古就是交通要道，因而很早就成为我国贸易重地。远在三国时代，夏口（即今汉口）和石阳（即今汉阳）就见经传。明末清初，汉口与朱仙镇、景德镇和佛山镇并称天下四大名镇。19世纪中叶，汉口成为对外通商口岸，商业更趋发达。20世纪初，汉口贸易额曾一度超过天津、广州，仅次于上海，被誉为"东方的芝加哥"。30年代，武汉对内贸易额仍居第二位，但对外贸易额则降至第五位，内外贸易总额居第三位。1936年全市货物吞吐量曾达两千万吨。当时不仅内地各省大宗的土特产品要先集中到武汉再行转销其他各地，而且大量出口农副产品也是通过武汉直接运销出去。如1936年从汉口输出的石膏占全国99%，桐油占80%，棉花和铁矿砂各占40%，茶叶占34.6%，猪鬃占16.4%。抗战前，外商洋行多达140家以上。新中国成立前夕，各种牙行就还有1 200多户，平均每十户坐商就有一户牙行。当时武汉商界在商品流通渠道、商情信息、运销批零、输出输入、加工整理、仓储装运、报关纳税和资金融通等方面都曾积累了比较丰富的经验。

新中国成立以来，由于长期忽视了商品流通和不能直接对外贸易，加之经济管理体制上的毛病，武汉商业的发展受到很大的限制。即使这样，除湖北省在武汉商业部门外，武汉市属商业公司（包括供销社）还有27个，专业批发部门23个，大型国营商场10个，贸易货栈59家。除武昌、汉阳两县外，共有商业、饮食业、服务业网点14 926个，商业职工12万多人。1982年，市属国营商业的购销额各达40多亿元。1980年，国家已批准武汉为对外贸易口岸。由于历史悠久，地理条件优越，交通方便，市场广阔，经验丰富，信息灵通等因素，武汉对内对外开展贸易的潜力很大。

3. 工业方面拥有雄厚的物质技术基础。新中国成立三十多年，

凭借"两通"起飞，把武汉建成为"内联华中、外通海洋"的经济中心

武汉市已经成了以钢铁、机械、纺织为主，轻工、化工、电子、建材具有一定水平，门类比较齐全的综合性的工业基础。全市工业企业有3 381个。1982年底，在全国25个大中城市中，武汉市工农业产值仅次于京、津、沪居第四位；冶金工业居全国第三位；纺织工业是全国五大纺织中心之一；机床拥有量居第五位，还有具有70年代现代化的武钢一米七轧机。在全国44个工业门类中，武汉已有40个；在156个工业细类中，武汉已有145个。工业生产潜力很大。但由于管理体制不健全、技术设备落后，更新改造缺乏资金、经营管理不善以及市场阻塞、原材料供应不上和产品销路不畅等原因，不少企业设备利用率很低，经济效益不高。

4. 高等学校，科研、设计机构比较集中，专业比较齐全，智力基础雄厚。武汉现有高等院校27所，其中列为重点院校的7所，拥有正副教授2 000多人，在校学生60 000多人，仅次于北京、上海，在全国大城市中居第三位，在全国现有院校的450个专业中，武汉有近300个。现有市以上的自然科学研究机构130多所，科研人员约12 000人，其中正副研究员近500人，在全国大城市中居第三位。全地区科技和工程人员有2万多人。这种雄厚的科学技术力量，如果很好地组织起来，在推动经济发展方面，可以发挥很大的作用。

5. 水电能源丰富。在武汉市以西的四百公里范围内可开发的电力资源有2 000万千瓦，其中葛洲坝1 600万千瓦，丹江口150万千瓦，清江250万千瓦。现代各种产业的开发，都要用电能，特别是工业。有了丰富的水电资源，对经济的发展自然有很大好处。这种水电能源虽不在武汉市区以内，但"近水楼台先得月"，这种优势是国内其他大城市所无法比拟的。

以上是使武汉能够成为华中地区经济中心的主要条件和优势。尽管这些优势还没充分发挥，但它们的存在已经使武汉成为附近地区的或大或小的经济中心了。不过这个中心还不是我们所要求的那样的经济中心，它的作用也还没有充分发挥罢了。

二、关于战略目标的选择

我们的目标是要把武汉建成为一个经济中心，这是没有多大争论的。如果不把建成一定规模的经济中心作为战略目标而只把奋斗目标局限于武汉本身的经济发展的话，它对整个国家的贡献将是很有限的。必须使武汉经济发展能够带动和促进有关地区经济的迅速发展，才能使武汉在实现我国新时期的总任务中和实现本世纪末的战略目标中充分发挥作用。

但是，仅仅把武汉建成为一个经济中心是不够的。经济中心有大有小。前面说过，武汉本来已经或多或少是一个经济中心了，不管你承不承认它。我国许多大、中城市也是，或将成为有关地区的经济中心。单提经济中心还不够说明武汉作为中心区别于其他地区的经济中心的特点和优势，因此有必要在战略目标中把这个经济中心的特征和规模表达出来。这样可以更鲜明地说明它的奋斗目标。

在讨论中，关于武汉经济发展战略目标的提法有好几种：如华中地区的经济中心；立足武汉，面向湖北，面向农村；站稳脚跟、辐射发展；面向内地、通畅江海；以工为主，带动商交等。我反复考虑，认为提"内联华中、外通海洋"比较切实可行。但若提"内联九省，外通海洋"则气魄更大一些，更能反映武汉的特点，理由是：

1. 它们突出了武汉地处华中和作为"九省通衢"的历史特点。华中包括哪几省，是否可以包括湖北、湖南、江西、河南和安徽，可以研究。九省原来指的是：湖南、江西、安徽、江苏、河南、陕西、四川、云南、贵州。现在已经不止这九省，湖北省是武汉的所在地，当然更应包括在"内联"之内。这里，所谓"九省"不过是形象化地说明大致"内联"的范围，不是把"九省"严格都划归依托武汉所形成的经济区的意思。实际上"内联"的范围可以大于九省，也可以小于九省，视将来经济活动的需要而定。经济活动不会也不应该有一个边界线。建成经济中心的主要目的之一就是要打破条条块块的分割，按经济活动的规律办事，建立合理的经济网络。如果固守着一个划定的"边界线"，又会形成新的块块了。甚至我国将来会形成以各大城市为依托的经济区,我也不赞成有什么严格的分界线,使经济活动不能相互交叉、渗透。这样是不利于全国经济的发展的。

2. 湖北和内地其他各省的生产主要是农业,但不完全是农业。"内联华中"或"内联九省"包含"面向湖北"、"面向农村"、"面向内地"的意义在内。但内涵更广泛一些。如各省的林、牧、副、渔、工业、科技等的发展也都在"内联"之内。

3. "外通海洋",在沿海城市不足为奇,但就内地城市来说,能直通外洋的就不多见。特别是地处内地的中心城市,可说只有武汉。武汉在新中国成立前就是对外贸易港口。1980年国家已批准为对外贸易的口岸。今后如果把港口修好,万吨轮直通外洋,就能使武汉成为华中或内地九省对外贸易和对外进行经济联系的中心。过去必须集中在上海和其他口岸对外贸易的物品和经济联系就会有一部分转移到武汉来,因为这样会使运输费用和时间要节约得多。这样既可以减轻上海和其他口岸的负担,又可大大发挥武汉内联九省的作用。

"内联华中、外通海洋"和"内联九省、外通海洋"的提法都比较具体,又能反映武汉的特点和优势,后者更能体现武汉市作为一个特大中心城市的雄伟气概。

为此,这里提出两种可供选择的战略目标:"内联华中、外通海洋"或"内联九省、外通海洋"的经济中心。前者可说是"低目标",后者可说是"高目标"。何者恰当,请大家考虑。

我曾提出要把武汉建成为"东方的芝加哥",这不过是一种形象化的比喻,意在使它成为我国仅次于上海的第二大城市,而且武汉在地理位置上和在经济中的作用同芝加哥也有类似之处。

三、为什么要凭借"两通"起飞

关于实现上述战略目标所要采取的主要手段或途径,我原来的提法是"从加强交通运输条件入手,大力发展商业……"或"从交通和商业入手……"有人把这说成是"以两通(交通和流通)为两翼起飞"。我看这个提法好。把"两通"看成两翼,凭借这两翼带动整个经济起飞,更形象化,更能说明两翼与主体(经济)的关系。经济主要是生产活动。我们说，凭两翼起飞，并不是说只飞两翼，主体就不动了。一个鸟儿，如果两翼飞起，主体就不动吗？主体不动，鸟儿是飞不起来的。我们强调从"两通"入手，有人发生误会，以为我们主张"脱离工业生产发展而单纯发展贸易"。有人强调，应"首先使工业站稳脚跟，增强市属工业实力"。我不反对"要使工业站稳脚跟"，也不反对"增强市属工业实力"，而且认为，在加强"两通"的同时，应该这样做。我们要搞好"两通"，正是为工业大发展开辟道路。问题是：我们应以"两通"为鸟翼呢？还是以工业为翅膀？

这里，有两个问题需要解决：一是实际问题，一是理论问题。

就实际问题来说，这是同我们所要实现的战略目标相联系的。我们的战略目标是什么？如果我们仅仅就武汉本身的发展来说，我赞成把工业的整顿和改革放在第一位。但是，我们的目标不是单纯为了建设武汉，而是把武汉建成为一个地区的经济中心。经济中心和它所联系的地区是互相依存的。没有其所联系的地区，就无所谓中心。没有中心这个地区就是一盘散沙，成不了一个经济区。中心和其所联系的地区之间必定要有一定的纽带，地区的各点之间也要有一定的纽带，这样，才能形成以中心城市为依托的经济网络，否则商品、物资、信息和货币在中心城市和地区之间以及地区内就流通不起来。而这种纽带只能靠交通和商业。前者提供流通的渠道、后者提供流通的组织者，两者缺一不可。在这方面，工业是无能为力的。工业生产的东西再多，没有"两通"，是流不到所需要的地方去的。

我曾把经济中心比作有关地区的心脏。心脏的作用主要是掌管全身的血液流通。交通运输条件就是血管，商品流通就是血液循环。没有血管和血液流通，心脏发挥不了作用。同样，没有"两通"，中心城市也发挥不了经济中心的作用。因此，"两通"是一个城市能够成为有关地区经济中心的首要条件。经济中心首先是"两通"的中心。一个城市，可以没有大工业而仍然能够成为有关地区的经济中心。但若没有"两通"，它就形成不了有关地区的经济中心。我还认为：一个城市能够成为多大的经济中心，或这个经济中心能够发挥多大的作用，就要看它"两通"的条件如何。"两通"条件差，它的作用就小;"两通"条件好,它的作用就大。武汉不是没有"两通"。有,不过"两通"的潜力还没有很好地发挥,所以需要加强。这个道理,不仅适用于武汉,也适用于其他中心城市。不妨说,它是具有普遍意义的。也就是说,凡是经济中心,都应该搞好"两通"。这是就作为经济中心所在地区这样的系统来说的。就全国这个大系统来说,也是如此,过去在"左"的思想影响下,对"两通"很不重视,因此欠账很多。前一段武汉市曾经缺煤,严重影响生产,就是运输不畅的缘故。现在我们的政府把加强交通列为全国重点建设的主要内容之一,也要改革商品流通体制,作为体制改革的主要内容之一,是完全正确的。

就理论来说,这里牵涉新中国成立以来,长期未能很好解决的问题,就是生产和流通的关系问题,或工业与商业的关系问题。

社会主义制度下的生产,是否仍然是商品生产,包括生产资料在内,这一点,新中国成立以来,长期存在着不同看法,现在算是解决了。但对商品的特点,似乎还有些认识不足。商品是为交换而生产的产品,它与直接分配的产品不同。它要通过流通环节才能到达使用者手中,也要通过流通环节来实现它的价值。如果一个工厂,它所需要的原材料买不进来,它的再生产就会停顿。如果它的产品卖不出去,产品价值不能实现,没有资金购买原材料或发付工资,它的再生产也无法进行。整个社会的商品生产过程,就是生产与流通相互交迭的过程(其他环节这里略而不论)。生产决定流通、工业决定商业;但流通又反转来影响生产,商业又反转来影响工业。它们是互为前提、相互促进而又是相互制约的。随着生产力的发展,社会化生产愈发达,分工愈细,协作愈强,对流通和商业的要求也愈高。或者说,生产越发展,工业门类越多,交换越频繁,流通就越要通畅,商业就越要发达。生产和流通,工业和商业,应该齐头并进,才能使社会再生产顺利进行。但是,过去长期在"左"的思想影响下,人们只是一再强调生产、生产、再生产,不顾社会的需要,对流通很不重视。重要的生产资料是直接分配,而不进入流通。从事商业,低人一等。有些人甚至一度把商业看成是资本主义的东西。有些地方对商业机构大砍特砍。加上过去强调集中统一,强调用行政手段管理经济,政企不分,条块争夺,把具有有机联系的社会化大生产分割得支离破碎。就流通领域来说,就形成机构重叠,层次多,环节多,人为障碍壁垒多和批零机构少,流通渠道少以及商品流向不合理(如迂回运输、相向运输和曲线运输)等现象。1934年武汉市有批发商栈2 075户,新中国成立初降为1 384户,1955年国营批发店仅有486户,目前全市批发网点只有160多户了。而全市人口却增加了好几倍,这种情况显然不相适应。由于"两通"阻滞,产供销脱节,货流不畅。许多工业所需的原材料供应不上,设备更新改造困难、产品积压卖不出去,造成停工待料、开工不足、设备利用率不高等现象。过去武汉市工业生产经济效益不高,除去管理体制不健全、经营管理不善、技术设备落后以及"吃大锅饭"和平均主义等原因外,"两通"不畅也是重要原因。总之,过去"两通"不是过头,而是不足,不能适应经济发展的需要。因此,当前的首要任务,就是使"两通"的发展赶上生产发展的需要,不让它们拖住生产发展的后腿。这就是为什么我们一再强调,要凭加强"两通"来使武汉经济起飞的理由。

有人看到童大林同志所写《常州的优势与战略》一文说:"你看,童大林同志在文中并未强调'两通'。"我的看法是:大林同志文中全都谈的是常州本身的优势与战略,并未涉及如何使常州成为小型经济区的经济中心问题——这是他在文章末尾提到的另一个课题;不过他在文章中还是强调了市场问题。我想,如果要使常州成为包括武进、金坛和溧阳在内的小型经济区的经济中心的话,"两通"问题同样会提出来,除非这个问题在这个小经济区已经解决得比较好了。

胡耀邦同志在党的十二大的报告中指出:"商业工作的好坏直接影响工农业生产和人民生活,这个问题在我国经济发展中的重要性已经越来越明显地显示出来。目前商业网点和设施严重不足,中转环节过多,市场预测薄弱,在经营思想和管理方面都有许多问题需要解决。我们必须在充分了解情况,认真总结经验的基础上,切实改进商业工作,大力疏通、扩大和增加流通渠道,做到货畅其流,物尽其用,充分发挥商业在促进生产、引导生产、保障供应、繁荣经济的作用。"足见这个问题在党中央已经得到充分重视，现在的问题是我们如何把党中央的意图加以贯彻实现。

四、十二条战略措施

为了实现上述战略目标，首先要发展"两通"，但仅仅是发展"两通"是不够的，还必须配合其他重要战略措施。现根据讨论过程出现的建议，结合我个人的想法，提出以下战略措施，以供切磋：

1. 加强交通运输条件。武汉地区的铁路、公路的基础比较好，今后主要是增加车辆和加强管理。希望中央赶快把武大线和浙赣线联接起来。现在应该加强的重点是水运，充分利用武汉地处长江中游和江河湖泊舟楫之便。运输费用是各行各业的重要成本。一般来说，航空与公路的运输成本最高，次为铁路，水运最廉。长江是我国水运的大动脉，有中国的地中海之称。长江如果加以整治，运输量可以抵得上十四条、甚至二十条铁路的运输量，而且运输成本低得多。但过去这个"金色的航道"没有很好地加以利用。汉水和内地湖泊河流的运输也没有得到发展。莱茵河流量仅及长江的1/18，但运输量为长江五六倍。今后发展水运的主要措施应该是：（1）希望中央尽快地把汉口下面的阳逻附近的深水港建好，必要时可以利用外资，使之能够停泊和装卸万吨以上的海轮。还要把码头、仓库、装卸（要推广集装箱运输）和搬运等设备搞好，并把铁路支线修到那里。这样，今后部分的海外运输可以不经过上海或广州转口，而直接在武汉装运或卸货。（2）整治长江航道，特别是汉口到阳逻的一段。据说经过整治可容纳四条船同时并行。整治以后，两岸土地还可加以利用。（3）大力发展造船事业，建造大量可以在内地江河湖泊航行的小机动运输船和江轮，还可建造海洋轮。小船可以从事省内外和两湖地区内河和湖泊的运输，江轮可以上溯重庆、宜宾，下达南京、上海，海轮至少以能航行到香港或日本为目标。

此外，还须修建国际机场，把武汉建成国内航空和国际航空的一个中心。邮电通信事业也要大力发展，尽量采用现代化的通信设备。这是信息传递的主要渠道。信息的迅速传递，对提高各行各业的经济效益有很大的作用。要使武汉成为一个有效的经济中心，必须在其所属经济区内建立起信息网，而邮电通信工具就是建立信息网的必要条件。

2. 改革商品流通体制，大力发展商业，开展对外经济贸易活动。要打破条条块块的束缚，在经济区内组织商品流通网络，建立一个以国营商业为主导的、多种经济形式、多种经营方式、多种流通渠道并存的少环节、开放式的商品流通体制。所谓多种经济形式，即不局限于通常所讲的国营、集体、个体的三种形式，也可以是各种经济形式相互结合和交叉的形式，如国营之间、集体之间的联营，国营同集体以至个体的联营，还有集体和个体以及个体之间的联营等。不同部门的企业也可联营，如工商联营、农商联营、商商联营和农工商联营等。经营方式也要改变过去那种固定行政供应区域，固定供应对象，固定批发倒扣作价率，固定批零起点和零售服务环节的单一进货方式，单一销售方式，单一服务方式等做法，允许灵活多样。允许成立从事多种商品贸易和单一商品贸易的，从事远距离运销的和近距离运销的，从事批发的和零售的，还有专门从事仓储、保管和运输的各种商业组织。特别要发展从事内地农村产品和土特产品的收购组织和从事异地贸易的商行，只要不是投机倒把、经过合法手续注册、服从管理并纳税的都可经营。还可兴建贸易中心大楼组织各种商行、货栈、合股公司、行会、交易所、信托公司、商品展销会、博览会等。总之，要在国营商业领导下，采取多种渠道，多种方式来便利商品流通，把商业搞活，使武汉能够真正成为华中地区、甚至"九省"的物资集散中心；而且在地区内部和地区之间也能货畅其流。

与此同时，还要建立各种对外贸易公司以及与外商、侨商进行合作投资、加工订货和补偿贸易等各种经济组织，以加强对外经济贸易的联系。一方面大力发展出口贸易，一方面利用外资引进先进技术，进口关键设备，以加快武汉市的、湖北省的和内地其他各省的企业技术改造和设备更新，使武汉成为我国对外联系的一个重要口岸。这样，不仅华中各省、甚至西北、西南各省的出口物资都可以通过武汉直接转运出去。这些地区向国外购进的机器和技术设备以及其他物品也能由国外直接运到武汉再转运到内地。这样，武汉对内地各省的作用就更大了。

以上不完全是武汉市本市的力量所能解决的，需要在中央和湖北省大力支持下进行。

3. 实行经济管理体制的改革，建立起合理的经济网络。我国现行经济管理体制上的主要弊端是权力集中过多，条块分割和政企不分，以致不能按照经济规律的要求办事。这不仅在商业上如此，在工业、计划和财政等方面也是如此。比如，武汉工业企业中相当一部分为中央和省属企业，武汉市管不着。武汉市属企业固定资产总值占全部固定资产总值还不到三分之一。武汉市机械工业有1 141户，拥有固定资金（原值）23亿元，总产值占全市工业总产值四分之一以上，可说具有一定规模，但纵向分别隶属40多个系统和部门，横向分属中央、省、市、区、街道五级行政领导，纵横交错互不联系，设备利用率低，一般只达30%左右，造成很大浪费。现行计划体制是按行政组织管理经济，省辖市只不过是块块的一个点，在计划体制上基本上与地、县处于同等地位，经济建设由国家安排，社会事业大部分由地方处理，城市公用事业的建设划为非生产建设，在基本建设项目中往往挂不上号。中心城市没有能力按经济规律要求运用计划调节来指导经济活动。财政体制也不合理。去年武汉市财政支出有十三亿七千多万元，但武汉本身财政收入只有三亿六千多万元，连维持现状都困难，谈不上发展城市公用事业的建设和技术设备的更新改造，更谈不上从事什么具有战略性的建设。因此，要发展中心城市组织地区经济的作用，就要逐步改变这种体制。有人认为要把武汉改为直辖市才能发挥它作为经济中心的作用。我看现在不一定需要这样做，目前主要是在经济管理体制上进行改革。在国有企业中，除去极少数有关全局的大型企业仍应由中央直接管理外，其余都应该下放给市管理。同时给予它在经济上以足够的权力，使它能够从事必要的城市建设和技术设备的更新改造，能够打破条条块块的束缚，按经济要求搞跨地区、跨部门、跨行业的经济协作的联合，组织地区之间的合理经济网络。这样就应该对武汉这样的中心城市实行计划单列，把重要城市建设和产品列入国家计划。在财政体制上还要给武汉市以财政上的较大自主权，使它有充分经济实力来发挥经济中心的作用。在对经济贸易上也要有足够的自主权。像现在这样连一个小小的对外协议市长都不能拍板，还要请示上级才能决定，是不行的。

4. 整顿工业，加速改革步伐，充分发挥工业基地的作用。武汉的工业潜力很大，但经济效益不高。主要原因除管理体制和流通体制上过分集中，政企不分外，就是企业本身经营管理不善，技术设备更新改造困难以及"大锅饭"和"平均主义"等，因此要加快企业整顿和改革的步伐。今后工业的发展，应主要是走内涵的道路，尽可能少采取外延扩大生产的办法。首先发掘现有企业的潜力，在扩大企业自主权和建立生产责任制的基础上改善经营管理和进行技术改造。武汉现在企业技术设备大多陈旧，需要更新。整改过程中既要鼓励一定范围内的专业化协作和联合，又要允许一定程度的竞争。武汉洗衣机厂采取招标的办法处理外购外协件，降低了产品成本，提高了外购外协件的质量，增加了经济效益，破除了与协作单位共同吃"大锅饭"的局面，带动了协作单位加快整改的步伐。这种办法，值得提倡。

今后武汉工业的发展方向应该是：（1）面向本市居民物质生活和精神生活上的需要，给他们提供价廉物美、适销对路的消费品。（2）面向农村，用农村提供的原料进行加工，保证农村对生产资料和生活消费品的需要。（3）恢复传统名牌产品，开辟新的拳头产品，压缩长线产品，加强短线产品，发展具有中国特色的出口工艺品。（4）加强环境保护建立新工业应以轻工业和对城市没有污染的工业为限。对城市有严重污染的化工和重型工业的建设，要离城区远一些。

5. 沿江开辟带形新市区。武汉老区，如硚口、江汉、江岸一带已经饱和，发展潜力不大。今后武汉的城市规划，有个不成熟的设想，可否沿长江北岸从黄浦路到阳逻一带建立起一个带形的新工商业区。这个带形的新区可以分为两半：西北从黄浦路到岱家山一带是商业区，东部是轻工业区。商业区可以吸引外资和各省的投资把它建成像深圳那样的拥有高楼大厦和各种现代化设施，特别是电气化和电子计算机化设备的内外贸易中心、金融中心和信息中心。轻工业区主要是为新建项目提供厂址，因为靠近阳逻港，便于用水运装卸运输。重工业、化学工业和其他可能导致城市污染的项目可以放在长江南岸从葛店到黄石一带，一则距市区较远，二则距离阳逻港较近，三则也接近大冶附近矿产资源。

6. 面向农村，支援农村。农业是国民经济的基础。我国有80%人口在农村，农村是我国最大的市场。武汉拥有广阔的经济腹地，地处江汉平原，并与洞庭湖平原和鄱阳湖平原相近。内地各省，农副产品和土特产品非常丰富，两湖地区，更是粮棉产地，鱼米之乡，素有"两湖熟，天下足"之说。三中全会以来，由于推行了各种形式的生产责任制，农村商品经济取得了长足的发展，不少农民富裕起来，农村出现了空前的繁荣景象。但是，由于没有很好组织引导，生产潜力远远没有发挥。因为"两通"不畅，许多土特产品运不出来，造成积压，甚至腐烂。农村所需要的优良种子、化肥、农业器材和生活用品等也未得到满足。还有不少农、林、牧、副、渔和山区土特产品需要进一步开发，如湖北省的猕猴桃，在国外久享盛名，但我们自己还没有足够重视。湖北省猕猴桃品种多，而且质量优良，年产四五千万斤，但每年利用率仅十分之一。无核蜜橘，已经大面积培育，这是好事，如再加引导，在国际上可能成为拳头产品。湖北省的各种水果和瓜菜都有，但质量大多很差。应利用武汉的农业科技的力量，在改良品种和培育方法方面予以指导。木材和药材是山区的丰富资源，但木材有乱砍滥伐的现象，需要加强管理。山区药材品种很多，应大力开发，需要在中医药师的指导下有计划地进行。湖北和内地可供出口的农副产品很多，如桐油、蘑菇、木耳、茶叶、猪鬃、兽皮、生丝、苎麻、药材等，但品种规格和包装往往很差，不符合国外市场的要求。有些出口物品，如在包装上改善，可以在国际市场大大提高出售价格。这些单靠生产队自己是搞不好的，需要通过城市的专业协作或商农联合组织来解决。总之，要利用武汉工业、商业、科技、信息等方面的优势，通过商品流通、科技协作、生产联合等途径和组织形式来促进农村的经济发展。广大内地农村富裕了，城市工业和其他产业也会跟着发展起来。

7. 开发江湖，发展水产。长江两岸湖泊星罗棋布，湖北省就有"千湖之省"之称。鱼类是人们喜爱的食物，营养价值很高。据说我省养鱼水面有314.5万亩，约占全国内陆可养鱼总面积的十分之一（一说为748万亩，待考）。以一般民间饲养方法估计，单产至少每亩1000斤，如果全部产鱼，总产量可达31.45亿斤，即157.3万吨。如果改进饲料和养殖方式，当然远不止此。但过去长期在"左"的思想影响下，"以粮为纲，百业砍光"，对水产很不重视，曾出现"荒田一亩追责任，荒湖万亩无人问"的现象，以致1982年的实际产量仅为17万吨。所谓"鱼米之乡"，鱼竟少得可怜，真不像话。当然水产不止鱼类这一种。1980年7月，胡耀邦同志视察湖北时指出："农业上要注意水产，淡水养鱼希望你们成为全国带头的省，而且要创造一点新的经验。"童大林同志也指出要重视江城的开发。水生生物研究所的同志对此非常热心，提出要把省市水产科技力量组织起来，成立省市水产局、科研单位和大专院校三结合的水产科学技术咨询委员会，为政府决策部门制定水产发展规划和措施提供科学依据，积极推广科研成果。前途将是大有可为的。

8. 支持湖北，发展中等城市。武汉地处湖北，对湖北应作出更大贡献。除去上述对湖北农业和水产要大力支持外，还应协助培植省内中等城市成为有关地区的经济中心。湖北省具有中等规模的城市有黄石、宜昌、沙市、襄樊、十堰等，这些城市在工业、商业、交通、运输和科技力量方面都已具有一定规模。今后如果在工业技术设备、科学技术知识和经济信息等方面得到武汉的支持和协作，不难成为它们各自所在地区的经济中心。它们的经济实力加强以后，将会大大促进全省的经济发展，同时也可为华中地区的繁荣兴盛作出贡献。关于这方面，上海经济区正在进行规划，将来可以借鉴。我的设想是，将来华中经济区应以武汉为核心。黄石、宜昌、沙市、襄樊、十堰等市以其所依托的地区形成二级经济区，围绕在武汉周围，形成"众星拱月"之势。继而再扩大到附近其他各省的中等中心城市，将来形成一个"小太阳系"。这样，华中经济区的气势就更加磅礴了。

9. 以武汉为金融中心建立地区的金融网络。经济的活动离不开物资的运动，也离不开货币的运动，它们常是相伴或交迭进行的。企事业的现金收付，转账结算，资金融通。异地汇划等都要通过银行进行。特别是商业，商品的买卖过程，就是商品与货币相互交换位置的过程。有商品交易，就有货币或信用票据的支付。因此金融中心常伴随着商业中心而出现。最近国务院决定，国有企业流动资金改由中国人民银行统一管理，这是资金管理体制的一项重要改革。银行统一管理流动资金，主要是发挥信贷、结算、利率等经济杠杆的作用，行使国家赋予的管理职能，促进企业生产发展和流通的扩大，引导企业生产和收购适销对路、价廉物美的商品，疏通流通渠道，在搞活经济中，提高资金的使用效益，实现流通资金的良性循环。因此，这是把经济活动由行政管理改由经济管理的一项重要措施。今后银行同企业的关系更加密切了，中心城市要发挥其对所在地区经济活动的组织引导作用，很大一部分要靠银行来进行。对经济要管而不死，活而不乱，主要靠银行。要通过银行来吸收社会上闲散资金，调节地区的货币流通，控制信用的胀缩，便利资金的融通，促进资金的积累，提供灵通的经济信息，指引企业活动的方向，监督企业执行合同的情况和资金运用的效果等。为此，在一个经济区也要建立起适应地区经济发展的金融中心和金融网络。我国现行的银行体系是以中国人民银行为领导的，中国人民建设银行、中国银行、中国农业银行、中国人民保险公司和农村信用社各有分工的银行体系。现在的中国人民银行是中央银行，工商信贷银行和储汇银行的三结合。这种体制不能适应今后全国经济体制改革和发展以中心城市为依托的经济中心和经济区的需要，似还有改革的必要。中国人民银行应成为真正的中央银行，集中主要精力在货币的发行、宏观的金融管理以及货币流通与信用的调节方面。中国人民银行应该把工商信贷和储蓄汇兑的具体业务分出来，单独成立工商银行和储蓄银行来处理。处于领导地位的中国人民银行不宜多，全国有一个总行。每个大经济中心有一个分行就行了，但是工商银行和储蓄银行的分支机构要多，凡是有工商业和居民集中的地方都该有。中国人民建设银行、中国银行和中国农业银行视地区需要而设立，不宜过少，也不宜过多。今后所谓地区的金融网络中心和金融，就是由一个中国人民银行分行（执行中央银行的职能），若干个专业银行和保险公司和较多的工商银行以及众多的储蓄银行组成。关于这个问题以后再详加论述。

10. 大力发展服务行业。城市服务行业主要指旅社饭馆、医疗卫生、垃圾处理、街道清洁、理发洗澡、保管包装、菜场商店、小商小贩、电影戏剧、文化宫、娱乐场、体育馆、运动场、各种修理行业、码头车站搬运等，甚至市邮电服务如市内交通（如出租汽车、公共汽车）也可包括在内。凡是非生产性的，有益于城市居民生活的劳动，都算。过去在"左"的思想影响下，人们很不重视这些行业，认为是非生产性的。其实，这些都非常重要。这些事业搞不好，直接影响人民生活，也间接影响工作效率。发展服务行业至少有以下一些好处：（1）方便群众、有益于人民身心健康，有利于改善人民生活，提高社会效益；（2）可以吸收较多的劳动力，增加就业机会；（3）所需的投资少，资金周转快，收益大，可以加速资金积累，用于城市其他建设；（4）可以提高社会购买力，为工农业产品，特别是日用消费品开拓市场。人们到一个城市，首先接触到的就是服务行业。服务行业搞得好坏，对一个城市工作的评价是一个重要标准。

11. 积极发展旅游事业。旅游事业是现代国家收入的一个重要来源。我国自开放以来，旅游事业日益发展，今年上半年我国接待游客就有440多万，但他们很少到武汉来，主要原因是：（1）湖北地区的旅游胜地没有加以开发，吸引力不大；（2）国际机场没有修好，交通仍不很方便；（3）武汉的对外旅客的服务设施还不够好。今后，交通，服务事业有所改善，武汉成为国内外贸易中心以后，国内外旅客一定会增多；再修整和多辟一些游览胜地，一定会使旅游事业兴旺起来。武汉地区的风景名胜不少，但有的需要修整，如归元寺、宝通寺等。有的需要宣传，如辛亥革命纪念馆、农民运动讲习所、磨山植物园等。有的需要扩建和重建，如东湖风景区、黄鹤楼、晴川阁等。湖北地区也有不少名胜古迹，如三峡风光、葛洲坝的水利枢纽工程、宜昌的三游洞、荆州的古城古墓、当阳的玉泉寺、襄阳的隆中、鄂西北的武当山、咸宁的温泉、鄂豫边界的避暑胜地鸡公山和麻城的龟山等。这些名胜古迹，加以修饰扩充，必能吸引不少游客。专来武汉市的游客不用说，即使到湖北省其他各地游览的旅客也必须以武汉为中转地或驻地，同时，还可把武汉市变为华中地区土特产和外销的手工艺品的中心，以便旅客购买。这样可以吸收一大笔外汇，为进一步引进先进技术设备创造条件。

12. 组织科技和教育的力量。加强智力同生产和权力的结合。理论联系实际，走群众路线，原是马克思主义政党的优良作风。但在"左"的思想影响下，却长期造成理论与实际脱离，领导与群众脱离，权力与智力脱离的局面，导致在经济上出现不少政策失误。大量的智力储备，没有得到很好的利用。党的十一届三中全会以来，逐步恢复了党的优良传统，这种情况有了很大的改变。科技是生产力，现代化的生产主要靠先进的科学技术来推动。四个现代化，关键是科学技术的现代化。但科学技术现代化如果不同农业、工业、国防结合起来，也实现不了其他三个现代化。现在的党中央和各级部门非常重视这种结合。前面谈过，武汉市的智力基础是很雄厚的，但过去没有很好利用。现在市的领导很重视这一点，武汉市已经成立了咨询委员会，动员科技与社会科学界的力量，来为政府的重大决策进行研究并提供咨询意见。武汉市已与清华大学、华中工学院和武汉大学签订了科学技术合作协议，协作项目达37项。这种做法正在推广。可以想见，定会收到丰硕成果。今后还要利用武汉市的科技和教育力量为湖北和其他各省的经济发展服务，使武汉市成为华中地区，甚至"九省"地区的科技、教育、咨询以及管理服务的中心。这样，武汉市作为中心城市的作用就更大了。

以上不完全是我个人的想法，也集中了一些其他同志的想法，很不全面，也不很成熟。请大家指正。

(原载《武汉大学学报》(社会科学版) 1983年第6期)

加快改革步伐，及早把武汉建成"内联华中、外通海洋"的内地最大的经济贸易中心
——四论武汉经济发展战略问题

(1984年4月)

党的十一届三中全会以来，由于党的路线方针、政策的正确，我国广大农村出现了一片大好形势。这种形势必将有力地推动城市经济体制改革的步伐，特别是要打破条块分割、地区封锁和过多的行政干预，要发挥中心城市在其所联系的地区在组织社会化大生产和流通中的领导作用，要建立起以中心城市为依托的经济网络，并主要靠经济手段来引导经济。这样才能加强工农联盟，活跃城乡交流，促进商品生产从而推进整个国民经济的迅速发展。

武汉具有五大优势：1. 地理位置适中，长江横贯东西，京广铁路纵穿南北，水陆空四通八达，早就有"九省通衢"之称，是我国内地最大的交通运输中心；2. 历史上早就是我国内地的贸易中心，工农业产品的集散地，也曾经是我国仅次于上海的对外经济贸易口岸；3. 工业方面拥有雄厚的物质技术基础，已经形成以钢铁、机械、纺织为主，轻工、化工、电子、建材具有一定水平，门类比较齐全的综合性工业基地；4. 高校、科研机构和设计力量比较集中，智力基础雄厚，这方面的人才居全国第三位；5. 靠近丹江水库、葛洲坝和三峡，水电能源丰富。有此五大优势，应该把它建成内地最大的多功能的经济贸易中心和内河最大的对外经济贸易港口城市。这样，可以带动湖北和华中地区的工农业和第三产业的全面发展，充分调动华中地区，甚至更大范围内（包括西北、西南）的资源、物力、人力的

积极因素，使武汉能在我国国民经济中发挥较大作用，为国家提供最大经济效益。

自从去年五月间在中共武汉市委和市人民政府领导下成立咨询委员会和开展对武汉经济社会发展战略的讨论以来，通过理论与实际的结合，领导与群众的结合，权力与智力的结合，武汉市在向着上述目标前进方面迈出了可喜的步伐。通过多次讨论，在理论上使各级领导和广大群众认识到把武汉市建成内地最大的对外经济贸易中心的重大意义，在实践上提供了许多可供选择的方案。同时采取边议边做的方针，在武汉市本身力所能及的范围内，积极创造条件，为迎接这样一个艰巨而又光荣的任务作出了种种的努力。如在"两通"方面，进行了一些管理体制上的改革，在武汉市区开辟一条新的干道，把江汉路建成商业一条街，在汉水桥附近建成一个农贸集市一条街，筹组了工业品和农产品贸易中心，支持了小商小贩和其他个体行业的发展；在工业改革方面，加强了对各种形式不同所有制企业的领导，提出了一些加强改善经营管理、推行技术改造、扭亏增盈和人才流动的要求，逐步推广生产责任制，推广武汉洗衣机厂的招标经验，逐步解决吃"大锅饭"和平均主义等问题，以提高企业的经济效益。为了充分发挥科技力量和智力库的作用，武汉市先后同北京清华大学、武汉大学、华中工学院和上海交通大学签订了上百个项目的科技协作协议，和大力推广学校、科研机构对企业的咨询工作，并大力培训干部，以加速实现干部"四化"的步伐，还加强了市管县的领导，等等。这都是为进一步发挥中心城市作用打下的必要的基础。

总之，武汉过去一年来的成绩是巨大的。但是，总的说来，步子还不够快，还远远不能适应当前全国形势发展的要求。我国东部沿海的十四个城市已决定作为对外开放的港口城市。西部重庆在列为体制综合改革试点以后，在很短的时间内已经形成长江上游和西南地区的经济中心。而地处全国心脏的武汉，地理、交通和其他条件远优于重庆，却仍然像小脚女人一样龟缩不前。这种情况与我国东、西部经济的发展形势，与华中地区农业发展的形势，与全国经济发展的形势太不相称了。这样下去，不仅武汉经济上不去，也拖住了全国经济发展的后腿,更不利于湖北省经济的发展。

武汉市向中心城市前进的步伐所以迟缓的主要原因是现行体制的束缚,缺权少钱,放不开手脚,干不了大事。如果要把武汉建成为内地最大的多功能的经济贸易中心和对外经济贸易的最大的港口城市,现在就应该"简政放权",并从下列几方面着手:

(1) 实行全面的计划单列——在行政上武汉市仍属于湖北省的领导,是湖北省的省会所在地,但在经济上武汉市应该具有直辖市的地位,在国家计划管理体制中与省处于平行的地位。这种计划单列,应该是全面的,而不是局部的。将来武汉城市建设重点项目所需资金和物资,靠武汉本身的财力是做不到的,要能纳入全国计划,以便得到保证供应。今后武汉市的计划机构应直属中央计划机关的领导,成为中央的派出机构,并接受所在地区的领导。

就全国来说,今后大城市要成为制订和执行国家计划的基地和中心,又是市场调节的强大阵地。因此,要把目前按中央、省、地、县的行政隶属、区划和层次编报,下达计划的办法,改为以中心城市为依托的经济区来组织计划的编报和下达,把以行政手段为主的计划指导和管理,改为以经济手段为主,同行政手段、法律手段相结合的计划指导和管理。还要利用中心城市的有利条件,研究建立和改善信息系统、决策系统、检查系统、监督系统、反馈系统、调节系统,加强计划手段的建设,搞好资料积累,增加和采用现代化计算工具,提高数据库处理的准确性和效率,研究建立计划考核指标体系,既有价值指标,也有实物指标;尽快确定指令性、指导性与市场调节三种计划经济管理形式的范围。

(2) 实行综合管理体制改革也要全面。各个部门的管理体制如工业管理体制、商品流通体制、财政管理体制、对外贸易体制、物资管理体制、银行管理体制等,都是相互联系的有机整体的一部分。它们往往既有相互促进的一面又有相互制约的一面。只是在某一方面或局部进行管理体制的改革也会有些作用,但作用不大。特别是作为一个较大地区的中心城市,牵涉面很广。要全面进行,统筹考虑,才能产生最大的经济效益。

加快改革步伐，及早把武汉建成"内联华中、外通海洋"的内地最大的经济贸易中心

（3）今后湖北的省属企业，应全部下放给所在市、县管理，以便更好地发挥中心城市组织经济的作用。今后湖北省的厅局等主管经济部门应在原则上不直接管企业。省级经济管理部门应主要负责"统筹、服务、协调、监督"的工作。

（4）在武汉市设立交通运输的统一管理机构，以武汉市为中心规划和协调水陆空各种交通运输方式的建设和管理工作，包括水路、铁路、公路、航空、邮电等各种交通、运输条件在内，目的是使武汉能够成为全国最大的交通运输枢纽和信息中心。各种交通运输设施都要能成龙配套，不仅要考虑到铁路、公路、水路和航空主要干线的建设，而且要考虑到港口、客货运码头、车站、仓储、装卸、保管等有关设施。今后还应加强各种交通运输方式的联运，使武汉的交通运输真正做到四通八达，特别是在湖北省内更要能畅通无阻。

（5）要加快武汉附近的港口建设，要整治长江、汉水，大力发展武汉的航运，特别是对外洋的航运事业，要使武汉成为内地最大的对外贸易的港口城市。

（6）要在武汉市建设一个全国最大的飞机场，并要使它成为一个重要的国际机场。武汉地处全国的心脏，现在航空事业日益成为国际交往的重要工具。设立这样的机场，有助于发挥武汉市对外港口城市的作用。

（7）要改革商品流通体制，疏通商品流通渠道，将省属二级批发站，下放给武汉市管理。建立多种经济形式和多渠道、少环节、开放式的流通体制。要建立工业品贸易中心和农副产品批发市场，有计划地发展工商、商商和农工商的联营。要大力发展城市集体商业和个体商业。

（8）要使武汉市成为内河最大的对外经济贸易港口，不仅要从开辟对外航运、空运着手，还要改革外贸管理体制。像现在这样，武汉市连对外商一个小小的贸易协议都不能签订是不行的。要扩大武汉市对外经贸权限，可以自营二、三类商品，并在进出口商品、劳务、引进技术和组织出国的经贸团体、邀请外商等方面都具有相当于省一级的权限。这样才能利用武汉的地理交通优势，迅速打开对外经济贸

易的局面。最好再由中央宣布把武汉列为内地对外开放的主要港口城市。在沿江北岸从黄埔路到阳逻一带建立一个带形的新工商业区，西部为商业区，东部为轻工业区。这个地区可仿照深圳那样，吸引外资来进行各种建设。与此同时，要把武汉市的中国人民银行升格为省一级的银行，中国银行升格为口岸管辖行，以配合外经外贸业务的信贷和结算工作。

（9）财政体制改革是综合体制改革的一个重要方面。据说过去武汉财政收入大部分上交中央和省，自留比例很小，只占到收入16%左右，在全国各省的主要城市中是最少的。由于资金短缺，武汉很多急需上的重要项目没有上，企业缺乏更新改造的资金，甚至连房屋维修都感困难。今后实行计划单列和综合体制改革，如何保证武汉有足够的资金用于城市建设方面是个大问题。应该仿照重庆的经验，对中央、省、市三级财政收支权限的划分和分成比例作一认真仔细的研究和调整。这里面有一个如何正确处理中央、省、市三者的关系问题。落脚点应该是如何才能尽快使武汉实现上述战略目标问题。因为这样不仅对全国有好处，对湖北省也有好处。武汉搞上去了，湖北省也会跟着富裕起来。关于这方面，可参见前面三论，特别是第三论《凭借"两通"起飞，把武汉建成为"内联华中、外通海洋"的经济中心》一文中的十二条战略措施。

（原载《学习与实践》1984 年第 4 期）

武汉要进一步对外开放设置经济特区

(1984年11月27日)

去年5月,武汉市实行经济体制综合改革试点以来,形势发展很好,但如何使武汉经济发展的速度进一步加快,我们认为:像武汉这样"内联九省,外通海洋"的超级商埠,中国内地最大的经济中心,关键就在于开放,在于改革。开放,除了对兄弟省市开放以外,也要对外开放,并在武汉设置不是经济特区的特区。现在应该立即动手,不能等待,无论从哪个方面考虑都应该这样办。

从紧迫性上讲,总结世界各国经济发展的经验,内地的开发,不能搞人为的"阶梯论",应该有条件时就"同时开发"。等到沿海都实现工业化与现代化后,再来开发内地,这样全国的现代化就要推迟很多年。我们应该走"因地制宜,多头开发"的新路子,以加快土地占全国80%的内地的发展。从市场、原料、劳力等开放的条件看,内地比沿海更好。因此,为了加快内地的开发,应该"从中间开花",将武汉进一步开放,作为"内地开发中心",以促进周围各省和西南、西北广大地区的发展。在中央未把武汉正式列为经济特区之前,先动手把武汉办成不是经济特区的特区,是缩小沿海与内地差距的一个重要途径。

从必要性讲,无论是从全国、湖北省还是武汉市的角度看问题,把武汉市办成经济特区,有六大好处:

(1)有利于吸引外资。从广东的深圳、珠海、汕头和福建的厦门的情况看,自从创办经济特区以来,外商纷纷前来投资办厂,由香港的一个地区发展到50多个国家和地区;由开始的一些小商人,发展到跨国公司和大财团。仅深圳市引进的外资,截至1981年为77亿港元。武汉有广大的经济腹地，又有水陆交通之便，地处内地中心，如果开辟为经济特区，对外资的吸引力将更大。

（2）有利于争取外汇。在经济特区里，外资、合资企业支付国产原材料费用、工资、工厂用地租金、后勤服务等费用，都是用外汇支付。国家、地方都可获得巨大的外汇收入。如果在武汉还可开展寄后转口、包装处理、装配制造业务，不仅可以收到寄仓和转运货物的收入，而且可以大搞进料加工，扩大出口，赚取外汇。

（3）有利于引进先进技术，抢时间学到技术和扩散技术。在经济特区投资的外资企业，外方投资者从自身利益出发，必然关心引进新技术、新设备、新产品，每一个外资企业实际上是一个技术训练班。在这些工厂、企业工作的工人、技术人员可以在生产过程中，学到先进技术，培养技术队伍，以便向经济特区外输送人才，及时扩散技术。

（4）有利于学习企业经营管理知识。通过在外资企业工作，使我们能掌握现代化管理技术和计算技术，培养高级经营管理人才，为向特区外输送管理人才创造了人才资源。

（5）有利于扩大就业机会。除了特区内大量吸收劳动力外，在特区外还可以大量吸收就业人员。据国外出口加工区的经验，像零部件的转运业务、运输、建筑和服务等第三产业工作，大多是加工区之外的人承担的。

（6）有利于增加群众收入，改善人民生活。这点已为一些实行经济特区的地区的事实所证明。如果武汉不办经济特区，武汉与武汉周围地区比起沿海开放城市起码要落后十年，早动手，缩短差距；晚动手，拉大差距。

从可行性上看，在一个国家或一个地区划出一定范围，作为经济特区，采取特殊政策，吸引外商和外资，以达到一定的经济目标，在世界上一些发达的资本主义国家早就这样办了。武汉可以利用长江河道整治后扩大的土地面积（相当于甚至大于新中国成立初武汉市的面积），将黄浦路到阳逻一带开辟为武汉的新市区，作为今后的经济特区。有了这样的条件，吸引外资就有了地点建设。

武汉要进一步对外开放设置经济特区

中共中央办公厅、国务院办公厅批准武汉市经济体制综合改革试点实施方案中指出:"逐步形成以武汉为中心的开放型的经济区和经济网络。"目前武汉对内已经敞开,需要继续发展的是对外开放,把国内市场与国际市场结合起来,建立内地的国际贸易中心。当武汉办成经济特区后,将对内地的开发带来好处,并使内地与沿海城市的差距缩小,同时必将大大加快我国社会主义经济建设的步伐。

(本文系与樊民、肖国金合写,原载《长江日报内部参考》1985年1月5日)

我国对外开放应有新的突破

(1984 年 12 月)

继开办深圳、珠海、汕头和厦门四个经济特区后，今年四月，我国政府决定进一步开放北起大连、南至北海的十四个沿海港口城市，这是实行对外开放，加快社会主义现代化建设的一项重大决策。实践证明，兴办经济特区，进一步开放沿海港口城市，不仅适应世界经济的一般趋势，也完全适合我国经济发展的实际需要。

随着以城市为重点的整个经济体制改革的全面展开，我们认为，再选择一二个条件比较成熟的、具有全局意义的内地通海中心城市，作为我国继续扩大开放的地区，将对于缩小沿海地区与内地经济发展上的差距，带动和促进全国经济的发展，产生深远的影响。

武汉，是我国内地最大的经济中心城市。从全国来看，武汉地处我国内地的中部，水陆空交通方便，地理位置得天独厚，经济基础、科技力量、经营管理都比较发达，全国"东靠西移、南北对流"的战略布局中，居于"承东启西、贯通南北"的十字交叉中点。可以说，武汉的经济状况如何，对于华中、西南、西北乃至全国的经济发展，有着重大的全局意义。

武汉是我国经济发展较早的地区。在近代史上，武汉曾长期是全国仅次于上海的第二大外贸中心。新中国成立三十五年来，武汉已建设成为一个以钢铁、机械、纺织为主，轻工、化工、电子、建材等门类较齐全的、我国内地最大的综合性工业基地，其工业固定资产原值居全国大城市第四位，科技力量居全国第三位，拥有雄厚的经济基础。

近年来，武汉贯彻执行对内搞活经济，对外实行开放的方针，加快经济体制改革的步伐，开创经济建设的新局面，已逐步向着具有工业中心、内外贸易中心、交通中心、信息中心、科技中心、金融中心等多功能、开放型、网络型经济中心城市的方向发展。

特别是自今年五月中央确定在武汉进行经济体制综合改革试点以来的半年时间里，市委、市政府采取了一系列措施，如简政放权，搞活企业；敞开"三镇"，开拓市场，搞活流通；挖掘潜力，搞活交通；改革科技体制，加速技术改造和技术引进工作；打破地区界限，发展横向联系，促进协作联合；加快建筑业改革步伐等，使武汉的经济社会发展出现了可喜的势头，作为经济中心的吸引力、辐射力和综合服务能力大大增强。

此外，武汉还在市领导县、政法、文化、教育、卫生、新闻、广播、电视等各条战线、各行各业，都进行了一系列改革，取得较快发展。

上述情况表明，在经济体制改革的推动下，武汉的经济愈益充满活力，武汉与邻近九省乃至全国的传统经济联系有了新的重大发展，作为我国内地最大的经济中心城市，武汉在我国经济全局中的地位和作用日益重要。

同时，我们不能不看到，由于现行经济管理体制方面的原因，武汉经济中心城市的作用，远未充分发挥出来。特别是在发展对外经济关系方面，还有待进行管理体制上的重大改革。

我们知道，武汉历来是我国内地最大的对外贸易中心，是我国内地最重要的进出口商品集散地。新中国成立后，武汉的对外贸易有了很大发展，出口商品有纺织品、轻工业品、化工医药品、五金工具、皮革制品、工艺美术、机床电器、食品罐头、钢材、建筑机械及土畜产品等十一大类三百多种，行销五大洲八十五个国家和地区。近年来，武汉先后与美国匹兹堡市、西德杜依斯堡市结成友好城市，发展了对外经济贸易关系。但是，目前武汉对外经济贸易自主权很小，在利用外资、引进技术方面很难放得更开，搞得更活。

毋庸讳言，武汉的工业基础毕竟只是一个在50、60和70年代兴建起来的，基本上是传统意义上的产业体系，面临着技术落后、设备陈旧、经济效益差、建设资金短缺等尖锐问题，急需进行全面的技术改造。

就全国而言，由于经济发展的不平衡，二元经济结构的状况将长期存在。现在沿海地带开放了，在利用外资、引进技术方面起步较早、步子迈得较大、较快，经济发展的速度也将比内地快些；这样，将有可能加剧全国经济发展的不平衡。而国内地区间经济发展的差距越大，则"东靠西移、南北对流"经济发展的战略转移的过程势必有所延缓。因此，客观经济形势的发展，要求我国的对外开放有一个新的突破，来一个中间开花，使武汉成为我国进一步对外开放的城市。武汉的经济活了，可以进而带活内地九省，全局也就活了。

从国际上来看，经济特区虽然一般设立在沿海港口城市或附近地带，但在内陆兴办特区的亦不乏其例。如埃及的纳赛尔开放区，就不在海边，在开罗附近，靠近飞机场以作交通之便；巴西的马瑙斯出口加工区更是位于该国腹部地区，距大西洋1600多公里，且无公路和铁路，靠亚马逊河水路和航空线与国外联系，办得很成功。可见，办经济特区要考虑地理条件，但不宁唯是。办不办经济特区，办在什么地方，根本的问题是要考虑经济特区对本国本地经济发展是否有利。况且，随着交通事业的发展，经济特区地点选择的余地也会越来越大。就武汉而言，其地理位置比马瑙斯优越得多。从武汉，水路东下上海，仅1125公里，可以3万吨左右的顶推驳船队、5千吨左右的河海两用自航驳船和新型万吨河海两用货轮直通海洋；西至重庆1375公里，连接广大西南腹地；陆路南达广州、北上北京，都只相距1000公里左右；空运方面，有省内外航线9条，过境航线8条，今后亦可建立直通香港、东南亚、日本等的空中走廊，确实是"九省通衢"，居中靠水得天独厚，交通四通八达，国内外交往非常便利。

从全国经济发展的全局出发，权衡政治、经济和地理等各方面情况，我们认为：武汉作为我国进一步对外开放的港口城市，是很有必要的，条件是成熟的。

武汉进一步对外开放，实行经济特区的特殊政策和一系列灵活措施后，将在抓好老企业技术改造的同时，积极筹建东湖技术密集经济小区，着手规划沿江经济技术开发区。

东湖小区在武昌东湖南岸——南湖周围，整个区域约40平方公里，25万人口。区里高等院校19所、共108个系、245个专业；科研设计单位54个，科研——教学——生产——经营联合体11个，各类智力开发组织9个，3个工业区合计75个工厂企业；每百名居民中有在校大学生、研究生和大学毕业以上文化程度者32.8人，知识技术密集的程度在国内是少有的，且交通方便，风景秀丽。目前，东湖小区已初具雏形。今后可采取特殊政策和灵活措施，吸引海内外投资者前来合资经营、合作经营或者独资经营，将小区逐步办成以高等院校和科研单位为依托，由各种科研——教学——生产——经营联合体、科研型企业、智力开发组织构成其技术经济网络系统，以发展新兴技术新兴产业为主的、具有中国特色的"科学工业园区"。

武汉沿江经济技术开发区，是结合长江武汉段整治工程来兴建的。

经国务院批准，整治长江武汉段工程技术委员会业已成立，整治河道的挖泥工程已经动工。整治长江武汉段工程将结束该段长江主流左右摇摆的状况，永久解除特大洪水对武汉的威胁，把天兴洲、白沙洲等荒洲边滩填筑起来，开拓出30多平方公里的新市区。

这个工程开拓出来的30多平方公里的新市区，都是临江黄金地带，基础好、地势高，不存在防汛问题，亦无拆迁等麻烦事务，堪称兴办经济开发区的理想地址。

整治工程将不向国家要专项投资，主要以工程用地、用岸线及有关部门、单位用地、用岸线经济纽带，打破条块分割，统筹规划，以改革的精神，走出一条筹集建设资金的新路子。

整个工程完工后，新开辟的天兴洲、白沙洲将建成以出口工业和新兴产业为主体，包括包装运输、部分劳动密集型产业的武汉经济特区。大桥以东，武昌一侧将是综合工业基地，遍布各种专用码头；汉口一侧是商业中心、信息中心和金融中心。阳逻附近，将发展为转运和外贸为主的外港区；谌家矶一带，将成为武汉港的重要锚地和良港，同阳逻港连成一片；汉水沿岸则主要是内河水运码头。

整治工程和沿江经济技术开发区，拟争取实行一系列特殊政策和灵活措施，吸引国外客商前来投资兴建。

可以预见，武汉城市经济体制的全面改革和进一步开放，不仅将使武汉的经济社会面貌焕然一新，也必将有力地促进内地九省乃至全国的经济发展。

（本文系与戴宗合写，原载《咨询研究》1984 年第 39 期）

因地制宜　多头开发　中间开花

(1985年1月)

为了充分发挥武汉中心城市的作用，应该将武汉列为进一步对外开放城市。在四个经济特区、一个海南岛、十四个对外开放城市的基础上，增加一个武汉市。把武汉办成内地的第一个对外开放城市，是基于以下考虑：立足于振兴武汉；立足于搞活长江中游和汉水流域；立足于加快内地建设；立足于为全国谋取最大经济效益。对外开放的最主要目的是引进外资和先进技术、设备，加速现代化。武汉对外开放，则武汉活、上海活、长江活、内地活，将大大加快全国经济建设的步伐，可以赢得十年时间，这是关系到争取时间，较快地克服内地经济、技术和管理落后的状况，实现党的十二大确定的奋斗目标的重大决策，是谋取全国经济效益的大事。其根据是：

一、武汉对外开放，实行"中心开花"，是关系到内地经济建设推迟十年，还是提前十年的问题。武汉在20世纪以来，一度居全国对外贸易的第二位，仅次于上海；近年来，进出口贸易大大落后于上海、天津、广州。武汉的对外出口与所处的出口地理条件不相适应，与湖北省工农业生产在全国所处的地位不相适应。从四个经济特区、一个海南岛、十四个开放城市的经济情况看，其经济速度发展很快，很重要的原因就是实行了对外开放，因而有利于吸引外资，有利于增加外汇收入，有利于引进和学习国外先进技术和经营管理方法。武汉如果不办经济特区，不仅会落在上海、天津、广州、深圳的后面，而且会落在大连、青岛的后面。武汉是否对外开放，不单纯是武汉自身发展的问题，一定要同周围地区的发展联系起来看，如果武汉不列为对外开放城市，使内地落后沿海开放城市起码十年，早动手，缩短差距；晚动手，拉大差距。根据世界各国经济发展的经验，先进技术从沿海辐射到内地，以十年为一个周期，再从内地辐射到边远地区，又要增加十年。根据国际技术转让惯例，从技术转让磋商，到制定有关条款达成协议所需的时间，最短期限是六个月，有的花两三年，国际技术投产一般是五年一个许可证合同周期。最先进技术是否准许"分售许可证"转让给第三方使用，还要得到工业产权所有者的许可。技术转让这么长的转让周期，如果从沿海向内地逐步推移，我国的现代化就要推迟很多年。我们应该走自己的新路子，即采取"因地制宜，多头开发，中间开花"的策略，把武汉开辟为内地第一个对外开放城市，以加快内地经济建设。

沿海开放，武汉更应开放，而且开放的条件有些方面（市场、原料、劳力）比沿海更好。将武汉列为进一步对外开放城市，作为"内地开发中心"，以促进周围各省和西南、西北广大地区的发展，这是缩小沿海与内地差距的一个重要途径，直接关系到黄石、沙市、宜昌、襄阳、十堰、重庆、万县、汉中、安康、湖南、河南以及江西、安徽的一部分地区的发展。从全国看，武汉地处我国内地的中部，水陆空交通方便，地理位置得天独厚，经济基础、科技力量比较发达，在全国"东靠西移，南北对流"当中，武汉处于"承东启西，贯通南北"的地位，沿海开放城市是"扇面辐射"，发射功能小；而武汉是"中心辐射"，国外先进技术通过武汉可以更迅速辐射到华中和西南、西北地区。武汉历史上一直是内地最大的物资集散地，自从去年下半年敞开"三镇"以来，到武汉集散物资的已有28个省、市、自治区，特别是大西北的青海、新疆、内蒙古等地的物资来武汉集散。这说明，武汉对外开放、引进外资、技术以后，扩散物资、资金、技术的能力，可以远及边远地区。

把武汉办成内地第一个对外开放城市，直接可算的经济效益有很多：第一，有利于吸引外资，"武汉对外开放城市"的牌子一经打出，就可以广招徕。特别是利用"汉口"的老商誉，将对国外客商引起极大的震动；"中国内地开放了"、"中国是真心实意地实行对外开放政策"！可以打破国外客商投石问路、徘徊观望的顾虑，将反作

因地制宜　多头开发　中间开花

用于沿海开放城市，大大加快国外客商投资的速度。武汉因有广大经济腹地，又有水陆交通之便，地处内地中心的优势，对外资的吸引力将更大。第二，有利于争取外汇，增加国家外汇的收入总量。增加一个对外开放城市，就是增加一个吸收外汇的渠道。在开放城市里，外资、合资企业支付国产原材料费用、工资、工厂用地租金、后勤服务等费用，都是用外汇支付。如果在武汉开展寄后转口、包装处理、装配制造业务，不仅可以收到寄仓和转运货物的收入，而且可以大搞进料加工，扩大出口，赚取外汇。第三，有利于引进先进技术和企业管理知识，抢时间学到技术和扩散技术。在开放城市投资的外资企业，不论是独资或是合资企业，外方投资者从自身利益出发，一般是派高级经营管理人员来华，必须关心引进新技术、新设备、新产品。每一个外资企业实际上是一个技术训练班。从我国自己的经验看，江苏的芜锡、常州、南通等地的产品为什么打进了先进的上海，其原因之一，就是因为上海的老工人、老技术人员回到了老家，把技术带回了家乡。在"两湖平原"这一大片"湖广熟天下足"的地方，如能从武汉及时扩散技术、输送人才，将是如虎添翼，农村经济的五大支柱：种植业、养殖业、畜牧业、农村家庭副业、乡镇工业都会很快腾飞起来。鄂西二十多个大山区县，地域广阔，资源丰富，历来为土特产品、矿产品出口基地，与武汉有传统的经济贸易关系，更有广阔的合作前途。第四，有利于扩大就业机会，增加群众收入，改善人民生活。除了开放城市内大量吸收劳动力外，在开放城市外还可以大量吸收就业人员。据国外出口加工区的经验，在出口加工区的每三项工作中，至少有一项是在加工区之外进行的，像零部件的转运业务、运输、建筑、服务等第三产业工作，种蔬菜、养鱼，大多是加工区之外的人承担的。深圳市罗湖桥头的渔民村很快富起来，就是因为深圳办了特区。

武汉对外开放，有优越的经济条件，不指望中央拿很多钱，主要是希望中央给政策，因为武汉有三大资本，一是"汉口"的商誉，汉口这个商埠世界皆知，凭汉口这块牌子就可以吸引外资。二是天兴洲"新滩地"的地皮，可以经营房地产。长江河道武汉段经过整治后扩大的土地面积,从江岸区黄浦路到天兴洲,这片"新滩地"有30多平方公里,相当于原武汉市的面积,在繁华的大城市能开辟出这么大面积的土地,别的城市都没有这样优越的条件,有了这样的条件,引进外资就有了地点建设。三是阳逻港,地处农村,可以划出30平方公里建设开发区。阳逻水深港阔,万吨轮船可以停泊,并可直通海洋。阳逻的地皮就是资本。"新滩地"和"阳逻"是理想的经济技术开发区,不仅是长江中游的重要港口,与国外交往比较方便,而且前靠长江,是一道天堑,可以划定一个有明确地域的区域。中央只要给两大政策,并将机场、港口、车站、大桥、邮电建设列入国家计划,为基础设施创造必要的条件,武汉的对外开放工作就可以开展起来。第一,是给前来投资和提供先进技术的外商以优惠待遇,税收低一些,内销市场让一些,使其有利可图。第二,是扩大武汉市的自主权,让武汉市有充分的活力去开展对外经济活动。实际上是对现行经济管理体制,进行若干重要的改革。

二、搞活长江中游和汉水流域,关键在武汉对外开放。武汉对外开放,引进资金、技术和人才,有利于发展长江中游和汉江的"工业走廊",有利于长江中游和汉江的航道开发。利用武汉对外开放,以武汉为依托组建长江中游和汉水流域工业走廊,联通洞庭湖、鄱阳湖的工业圈以及"两湖平原"农业专业化地带,以武汉东湖高技术产业区与之配套,形成我国内地最大的国际经济、贸易、技术贸易、旅游中心,构成为以武汉为中心的长江中游、汉水流域沿岸的工业密集区。这样,长江、汉江货运量将急剧增加,长江、汉江和洞庭湖、鄱阳湖都将沸腾起来。湖北最大的优势在水运,而现在没有充分发挥水运优势,长江和汉江加起来的货运量远远落后于莱茵河。莱茵河是欧洲大河之一,只相当于汉江,而货运量比长江大几倍,其原因就是莱茵河的中下游工业城市密集,在可以通航的886公里的两岸建立了"工业走廊",年货运量近三亿吨,货运量居世界首位。世界经济发展的格局,都是沿江河、沿海分布工业,发展工业与发挥水的优势相辅相成。以内河来讲,中国经济要腾飞,必须以长江沿岸经济发达的上海、武汉、重庆等大城市为中心,组建沿长江干、支流的工业走廊,通过组建长江工业走廊,来促进长江、汉江航道的开发,进一步开发长江、汉江。上海对外开放,主要是有利于长江下游"工业走廊"的形成及其航道的开发;而武汉对外开放,则有利于长江中游和汉江"工业走廊"的形成及其航道的开发,并将带动长江上游"工业走廊"的形成及其航道的开发。仅仅上海对外开放,武汉不对外开放,只能把长江下游搞活,长江中上游仍将是"静静的顿河"。

"长江中游"和"汉江"流域基本上在湖北境内,水深江阔,水势平稳,非常便利航运。内河运输有很多优点,运载能力大,一条江的运载能力,可以抵十多条铁路,而且占地少,经济效益高,内河顶推船队的单位能源消耗为铁路的50%,公路的20%。水运特别适合运大件,运送二三百吨,三四十米长的大件,用驳船装运比较方便。如果武汉对外开放,把武汉组建为内地最大的国际贸易中心,长江中、上游的进出口货物,不经上海中转,既可减轻上海港的货运装卸压力、减轻上海与内地铁路货运压力,减少陆路修建铁路、公路的占地面积,又可以充分利用长江和汉"水"的优势,使长江、汉江活跃起来,让"两条江"沿岸的几亿人富起来。

三、武汉对外开放,武汉上去了,可以推动上海上去,使上海成为亚洲太平洋地区的国际金融中心。上海第一,武汉第二,这是历史,也是将来,只有武汉对外开放,才能形成这种格局。上海与武汉唇齿相依,上海自鸦片战争至新中国成立前的一百多年历史过程中,依靠武汉为内地经济腹地,形成亚洲太平洋地区的主要国际经济贸易中心。新中国成立后,上海在国际市场中的地位衰落,香港取上海地位而代之。香港在20世纪50年代末期,以出口为目标的外销工业发展很快,本地产品出口一举超过转口值,70年代,香港与160多个国家和地区有出口或转口贸易往来关系,逐步形成亚洲太平洋地区的主要国际金融中心。上海与香港的经济实力相比,上海要想超过香港的地位,把上海形成国际金融中心,必须西联武汉和重庆,如果没有武汉这个"内地最大的经济贸易中心"作后盾,上海也不可能成为国际金融中心。如果上海和武汉能上去,不仅能使东南一片地区上去,而且能将长江流域带上去,远比香港的经济地位重要。南方

"四个经济特区"上去,可以富南方一片,而上海和武汉上去,可以带动半个中国富起来。上海要上,必须武汉对外开放,与武汉协同作战,如果各自为战,上海、武汉都上得慢。

从可行性看,国际上在内陆兴办特区的,从最发达的资本主义国家,到第三世界皆有先例。国际上除了在沿海港口大办经济特区,有的叫"自由港",有的叫"自由贸易区",有的叫"出口加工特区"等之外,在内陆兴办特区的有:美国73个自由贸易区,遍布全国30个州。"国际航空站"就设在美国内陆城市芝加哥,它在美国是仅次于纽约的第二大城市,在中北部密执安湖最南端附近、芝加哥河河口。南斯拉夫的贝尔格莱德自由贸易区,就在首都贝尔格莱德。它是南斯拉夫的第一大城市,商业中心,工业中心,主要河港,铁路枢纽,位于南斯拉夫中部偏东的内地,萨瓦河与多瑙河的汇合点。巴西的马瑙斯出口加工区,是巴西西北部城市,旅游业很发达,位于内格罗河同亚马逊河交汇处,水程距海约1600公里,7000吨海轮可沿亚马逊河直达。巴拉圭是南美洲中南部的一个内陆国家,斯特罗斯纳港国际自由贸易区是它的一个河港,位于巴拉圭东南部巴拉那省上巴拉那河的西岸,与大西洋岸的巴拉那瓜港相距千里。根据中共中央办公厅、国务院办公厅批准的武汉市经济体制综合改革试点实施方案:"逐步形成以武汉为中心的开放型的经济区和经济网络。"武汉对国内已经敞开,现在继续发展就是对外开放,把国内市场与国际市场结合起来,建立内地的国际经济贸易、技术贸易、旅游中心。

把武汉开辟为内地对外开放城市,不会影响我国社会主义主权,这一点已为深圳经济特区的试点所证明。现在武汉列为对外开放城市,与旧中国的租界有着根本的区别。旧中国的租界,统治权完全属于外国人,是"国中之国"。现在,武汉对外开放,是在中国共产党领导之下,我国政府在这里完全行使主权,一切外国人在政治上没有特权,这和丧权辱国的租界完全是两回事。邓小平同志谈"一个国家,两种制度"时指出:"中国采取开放政策,允许一些资本主义进入,这是作为社会主义发展的补充,有利于社会主义的生产力发展。比如外资到上海去,不是整个上海都实行资本主义制度。深圳也不是，这是实行社会主义制度。"① 将武汉办成对外开放城市，是在中共湖北省委和武汉市委直接领导下进行，有党的领导，不会偏离社会主义方向，并将会加快社会主义经济建设的步伐，对内地的开发，在资金、技术、人才方面带来好处，缩小沿海与内地的差距。

设置武汉对外开放城市的模式是：以优势工业为基础，狠抓"两通"和"第三产业"，带动工农业起飞，以内地广大农村经济为后盾，成为内地最大的国际经济、贸易、技术贸易、旅游中心，以出口为主，兼顾内销，向内扩散技术、资金、人才的多功能的对外开放城市。享受沿海开放城市待遇，以利于对外开放工作的开展。武汉开放城市的内部结构将是：设置两个经济技术开发区（简称开发区）、一个国际航空中心站（简称国际机场），一个东湖技术密集小区（简称技术贸易基地区），其余为武汉市区（简称老市区）。

一、划定两个有明确地域的区域，兴办新的经济技术开发区。一个是阳逻港，作为前期"开发区"，一个是天兴洲"新滩地"，作为后期"开发区"，以后这两个开发区将联成一片，成为武汉港的重要锚地和良港，发展为以转运和外贸为主的外港区。在这里，集中兴办中外合资、合作、外商独资企业，发展合作生产、合作研究设计，开发新技术，研制高档商品，增加出口收汇，向内地提供新型材料和关键零部件，传播新工艺、新技术和科学的管理经验。

二、建立国际航空中心站，地点：丰荷，位于黄陂滠口附近，紧靠铁路，离武汉市区14公里，交通方便，以开展航空贸易和旅游业务为主，建立直通香港、东南亚、日本等的"空中走廊"。打通武汉至厦门、武汉至青岛的航班，发展武汉至上海、广州、深圳、重庆、昆明、西安、新疆、内蒙古、大连的航班，客运和鲜活商品主要靠航空联结，逐步将长江中游和汉江流域发展成为一个旅游片，上至长江上游、下至九江庐山，联合起来，开发旅游资源。还要修建两条高速公路与国际航空中心站配套，一条是武汉→北京，一条是武汉→广州

---

① 《瞭望》杂志，1984年第42期。

→深圳→香港,一条高速公路的货运量,相当于五条铁路货运量,用以发展武汉、湖北、华中各地与北京、广州、深圳、香港之间的商品交流。

三、建立武汉市东湖技术密集小区,以我方为主,注意技术保密,吸收外资合营、合作经营、生产,形成技术贸易基地区。技术贸易市场设在"开发区",以便集中谈判技术贸易。技术贸易生产基地设在东湖。因为东湖条件优越,全国少有,在东湖南岸——南湖周围四十多平方公里的土地上,风景优美,交通便利,知识、技术密集的程度,在国内仅次于北京中关村。这里,聚集了19所高等院校、54个科研设计单位,还有机械、仪表、电子、化工、医药、轻工等产业的75个企业,集中组成关山、中北路、石牌岭三个工业区。在这里,研究、设计、生产制造可以配套,是理想的技术贸易基地区。

四、武汉市老市区,武汉长江大桥以上,两岸港区密布,成为沟通全国水系及陆路的现代化内河作业区;武汉长江大桥以下,武昌一侧将是综合工业基地,遍布各工厂的专业码头;汉口一侧是商业中心,设置金融、贸易、交通、邮电、信息、咨询、资信、评审、技术贸易、旅游、广告等大型企业。武汉市老市区,已经形成冶金、机械、纺织为主,轻工、化工、电子、建材综合发展的工业基地。通过现有企业革新、改造、重新组织联合,采取选择优势行业"择优发展"的方针,形成新的生产能力。除了原有"拳头"产品,还要利用现有企业的基础,引进一些新工艺、新技术,更新若干关键设备,增加生产能力,提高产品质量,提高经济效益外,对于武汉老市区中外合资项目的选择,以武汉现有工业基础的优势、资源优势、技术优势为基础,以未来市场需求优势为目标,重点发展优势行业:1. 以武钢为基础,发展钢铁行业。2. 以武钢、武汽和武汉机械行业为基础,发展轻型、微型汽车工业和造船工业。3. 以纺织业为基础发展纺织和服装系统配套工业。4. 以内地农业原料为基础,发展食品工业。5. 以综合工业和综合技术为基础,发展食品包装工业。为了解决武汉地区财政困难,当前重点突破两个"用钱少、见效快、利润大"的行业,一个食品包装业,一个服装工业(重点发展西装和中式时装),以"曲线出口"带动"直线出口",以食品包装带动食品出口,以服装带动纺织品出口。

(本文系与肖国金合写)

关于制定以武汉为依托的湖北省经济发展战略的一些设想

(1984年4月)

一、如何实现我省的战略奋斗目标

关广富同志在中共湖北省委第四次代表大会上所作的报告中提出我省的战略奋斗目标是：从1981年到2000年，在大大提高经济效益的前提下，确保我省国民收入和工农业年总产值翻两番，并力争超过全国的平均速度。这是大家所拥护的。如何实现这样的目标？这就要根据我省的特点和优势，有目的有计划地制订出一套战略方案来，以便在相当长的时期内能够充分、有效地利用我省的资源、人力、财力和物力为国民经济提供最大的经济效益，为实现"四化"作出最大的贡献。如果这样，以上的战略目标就不难实现，而且一定会大大超过。为此，提出一些不成熟的想法，以供领导和代表们参考。

二、我省的经济特点和优势

1. 我省省会所在地武汉市具有潜在优势可以发展成为华中地区甚至全国内地最大的经济中心。武汉市的主要特点和优势有：

(1) 武汉地理位置适中，长江横贯东西，京广铁路纵穿南北，水陆空四通八达，是我国内地最大的交通运输中心，也是联系内地和沿海的枢纽，正处于全国发展战略"东靠西移，南北对流"的十字中心点。历史上早有"九省通衢"之称。现在则可通往我国四方边陲。

(2) 历史上早就是我国内地最大的贸易中心，不仅是内地农副产品和工业产品的集散地，也曾经是我国对外贸易仅次于上海的重要港口。

（3）工业方面拥有雄厚的物质技术基础，已经形成了以钢铁、机械、纺织为主，轻工、化工、电子、建材具有一定水平，门类比较齐全的综合性的工业基础，在全国25个大中城市中，工农业产值居第四位。

（4）高等学校，科研、设计机构比较集中，专业比较齐全，智力基础雄厚。现有高等学校近30所，科研单位130多所，高教科技力量居全国第三位。

这些优势如果能够充分发挥，不难使武汉成为"内联华中、外通海洋"的我国内地最大的经济贸易中心（含交通运输中心，内地贸易中心，对外经济贸易中心，工业基地，农副产品集散中心，金融中心，旅游中心，科技教育中心以及信息、咨询和管理服务中心等）。"近水楼台先得月"，如果武汉搞上去，将会对湖北省的经济发展起着极大的促进作用。

2. 交通运输发达，水的资源丰富。武汉已是全国水、陆、空的交通运输中心。再就全省来说，铁路方面除京广线外，尚有焦枝、汉丹、襄渝、武（汉）大（大冶）、安（陆）卫（家店）以及铁山至灵乡等线，全长约2 000公里。公路在省境内四通八达，已经形成稠密网络，通车里程近50 000公里，不仅全省70多个县可以通车，而且可通皖、豫、川、湘、赣诸省。水运除以金色长江航道和汉水为主干外，尚有大小河流1 195条（其中可通航的达214条），大小湖泊600多个，均为全国之冠。水运成本最廉，运输量大，应该大力发展。水的资源不仅是水运，而且可以开发水电，水产和水利。如充分利用，可以创造大量财富，对促进经济发展大有好处。

3. 山区平原，物产丰饶。湖北西部、北部、东部为山区和丘陵地带，占全省面积约56%，其余主要为江汉平原区域。江汉平原是全国著名的粮棉产地之一，水产也很丰富，仅鱼类已发现的有130多种，素有"鱼米之乡"之称。山区和丘陵地带不仅林业资源丰富（西部原始森林面积有242万亩），而且土特产也很多，如苎麻、柑橘、银耳、桐油、黑木耳、香菇、五倍子、茯苓、茶叶、兽皮、生丝、药材等在国内外都有一定声誉。全省宜做牧场的草山有600万亩，不仅可以大量饲养猪、牛、羊、禽，还可饲养兔、蜂和其他牲畜等。此外，矿产资源也很丰富，铁矿储量很大，石膏产量为全国第一，还有金、银、铜、钴、钼、石英石、石墨、大理石、岩盐等。仅黄石市就发现矿产4类38种，还发现了煤矿27处。此外，湖北省的风景名胜很多，旅游资源也很丰富。这些资源如果得到有效开发，将提供大量就业机会，为社会增加很大财富，为国家作出很大贡献。

4. 有不少中等城市在有关地区起着经济文化的枢纽作用，如黄石、宜昌、沙市、襄樊、十堰市等。这些城市在工业、商业、交通、运输和高教科技力量等方面都已具有一定基础，而且各有所长。如黄石市在原材料等重工业方面拥有绝对优势，沙市以轻工业见长，襄樊为西北交通枢纽，汉水上游物资集散地，十堰为汽车工业基地，宜昌水电、矿产、土特产、旅游四大资源都很丰富等。将来在以武汉为中心的大华中经济区内，由黄石、宜昌、襄樊、沙市等中等城市为依托的经济区形成二级经济区，围绕在武汉周围，形成"众星拱月"之势，将会大大促进全省的城乡交流和工农业的发展。

5. 水电能源丰富。湖北省由于水源充足，发电潜力很大，仅西部一带可开发的电力资源就有2000万千瓦，其中葛洲坝1000万千瓦，丹江150万千瓦，清江250万千瓦。现在各种产业的开发都要用电，特别是工业。有了丰富的水电能源，对全省的经济发展将大有好处。

6. 全国重点建设地区之一。基建投资居全国第三位，因而工农业都有较好的物质技术基础，特别是已经形成了一大批骨干企业，为进一步发展全省经济提供了必要条件。

当然，也还存在着一些制约因素，如自然灾害威胁大，农业生产不稳定，缺乏煤炭、石油等燃料和原料，而且企业素质、技术和管理水平都比较落后等。有些缺点和劣势是自然条件和历史条件形成的，不能也不必要去克服，因为全国一盘棋，各个地区优势不同，应有侧重和分工，不宜形成封闭式的自给自足的经济体系。但有些缺点和劣势是必须克服的,如企业素质,技术和管理水平落后等。应该扬长避短,发挥优势,努力克服必须克服的缺点,全省经济才能迅速搞上去。

三、关于实现我省战略奋斗目标的设想

根据以上分析的特点和优势,要实现我省的战略目标,应该以武汉为依托,以中等城市为枢纽,以"两通"为两翼起飞,奏一曲"工农齐上、山水平原共鸣"的交响乐。

四、需要说明的几个问题

1. 为什么要以武汉为依托?——武汉不仅有条件形成全省的最大经济中心,也有条件建成我国内地的最大经济中心,它的辐射面可面向全省,也可面向全国,可以说是全国的心脏。如果成为对外的港口城市,还可直通海洋,面向国外市场。建成以武汉为核心,以中等城市为枢纽的经济网络,不仅对全国有好处,首先对湖北省有好处:(1)广大农村的农副产品和其他产品可以通过武汉运输到本省和全国各地,有的还可远销外洋。(2)农村所需要的生产资料和生活资料可以通过武汉得到充分供应。(3)武汉和其他中小城市所需要的农业原材料和来自农村的生活资料(如主副食品)等可以得到充分及时的供应,它们的产品可以畅销到农村和其他地方去。(4)可以利用武汉市生产设备和科技力量帮助中等城市和乡镇事业及农业进行技术改造。(5)本省可以外销其他各省或外国的物资可以通过武汉转运出去。本省所需要的外省物资或外国的技术设备也可通过武汉引进来。(6)可以促进本省其他非工农行业的发展,即第三产业的发展。总之,以武汉为依托,可以大大促进本省的城乡交流和商品生产的大发展。这样,人民富强了,全省财政收入也可大为增加。资金积累多了,又可用于扩大再生产。鸡肥蛋多,蛋多鸡多,将形成一个良性循环。

2. 为什么要强调"两通"起飞?所谓"两通",就是广义的"交通"(含运输、邮政、电信等)和"流通"(含物流、商流、钱

流和信息流)。它们既是形成以中心城市为依托的经济区不可缺少的必要条件,也是大力发展商品生产,活跃城市交流的必要条件。中心城市是对于它所联系的地区或辐射面而言。没有它的辐射面,就无所谓中心,没有中心,这个地区就是一盘散沙。中心和其所联系的地区必然要有一定的纽带。地区各点之间也要有一定的纽带,这样才能形成以中心城市为依托的经济网络,否则,商品、物资、信息和货币在中心城市和地区之间就流动不起来,而这种纽带只能靠交通和商业。前者提供流通的渠道,后者提供流通的组织者,两者缺一不可。中心城市好比一个地区的心脏,心脏的作用是掌管人身的血液循环,交通运输条件就是血管,商品流通就是血液循环。没有血管和血液流通,心脏发挥不了作用。没有"两通",中心城市也发挥不了经济中心的作用。

再就商品生产来说,商品是为交换而生产的产品,它要通过流通环节才能到达使用者的手中,也要通过流通环节才能实现它的价值。如果一个企业,它所需要原材料买不进来,它的再生产就会停顿,如果它的产品卖不出去,产品价值就不能实现,没有资金购买原材料和付工资,它的再生产也无法进行,因此,马克思把商品能否出卖看成是"致命的飞跃"。现在农村商品生产正在迅速发展,但普遍出现"买难"、"卖难"的现象。主要原因之一就是"两通"不畅。因此,加强"两通"开发,应该当作发展商品生产、活跃城乡交流的一项重大战略措施。就全国来说,应该如此,就全省来说,也应该如此。

3. 为什么要来一个"工农齐上、山水平原共鸣"的交响乐?一般来说,在领导方法上,人们往往强调"抓重点"、"要分清主次先后"。这是指在物力、人力、财力有限的情况下,各种事业都要办时,往往发生矛盾,这就不能不有所选择。但若过分强调重点和先后,又容易发生比例失调、经济不平衡的现象,或者说,应该可以得到发展的企事业得不到发展。根据以上所提出的战略设想,固然也需要搞一些重点投资项目,如交通运输方面的设施和资源的重点开发等,但这并不影响其他方面的发展。如等待重点先行,而其他可以动的不动,反而会造成人力、财力和物力的浪费,或使人力、物力、财力不能得到充分利用，并造成经济发展的不协调、不平衡现象。不同的部门、不同的行业、有不同的资源，不同的人力、物力、财力。如果组织得好，不仅不会发生矛盾，而且可以起着相互促进作用。如农业的发展需要工业提供更多的生产资料和生活资料，工业的发展也需要农业提供更多的农业资料和市场。组织社会化的大生产就要像指挥交响乐队那样弹琴的弹琴、拉弦的拉弦、击铎的击铎、敲锣的敲锣……各有其责，但要配合得好，协调得好，有时你弹我打，有时他打我拉，不一定机械地要谁先谁后。我们强调"两通"起飞，是因为过去太不重视了，现在是为工农业发展开路，不是不要工业农业发展。工农业的技术改造，改善经营管理，提高产品质量，进行新产品的开发等，完全可以同步进行，而且必须同步进行。有了广阔畅通的流通渠道，没有商品也是不行的。因此，各行各业必须同步进行。这样才能使全国经济得到大大的发展。

五、根据以上设想，应该采取哪些措施

对于这个问题需要进行深入的研究才能作出回答。初步设想有下列几点似应优先考虑。

1. 大力扶持武汉，积极为它创造条件，使武汉早日成为"内联华中、外通海洋"的多种功能的经济中心。

2. 要大力发展城乡之间和农村地区之间的交通运输和邮电事业，要以大中城市为枢纽，建成水陆交通和大小公路的网络，充分利用水运，要使公路网点能深入到边远山区。同时还要把交通运输的有关环节，如仓储、保管、码头、港口等设施搞好。还要加强信息的传播。

3. 要放宽政策、疏通流通渠道，改革商品流通体制。要改变那种机构重叠，层次多、环节多、人为障碍多和批零网点少、流通渠道少以及商品流向不合理的状况，建立起以国营商业为主导的、多种经济形式、多种经营形式、多种渠道并存的少环节、开放式的流通体制。特别对价格政策要逐步放开，要改革商业批发体制，要办好供销合作社。

"两通"是联系生产和消费之间、城乡之间、工业和农业之间、地区之间、国内和国外之间的桥梁和纽带。搞好"两通"可以使货畅其流,将会对工农各业的发展起着有力的促进作用,也将有助于实现地尽其利、物尽其用、人尽其才。

4. 要搞好市管县,按照各中等城市的特点发挥它们在有关地区领导和组织商品生产和流通以及促进城乡交流中的枢纽作用。

5. 要整顿工业、加速工业的改革步伐,要在扩大企业的自主权和建立生产责任制的基础上,改善企业的经营管理和进行技术改造,要改变吃"大锅饭"和平均主义的状况,要在兼顾国家、企业、生产者和消费者四方面的利益的基础上不断提高经济效益,要加强出口外销业务,积极引进外资、加强技术改造。特别要大力发展在技术革新中起关键作用的行业。要充分发挥智力库在改进企业经营管理和进行技术改造中的参谋咨询作用。

6. 除继续重视粮棉生产外,要鼓励多种经营,大力发展林、牧、副、渔和乡镇工商业,要狠抓山区开发和水产开发,要大力发展各类服务行业和旅游事业。随着农村生产力的提高,每年都有大批劳动力从粮食生产中解放出来,必须想方设法广开就业门路。

7. 以武汉为中心,中等城市为枢纽,建立起金融网络。使金融工作可以在引导商品生产方向、调剂资金余缺、提供灵通信息、为产销穿针引线、促进商品交换和物资流通、监督资金使用、增加资金积累、促成资源合理分配方面起作重要作用。

8. 要充分利用武汉和其他中等城市的智力优势,大力开发智力,促进干部四化,并要加强智力投资,大力发展城镇农村的文化教育事业,要使广大农民的文化知识水平不断提高,否则要实现四化是很困难的。

以上不一定正确,仅供大家参考。

(1984年4月列席湖北省人大六届二次会议的发言提纲)

关于进一步把湖北经济搞上去的几点意见
——在湖北省政协五届三次会议上的发言

(1985年2月)

为了进一步把湖北经济搞上去,我想借此机会,谈几点意见。

一、要进一步支持武汉,把它及早建成"内联华中,外通海洋"的经济中心。武汉素有"九省通衢"之称。它既是湖北政治、文化、商业的中心,也是全国交通运输的中心。把武汉经济搞上去了,便可以带动武汉地区、湖北地区和内地各省经济的全面发展。因此,希望省委、省政府进一步支持武汉,为武汉市的发展创造条件,及早地把它建成一个"内联华中、外通海洋"的经济中心。

二、要大力发展"两通"。近三年来,中央的几个一号文件下达后,农村形势发展很快,出现了很多买难卖难的问题。这就迫切地需要我们发展和加强交通和流通。"交通"是联系城乡、内外经济的桥梁和纽带。因此,首先,要大力发展公路、水路运输,特别是水路运输,因为湖北是"千湖之省",水路运输潜力很大。机动车辆发展要以轻便小型为主,便于乡村运输。其次,要大力发展铁路客运和货运。再次,要大力发展邮电事业,使各种信息能够迅速传递。总之,要把城乡之间,地区之间建成一个水陆交通和大小公路配套的网络。

三、要大力发展能源。长江横贯湖北全省,这是个得天独厚的水资源,我们要很好地利用它搞大水电。湖北水资源十分丰富,还可以搞些小水电。同时,还可搞些风能发电、太阳能、沼气。

四、从微观上把企业搞活,从宏观上加强对企业的管理。首先,要特别选好企业的领导班子,要把那些真正符合"四化"条件,德才兼备,大公无私的优秀人才选拔到领导班子上来。其次,要加强对服务行业人员的职业道德教育。提高服务质量,改变城市脏、乱、差的局面。再次,要赏罚分明。自古名将带兵打仗,是有令必行,曹操割发代首,诸葛亮挥泪斩马谡等皆是如此。格里西洋厂长治厂的经验也是有令必行,不讲情面,重在"严"字。

五、要发挥智力优势,搞好基础教育,搞"四化",人才很重要。人才哪里来,从学校培养。但是,现在中小学师资力量很薄弱,教学条件也很差。因此,要多投资金,尽可能快地提高中小学教师的水平,改善他们居住条件和工作条件,把基础教育搞上去。

六、要尽快治理东湖环境污染。现在,东湖污染十分严重,然而,东湖周围的一些居民和大专院校的教职工长期吃着东湖水,对身体健康影响很大,一致强烈呼吁:要立即治理东湖环境污染。在没有治理好以前,要求改吃长江水。

七、可以发点公债。为了建设需要,国家发行一些国库券是应该的。美国那么富裕,也发公债。为了我省建设,在资金不足的情况下,也可发点公债。

(原载《湖北省民建、工商联会讯》1985 年第 3 期)

"加强两通开发"在实现湖北省经济发展战略中的重要作用

(1985年2月)

党的十二届三中全会《关于经济体制改革的决定》的公布，为制定湖北省经济发展战略指明了方向。我们要加深两个重大理论突破的认识："是在公有制基础上的有计划的商品经济"，以全民所有制经济为主导力量，"坚持多种经济形式和经营方式的共同发展，是我们的长期方针"。在搞活企业、搞活流通、搞活经济上面做文章，大力促进商品生产，满足人民需要。搞活企业是经济体制改革的中心环节，搞活流通是搞活企业的客观条件，搞活经济是着眼点。只有经济搞活了，才能够实现社会再生产的良性循环，实现国民经济高速度发展，提高经济效益，给人民带来更多的实惠。要做到三个"搞活"，必须按照决定精神继续解放思想，肃清"左"的影响，继续调整政策。

三个"搞活"与"两通"关系密切，企业要搞活，经济要搞活，一要搞好交通，二要搞活流通。交通搞活了，产品才运得出去，需要的商品才运得进来。流通疏通了，产品才能变成商品，商品价值才能实现，才能使湖北富起来，变贫穷为富裕。

广义的"两通"，包括商品流通、物资流通、技术贸易、信息流通、金融流通、邮政电信、交通运输等。"两通"是联系生产与消费、工业与农业、城市与乡村、本省与外省、国内与国际之间的桥梁和纽带。商品流通是血液循环，交通是血管，抓交通促流通，抓"两通"促生产。薛暮桥同志在《振兴上海经济的战略方针》中指出：上海要完成翻两番的任务，必须要大力发展新兴工业，发展第三产业。他说,"我理解第三产业主要是金融、贸易、交通、信息等行业,"薛暮桥同志讲的第三产业,与广义"两通"内容基本上接近。上海已经认识到振兴上海,要发展包括"两通"在内的第三产业。湖北要振兴,也要发展"两通"。

发展商品经济需要两个条件,一是各个企业必须是相对独立的经济实体,企业必须有活力;二是要有发达的社会分工体系。第二个条件的具备有赖于"两通"的迅速发展。历史上,第三次社会大分工使社会上出现了一个不从事生产、只从事商品交换的商人,从而使商品生产和商品交换进一步发展。现在,"两通"的发展,既是现代化社会大生产和社会分工的完善过程,也是商品经济的发展过程。批发与零售商业的发展,可以有效地扩大商品交换。信息、广告业的发展,有利于加快传递市场信息,促进商品流通。咨询业的发展,有助于企业正确决定投资方向,改善经营管理,提高经济效益。银行、保险业的发展,可以为企业发展商品生产,融通资金,分散风险。

搞活企业,搞活流通,搞活经济是我国"对外开放,对内搞活经济"方针的具体体现。实现这一方针和三个"搞活"的做法,近六年来的经济实验,证明路子走对了。正如赵紫阳总理指出:"现在我们的政策有了稳定的可能。这首先是来源于人民的拥护,因为人民从中获得了利益;第二是多年实践的选择,因此它具有深厚的群众基础。它不是以任何人的主观意志为转移的。"过去在"左"的思想影响下,在长期商品匮乏的条件下,形成了一种观念:人们往往过分强调生产而忽视交通和流通,使"两通"成为再生产过程中的薄弱环节,以致影响生产发展。现在还有人认为不应强调"两通",把"加强两通"与"生产是根本"两个观点对立起来。正如列夫·托尔斯泰指出:"认识真理的主要障碍不是谬误,而是似是而非的真理。"谁都知道:生产的重要性是人人皆知的真理,人类如果不从事生产活动,不生产出吃的、穿的、用的各种物质资料满足人们的需要,人类本身便无法生存,这是常识。经过三十多年社会主义经济建设的实践,摆在面前的问题是怎样抓生产?讲"两通",不是不重视生产,而是如何抓生产!抓中间,带两头(是抓流通带生产、带消费),还是就生产抓生产，怎样抓生产才能实现社会再生产的良性循环？社会再生产过程作为一个循环过程，按马克思的表述是两个流通过程，一个生产过程，即

生产资料供应（供）（流通过程）→生产过程（产）→产品销售（销）（流通过程）。在社会再生产过程中，流通过程占了三分之二的重要地位。要搞活企业，搞活社会再生产，非抓流通这个"大头"不可。美国工厂管理，在资本主义商品生产初级阶段，是管生产的厂长当家，进入商品高度发展阶段，是管销售业务的厂长当家。南斯拉夫的农工商联合企业，就是"以供销为中心"组织生产，中间就有一个"商"字。日本的全农总，相当于我国的供销合作社也是"以供销为中心"组织生产。新中国成立初期，供销合作社就是"以供销为中心"组织生产。

　　流通是以货币为媒介的商品交换。在商品经济条件下，流通是社会再生产过程的重要阶段，它把生产和由生产决定的分配同消费联系起来，成为生产和消费之间必不可少的中产环节。流通的出现，是商品交换进一步发展的结果，流通把交换过程分解为卖和买两个独立的行为，发生买和卖在时间和空间的背离；在社会大生产的条件下，流通又把买和卖联结起来，成为生产和消费在时间和空间上联系的桥梁和纽带。有社会分工，就会有交换；有社会化大生产，就会有流通。社会化大生产使流通与生产成为同等重要的问题。恩格斯说："生产以及随生产而来的产品交换是一切社会制度的基础。"生产社会化的发展，一方面表现为企业规模的扩大，产生企业内部联系的问题，另一方面表现为社会分工的发展，产生流通联系的问题。千万个企业通过交换各自生产的产品而发生经济联系，通过流通而结成为一个有机整体，组成为社会经济。

　　我国随着商品生产的发展，已经到处发生"卖难"、"买难"、"行路难"、"运输难"等现象，几乎有目共睹，却偏偏有人视而不见，仍然片面强调生产，不禁使人想到宋朝程朱理学的问题，当时以空谈程朱理学为光荣，以研究实务为耻辱，结果使宋朝经济长期不振。邓小平同志指出："科学社会主义是在实际斗争中发展着。我们

当然不会由科学的社会主义退回到空想的社会主义,也不会让马克思主义停留在几十年或一百多年前的个别论断水平上。"社会主义的发展历史表明,科学社会主义的理论应该随着历史的发展而发展。

关于是否应该重视流通的争论并不是什么新鲜问题。孙冶方同志早就对"无流通论"、"自然经济论"、"斯大林模式的形成"作过深刻的分析和评论,在理论上讲得很清楚了。中国的"两通"比印度还落后。我国第三产业的就业人员仅占就业人口的15%左右,在国民生产总值中比重约占20%,印度第三产业的就业人员占整个就业人口的20%,在国民生产总值中的比重达到40%。我国的"两通"必须发展,社会主义必须重视经商,这是因为:第一,现代企业的生产,并不是满足自身的需要,而是面向社会,面向全世界。市场与商业活动,决定着企业的兴衰。第二,商业活动是从横向沟通企业与企业、行业与行业、地区与地区、国家与国家之间的产品和信息的交换和交流。第三,在"左"的影响下,过去忽视"两通",现在需要补课。"两通"上去,才能使货畅其流,物尽其用,地尽其利,人尽其才。

一、从宏观指挥的"决策"选择必须抓"两通"

从宏观的指挥上,是采取各自为战,还是协同作战的方案?湖北的经济优势主要有:拥有江汉平原——是粮、棉、猪、蛋产区;拥有大量湖泊——是全国著名的淡水鱼区;拥有大片山区——土特产丰富,历来为出口的主要物资;拥有以武汉为首的大中城市——为全省奠定了工业基础;交通发达,水运条件优越,有以武汉为中心的"九省通衢",北有华北、华中陆路交通要冲的襄阳,西有焦枝、枝柳铁路交会的枝城;还有沙市、宜昌等中等明星城市;等等。湖北省的这许多优势如何发挥?是采取择优发展,各自为战,发展成为:江汉平原农副产品经济区,大片山区土特产经济区,武汉、黄石、十堰、襄樊、沙市、宜昌独立体系的工业经济区,武汉、襄樊、枝城三足鼎立的三个交通枢纽经济区?还是根据各个地区的优势,以武汉为中心,面向全国,面向世界,内联华中,外通海洋,在统一的经济战略意图和计划下,各个经济区之间和各个部门之间,密切配合,农林牧副渔紧密结合,工农商交紧密结合,采取相互支援的行动,在发展经济战略思想上的统一,在利益上的均沾,在指挥上的协同作战?哪一种经济战略方针最能够把湖北省的经济尽快搞上去?两个方针比较,似应以协同作战为上策。为什么?因为随着经济体制的改革,实行有计划的商品经济,市场出现了竞争,封闭型经济的老一套办法不行了,产品要找销路,用户有选购的自由,适销对路、价廉物美的产品才吃得开。怎么办?竞争必然趋向联合,只有组织跨地区、跨部门、跨行业的联合,才能扬长避短,发挥各个经济单位的优势,提高经济效果。要发展各个地区、各个部门、各个企业的联合,必须加强"两通",发展各种经济形式的商业,发展全社会的商业,不仅发展纯粹商业,而且要发展工业部门的商业、农业部门的商业,沟通供销,沟通商品信息,推动商品生产发展,形成城乡互助、内外交流的格局。发挥湖北经济优势,对内搞活经济,对外开放,都需要"两通"先行,加强"两通"基础设施,如交通、电信、码头、仓库、能源、客商旅居生产条件,要求交通四通八达,电信畅通,商品渠道畅通,金融调度灵活,如果不从总体上以"两通"为桥梁和纽带来考虑战略方针,而是从各个经济区来考虑制度战略规划,即使这个经济区的优势再大,也只能把一个点搞富起来,而不能富一片。

二、按大市场观念组织商品生产,就要大力发展城乡、地区、省内外、国内外之间的"两通"

按照市场需要发展商品生产,其重要性已逐渐为人们认识。但是,按多大规模的市场需要来组织生产呢?是按照"小市场"组织商品生产,还是按照"大市场"组织商品生产?哪一种方案,对湖北经济发展最为有利?

所谓小市场是指地方市场、各个经济区小市场、以县为单位的市场,以及乡镇市场。所谓大市场,就是以经济发达的武汉为中心,带动全省的中小城市,再以中小城市和小城镇带动农村,按照社会化大生产的要求,在发挥各自优势的基础上,统一组织生产和流通,逐步形成以城市为依托的各种规模、各种类型、多层次的经济区和经济网，真正做到既分工，又协作，形成有机联系的整体。

　　就这两个方案比较，按小市场的市场需要来规划发展商品生产，起点低，发展前途小；按大市场的市场需要来发展商品生产，起点高，发展前途大。制订湖北经济发展规划，要着眼于大市场，以大市场需要来考虑发展前途。鄂西大山区要靠当地粮食做到自给要付出相当大的代价，以利川县汪营区齐岳山而论，当地群众说："齐岳山上雾腾腾，一阵冷风吹死人，过路罩子天天有，柴如煤草水如油。"像这样的大山区，亩产包谷一般只八十多斤，山上种粮食显然不合算。如果瞄准大市场大力发展多种经营，大力发展两通（交通和流通），运多种经营的产品出山，运粮食进山，很快会使山区农民富起来，神农架有十个农民办了一个小厂，用香菊提炼香精，一年收入三十万元，即使拿一万元从平原地区换粮食回去吃也是划算的。山区的根本问题是按照大市场需要发展多种经营。江汉平原的粮产区也是要按大市场的需要发展粮食生产，面向市场，以优质取胜，印度的优质米一斤一元二角，一斤优质米相当于八斤普通米价，如按国际市场需要，生产优质米出口，串换小麦进口，对我国大为有利，因为国际市场价格，稻谷比小麦贵，而我国是小麦比稻谷贵。小农业要跳到大农业，大农业要跳到大经济，必须要按大市场的需要来发展商品生产。

　　如果是按照大市场的需要来制订发展规划，在战略方针上就应该采取加强"两通"，大力发展商品生产，大力发展城乡互助、内外交流的方针。不仅是国内交流外叫内外交流，山区和平原也叫内外交流，把眼光放在大市场的需要上，对"两通"的问题就可以想通了。马克思在论述两个部类之间的交换，I（v＋m）与 Ic 相交换，I（v＋m）则以消费资料的形式存在，能否相交换，"这个要素却存在 Ic 中"而 I 部类内部的交换，Ia（必要生活资料）和 Ib（奢侈品）则取决于 Ia。如果 Ia 不足，可以发展 Ib 出口，换回 Ia，或者用 I 部类的产品出口换回 Ia，"在两个场合，对外贸易都能起补救作用"。山区对平原、省内对省外、国内对国外，着眼于大市场的需要，都要重视对外贸易的"补救作用"。

三、发展"两通"是促进农村由自给性生产向商品经济转化的需要

湖北省农村经济经过改革已获得初步胜利，连续几年取得丰收，主要农产品的产量、多种经营收入、乡镇企业产值都进入了历史最高水平，百业升腾，经济活跃。但是，与先进省比较，与"翻两番"的要求比较，则湖北省农村经济存在三个问题：多种经营落后；山区经济发展缓慢；乡镇企业基础差、产值低。1983年全国农民人均收入三百零九元八角，湖北农民人均只有二百九十九元二角。大好江汉平原，"湖广熟，天下足"，这么好的地方把农民的收入抓上去是很有条件的。如何治穷，关键在于发展商品生产，同时要加强"两通"，才能把产品送到遥远的地方，才能增值。一斤柑橘在产地不过三角，到了武汉变成六、七角，送到青海、宁夏则值钱更多。"无农不稳，无工不富，无商不活"，这反映了农村经济发展的辩证关系。

发展农村经济五大支柱：粮食、多种经营、社员家庭工业、乡镇企业、地方工业，都要以"两通"为条件，"在这里，出售商品的数量，成为决定性的事情"。发展农村商品经济，实现"两个掉头"、"三个转化"，农工商三个字是紧密相联的。农村内部实现"两个掉头"：把种植业"大头"变"小头"，把多种经营"小头"变"大头"；工业由"小头"变"大头"，农业由"大头"变"小头"，才能使农村的产业结构发生根本性变化。要使农村产业结构发生变化，必须实现"三个转化"：使农村由自给、半自给性经济向商品经济转化，使乡镇企业由面向农村自给性生产，转向面向全国、面向世界转化；使乡镇商业由封闭式、分配型流通体制，转向开放式、经营型流通体制。应该看到当地产品销当地只是扩大了的自给性经济，当地购买力是有限的，将产品送到外地就值钱了。江汉平原种藕，产地每斤值一角多，武汉不过两角，送到北京值四角多。

农工商要重视"商"，这是返富于农民的重要途径。因为工农产品在价格上的剪刀差，将是一个长期存在的问题，即使历史上的剪刀差缩小了，还会由于工农业生产发展速度的不同，价格管理上的原

因，发生新的剪刀差。历年来，国家征收农业税是很少的，农民上交给国家的贡献大部分来自工农价格的差别，农民"上交"利润的渠道，主要是通过国营商业经营工农产品实现的商品价格。如果，粮食由农民精加工、深加工，由农民实现粮肉转化、粮蛋转化、粮奶转化、粮禽转化、粮鱼转化，并由农民用各种形式参与商品流通，工农剪刀差就有可能使一部返富于农民。

逐步缩小剪刀差，是一切在比较落后的经济基础上建设社会主义的国家，为巩固工农联盟，发展工农业生产所必须解决的一个重要政策问题。过去，我们采取提高农产品收购价格稳定工农产品销售价格的政策，特别是党的十一届三中全会以来，国家大幅度提高了农产品收购价格，对缩小工农剪刀差起了很大作用，但有后遗症——购销价格倒挂，财政负担过重。如果由农民参与商品流通，既可减少购销价格倒挂带来的问题，又可以使一部分工农差价返富于农民，是比较可取的政策，为了返富于农民，必须大力发展农商分工结合的多种组织形式，这些形式是：农商各自独立，从外部密切结合，商业引导农民、促进农业发展商品生产；建立乡、大队、生产队三级独立的商业经济管理机构，发展社会商业；除了国营商业和供销社主渠道外，还要大力发展国营工业、集体工业企业自产自销门市部，其他单位、部门兴办的商店、集市贸易、小商贩等多条流通渠道，把农村经济搞活；横向联合，组织综合性的农工商联合经济组织；纵向联合，组织专业性的农工商联合经济组织；多种形式联合，建立农工商联合公司；以供销社或乡办商业为依托，成立农副工业生产综合服务中心；以供销社为依托，建立供销社系统经济联合社，办成代表农民的集体商业系统。

加强"两通"，是农村商品生产迅速发展的要求，要求把农村商品流通搞活，以实现商品价值，满足市场需要。对于那些至今仍然供不应求的农产品，更要通过搞活流通去引导生产、促进生产，进一步搞活农村商品流通迫切要求交通运输在发展农村商品生产的同时，要发展产品的加工、储藏、运输等建设，这是搞好农村商品流通的一项必要措施。

四、加强"两通"充分发挥中心城市的作用

武汉中心城市的优势主要是:工业优势、交通运输优势、商业外贸优势、科技优势。四大优势中有三大优势属于"两通"(交通运输、商业外贸、技术贸易)。所谓经济中心主要是贸易中心。发挥经济发达的大城市的作用,它的实质在哪里?是要带动周围农村和小城镇的经济发展。就生产领域而言,它的经济活动可以分散在各层次的经济区进行,这样有利于发挥各地的人力、物力资源。工业生产,先进地区可以到后进地区去办工厂,有利于促进后进地区经济的发展,同时,可以避免大城市工厂过度集中发生人口膨胀带来的一系列问题。而流通则不同,各个经济区的产品要求有贸易中心进行商品交换活动。"百货卖百客",各种不同的商品寻求不同的买主和卖主,在大规模的城市市场比小规模的地方市场更容易把商品卖掉。城市的发展要以商业为条件,中心城市作用的发挥,首先要从贸易开始。马克思说:"商业依赖于城市的发展,城市的发展也要以商业为条件,在这限度内,也是一件不说自明的事情。"

为了充分发挥武汉中心城市的作用,应该将武汉开辟为经济特区。在四个经济特区,一个海南岛,十四个开放城市的基础上,增加一个武汉市。武汉在20世纪以来,长期居全国对外贸易的第二位,仅次于上海,近年来,进出口贸易大大落后于上海、天津、广州。武汉的对外出口与所处的出口地理条件不相适应,与工农业生产在全国所处的地位不相适应,与先进省比较差距大。从四个经济特区,一个海南岛,十四个开放城市的经济情况看,其经济发展速度很快,很重要的原因,就是实行了对外开放,因而有利于吸引外资,有利于增加外汇收入,有利于学习国外先进技术和经营管理方法。武汉如果不办经济区,不仅会落在上海、天津、广州、深圳的后面,而且会落在大连、青岛的后面。总结世界各国经济发展的经验,内地的开发,不能搞人为的"阶梯论",应该有条件的就"同时开发"。等沿海先实现了工业化与现代化后,再来开发内地,这样全国的现代化要推迟很多年。我们社会主义中国应该走出新路子,即"因地制宜,多头开

发",以加快土地占全国80%的内地的发展,否则我们党中央关于尽快实现现代化的英明决策就难以实现。沿海开放,武汉更应开放,而且开放的条件有些方面(市场、原料、劳力)比沿海更好。将武汉列为经济特区,作为"内地开发中心",以促进周围各省和西南、西北广大地区的发展,这是缩小沿海与内地差距的一个重要途径,直接关系到搞活长江中上游,搞活汉水流域,搞活湘、资、沅、澧四水,搞活重庆、汉中、安康、湖南、河南以及江西、安徽的一部分,还关系到上海成为国际经济贸易中心的问题。如果没有武汉这个"内地最大的国际经济贸易中心"作后盾,上海也上不去。上海第一,武汉第二,唇齿相关,这是历史。仅仅上海开放,武汉不开放,只能把长江下游搞活,长江中上游仍然是"静静的顿河"。

从可行性看,在一个国家或一个地区划出一定范围,作为经济特区,采取特殊政策,吸引外商和外贸,以达到一定的经济目标,在世界上一些发达的资本主义国家早就办了,他们的经济特区的形式很多,有的叫"自由港",有的叫"自由贸易区"、"出口加工特区"等。美国是世界上经济最发达的资本主义国家,先后设置了七十三个自由贸易区,遍布全国三十个州。武汉有条件划出一定范围作经济特区。武汉可以利用长江河道整治后扩大的土地面积,将以黄浦路到阳逻一带开辟为武汉的新市区,作为今后的经济特区,在繁荣的大城市中能开辟出这么大面积的土地,别的城市都没有这样优越条件。有了这样的条件,引进外资就有了地点。再说这一带是理想的经济特区,因为紧靠长江,阳逻水深港阔可停靠万吨以上轮船,可以直通海洋,交通方便。现在就应立即动手进行招标,集资建新武汉市区,建设武汉经济特区。

马克思、恩格斯早在一百多年前就指出:"由于开拓了世界市场,使一切国家的生产和消费都成为世界性了。""过去那种地方的和民族的自给自足和闭关自守状态,按各民族的各方面的互相往来和各方面的互相依赖所代替了。"[①] 国际上的经济需要加强联系而不是

---

① 《马克思恩格斯选集》第一卷,人民出版社1972年版,第254、255页。

割裂，对外开放可以互通有无，取长补短，共同发展。邓小平同志在中外经济合作问题讨论会上指出："我们将长期坚持对外开放的国策，最少五十年至七十年不会变。""即使是变，也只能是变得更加开放。"① 根据中共中央办公厅、国务院办公厅批准的武汉市经济体制综合改革试点实施方案："逐步形成以武汉为中心的开放型的经济区和经济网络。"武汉对国内已经敞开，现在继续发展就是对外开放，把国内市场与国际市场结合起来，建立内地的国际贸易中心。

把武汉开辟为经济特区，不会影响我国社会主义主权，这一点已为深圳经济特区的试点所证明。现在我国的经济特区与旧中国的租界是有区别的。旧中国的租界，是鸦片战争后帝国主义侵略中国形成的，是半殖民地半封建社会的产物。所谓租界，是帝国主义在旧中国强迫划出的一块地方，在这区域内，统治权完全属于外国人，是"国中之国"。现在，我国兴办经济特区是在中国共产党领导之下，维护我国主权的基础上，为加快社会主义建设步伐而采取的一种措施。经济特区是中华人民共和国领土的组成部分，我国政府在这里完全行使主权，一切外国人在政治上没有特权，这和丧权辱国的租界完全是两回事。邓小平同志谈"一个国家，两种制度"时指出："中国采取开放政策，允许一些资本主义进入，这是作为社会主义发展的补充，有利于社会主义的生产力发展。比如外资到上海去，不是整个上海都实行资本主义制度。深圳也不是，还是实行社会主义制度。"②将武汉办成经济特区，是在中共湖北省委和武汉市委直接领导下进行，有党的领导，不会偏离社会主义方向，并将会加快社会主义经济建设的步伐，对内地的开发，在资金、技术、人才方面带来好处，缩小沿海与内地的差距。

五、为了搞活湖北经济交通必须先行

随着商品生产和商品交换的发展，客运量和货运量日益增长，交

---

① 《经济日报》1984年10月8日。
② 《瞭望》杂志1984年第42期。

通运输日益显得重要，要搞活湖北经济，进一步发展商品经济，交通必须先行。

湖北现在是"有路路不通"，武汉至厦门、武汉至青岛航班不能直达，火车客运不能直通，要经过上海中转或别的地方中转，旅途不便。武汉至重庆水路客运紧张，武汉至北京、武汉至广州、深圳铁路运输紧张。

为了发展对外贸易，武汉至厦门、武汉至青岛航班必须打通，武汉至上海、广州、深圳、西安、重庆等地的航班必须发展，客运和鲜活商品运输主要靠航空。要大力开展武汉与香港之间的航空货运与客运以及与日本之间的航空旅游，如在日本→武汉→葛洲坝→三峡之间搞航空与水运联合三日游，可以吸引大批游客。要有计划地兴建武汉→北京、武汉→广州→深圳的高速公路。一条高速公路的货运量相当于五条铁路的货运量，用以发展武汉、湖北、华中各地与北京、广州、深圳之间的商品交流。

湖北最大的优势在水运，而现在没有充分发挥水运优势。长江和汉水加起来的货运量远远落后于莱茵河。莱茵河是欧洲大河之一，源出瑞士境内阿尔卑斯山，西北流经列支敦士登、奥地利、法国、西德、荷兰，在鹿特丹附近注入北海，全长一千三百二十公里，流域面积二十五万平方公里，从巴塞尔起可通航（886公里），中下游工业城市密集，货运量居世界首位，巴塞尔是瑞士第二大港，是莱茵河的重要河港，瑞士对外贸易货运量的五分之二经过这里。莱茵河只相当于汉江，但货运量比长江大几倍。

"汉江"和"长江中游"流域基本上在湖北境内，如能充分发挥作用，对搞活湖北经济将带来很大利益，并对四川、湖南、陕西带来好处。汉江是长江最长的支流，源出陕西省西南部宁强县，东南流经陕西南部，历史上为安康一带土特产的通道，继续经过湖北省西北部和中部，在武汉入长江，长一千五百三十二公里，水量丰富，流域面积十七万四千三百平方公里，大量物资均可经过汉口出口。长江是我国第一大河，湖北宜昌至江西湖口为中游，中游全长一千公里，流域基本上在湖北境内，水深江阔，水势平稳，非常便利航运。武汉以下常年可通五千吨轮船,每年 7~9 月可通万吨海轮,武汉以上可通行千吨以上轮船,上海运往长江上游的物资和长江上游运往上海的物资有部分在武汉中转。上海与河南、上海与湖南北部的物资交流,经过武汉中转。开展水陆联运,比铁路运输便宜,特别是轻泡货物的运费,水陆联运比铁路运输更为便宜。

大力发展内河运输有很多优点,内河运载能力大,一条江的运载能力抵十多条铁路。适宜运大件。运送二三百吨,三四十米长的大件,用驳船装运比较方便。耗能少,占地少,经济效益高,内河顶推船队的单位能源消耗为铁路的 50%,公路的 20%。如何发展湖北内河运输,可采取以下措施:第一,整治内河航道,使之连成水网,实现干线水网化;第二,积极吸引投资,或发行债券,利益从优,兴建或扩建港口,大规模兴建大中、城市深水泊位,以适应大船停泊的需要。湖北广济县和江西瑞昌县,分别集资,准备在各自的码头上兴建汽车渡口。胡耀邦同志说:"这个办法很好,这就是开发长江。""长江从西到东,是直向交流,在两岸搞轮渡、汽车码头,是南北横向交流。这样搞,经济就活了。""长江从宜昌以下至上海,按照商品生产的发展和人民生活的需要,该设多少港口、码头,要有一个全面考虑。"第三,国营、集体、个体一齐上,实行多种经济形式、多条渠道、多种经营方式经营运输。

加强交通开发,是开发山区的关键。山区地域宽广、资源丰富,山区面积占湖北全省总面积的 56%,而农业产值占全省 24.6%,经济落后,与交通闭塞、流通阻塞有很大关系。湖北省二十三个经济不发达的县,交通都不发达,主要靠公路,而且公路少,质量差,平均每百平方公里只有二十二公里公路,而且 50% 以上是简易公路,其中;鹤峰、竹山每百平方公里仅有十三公里公路。大部分县有一半以上的生产大队不通公路,物资交流靠肩挑背扛,已通公路的大队多为等外公路。晴通雨阻。为什么工业品越到山区越贵,农产品越到山区越贱,就是因为交通不发达,运费占的比重大,一斤盐武汉卖一角五分,恩施卖一角七分还是照顾,按进价加运杂费成本高到二角二分。要改变山区经济落后,必须大力发展交通。可以采取民办公助的办法兴修公路。山区交通不发达，平原地区有粮食运不进山，山区的土特产的收购价也难提高。

要重视修桥补路，修通"断头路"，形成跨省、跨地区、跨县的交通网络。大力生产农用汽车，修造大量小机帆船和驳船，有条件的话，还可多造一些江轮和海轮，以利水陆运输通江达海。

（与肖国金合写，原载自《商业理论与实践》1985年第2期）

加强"两通"开发 活跃城乡交流

(1984年10月)

党的十一届三中全会以来,我国农村正在由自给半自给的经济迅速向大规模的商品经济转化。人们逐渐认识到大力发展商品生产是我国经济发展不可逾越的过程。如何发展商品生产?看来狠抓"两通",活跃城乡交流,应该是大力发展商品生产的一个重要战略,而各种类型的大中小城市应该在这个战略中起着枢纽作用。

一、商品生产发展出现的新情况新问题

随着农村商品生产的发展,出现了以下一些新情况和新问题:

1. 商品出售成为决定性的事情:马克思曾科学地指出:"商品生产以商品流通为前提",①"在这里,出售商品的数量,成为决定性的事情"。② 今天,在农村由自给半自给经济向商品经济发展的过程中,这个"前提"、"决定性的事情"已经在我们面前出现了。粮农已经发生"卖粮难,"果农已经发生"卖果难"。不少地方粮食生霉,水果腐烂,鲜奶变质,鱼虾发臭,数量大得惊人。在农产品收购旺季,商业部门由于收购人手不足,仓库有限,运力不够,管理不善,经常发生收不了、存不下、运不出的现象。

2. 不仅卖难,买难的现象也很严重。许多地区的农民买不到化肥、农药和柴油等生产资料,随着林、牧、副、渔和农村工业的发展,农村需要生产资料的种类也多了。农民逐渐富裕起来,生活水平

---

① 《马克思恩格斯全集》第24卷,第393页。
② 《马克思恩格斯全集》第24卷,第49页。

也提高了。他们由"有吃、有穿、有用"发展到要"吃好、穿好、用好",还要求"住好"、"行好"。有些地区已经出现了讲究"住处要宽敞,吃的讲营养,穿的讲漂亮,用的要高档"的情况。但农民所要的东西却常常买不到。

3. 市场信息成为发展商品生产的关键:农村粮食的形势一年比一年好起来,农民在粮食做到自给有余以后,发展多种经营是必然趋势。发展什么商品?农民不仅需要"一年早知道",而且需要"几年早知道",如果当年畅销的,次年可以变为滞销;当年滞销的,次年可以变为畅销,农民就莫知所从。特别是多年生的农产品,种下去后,如果将来发生销路问题,就后悔莫及。广西前些年发展棕片生产,广植棕树,后来棕丝、棕绳被化纤制品代替,农民吃亏不小。去年以来,湖北将棕片用于做沙发芯、床垫,销路大畅,这个信息就需要传给广西。因为广西地处祖国南疆,气候炎热,不需要床垫,沙发也不太时兴,棕片广西不销,可以运到湖北销。

4. 要求运输、仓储跟上去:去年山东苹果丰收,火车车皮不足,苹果不能及时运出,车站附近,篓装苹果堆在露天,任凭日晒夜露,损失很大。特别是山区的土特产,由于交通运输不便,运不出去,浪费惊人。

5. 农业劳动力不断地从土地上解放出来,要寻找新的出路。这是由于两方面的原因:一是由于粮食生产的发展,粮食商品率提高了,有钱可以买到粮食。有了粮食,就有了离开土地的条件。过去,农业劳动力离不开土地,形成八亿农民忙吃的局面,就因为粮食过分紧张。经过近几年的努力,粮食这个最重要的必要生活资料已超过历史最高产量,粮食商品率有了较大幅度的提高,国家征购粮食的比例,历史上最高占粮食总产量的20%,而1983年上升到24.5%。特别可喜的是:重点产粮省商品粮调出的数量,与历史比较,成倍或几十倍增加。粮食是农业发展的基础,也是国民经济发展的基础,农民把粮食做到自给有余,就有可能大力发展多种经营,就有条件务工经商。二是由于专业户、重点户的发展,必须有一部分农业劳动力离开土地,转向林牧副渔,发展各种商品生产。农民不仅务农,还要求务工经商，很多行业都将应运而生。农民的小型工业、家庭手工业、建筑器材、食品、饲料、山货加工、运输、贩运、储藏、信贷、咨询、信息、商业、服务业，等等，都会迅速发展。

6. 要求工业提供更多更好的生产资料和日用消费品。农业的发展，使农民尽快富起来，必将推动工业的巨大发展。八亿农民的市场按人口来说，等于八个日本市场。化肥每年需要数千万吨，化学农药每年需要几百万吨，拖拉机每年需要几十万台，建筑材料和生活用品也大量需要。如果到2000年农民达到小康水平，每年可能有上万亿元的购买力投向市场，这对工业生产将是巨大的挑战。农村这么大的市场容量，自然要求不断扩大工农产品的交换规模，这是商品经济发展的必然趋势。这种趋势已经从集市贸易市场上初步显露出来，集市贸易已经从农民调剂余缺的场所，发展成为城乡之间，地区之间商品交换的补充渠道，已经从农副产品的交换场所，发展成为工农产品综合交换场所。

综上所述，农村商品生产迅速发展，要求打开销路，寻求市场；农业的剩余劳动力日益增多，要求广开就业门路；农民购买力大幅度提高，要求扩大工农商品交换的规模。这些新的情况，都向商品流通提出了新的任务，也就是说，要求大力发展商品流通，扩大城乡工农产品的交换。

二、商不挂帅，工农两业不会发展

要使落后的农业尽快得到发展，不仅要发展商品生产，这已为许多人所认识。但对大力发展商品流通的重要性还没有引起足够的重视。要搞活农村经济，关键不在生产领域，而在流通领域。要进一步发展农村商品生产，而且一定要大力发展商品流通。商品流通不发达，各地的优势就不能得到充分的发挥。发展面向当地的商品生产，这是必需的，但这毕竟是扩大了的自给经济。只有扩大地区之间的商品交换和城乡之间的工农产品的交流，才能真正发挥本地的优势，增加本地的收入。北方盛产苹果，一斤苹果在产地只卖一两角钱，运到南方可卖五六角。毛泽东同志早在1959年就指出："贬低商业，商不挂帅，工农两业是不会发展的。"① 商业的发展固然是工农业生产发展的结果，同时又是工农业生产发展的强有力的促进者。商业和服务事业是同工农业并驾齐驱的重要行业，这一点必然愈来愈明显。商业不挂帅，工农两业不会发展，当前农村的现实情况正是如此。

我们知道，商品生产是为交换而生产，并非产品生产。商品如果卖不出去，它的价值不能实现，它的再生产就无法进行。因此马克思把商品的出卖说成是"商品的惊险的跳跃。这个跳跃如果不成功，摔坏的不是商品，但一定是商品所有者"。② 按照马克思对社会再生产总过程的表述，社会再生产的总过程分为流通过程（供应生产资料）→生产过程→流通过程（产品销售）。三个过程中有两个是流通过程。按照这一过程的表现形式，社会再生产总过程的顺序应该是供、产、销，而不是产、供、销。习惯上叫产、供、销，是重生产，轻流通的偏见。在社会主义社会中，商品流通仍处于"三分之二"的中介地位，要把农村经济搞活，非抓商品流通这个"大头"不可。不然，工业与农业联系不起来，城乡之间联系不起来，地区之间联系不起来，生产与消费联系不起来。商品流通不发达，市场范围就不能扩大。市场不能扩大，进一步发展农村商品生产就会遇到销售和购买的困难。因此，胡耀邦同志在党的十二大报告中正确地指出："商业工作的好坏直接影响工农业生产和人民生活，这个问题在我国经济发展中的重要性已经越来越明显地显示出来。"

在大力发展商品流通的同时，一定要发展交通运输事业。当前交通运输不畅已经成为经济生活中一个十分突出的问题。不改变这种状况，必然严重影响地区之间、城乡之间的物资交流。

搞活商品流通，促进城乡交流，关键在于加强"两通"的开发。所谓"两通"，从广义上来说，是指交通（包括运输和邮政电信）和流通（包括商流、物流、钱流、信息流）。流通是商品生产的必要环节，是商品在地区之间、城乡之间、工业和农业之间、生产者与消费

---

① 《商业词汇》，中国财经出版社 1979 年版，第 7 页。
② 《马克思恩格斯全集》第 23 卷，第 124 页。

者之间进行交换的桥梁和纽带。在整个经济活动中,商品流通好比人体的血液;交通运输好比人体中的大小血管,是商品流通的运载工具和渠道。而中心城市却好像人体中吞吐血液的心脏,在商品生产和流通中起着组织和领导的作用。它们相互依赖,缺一不可,如果血流不畅,人体就会生病;如果"两通"堵塞,商品生产就难以发展。因此,要发展商品生产,就要开发"两通";要促进城乡交流,也要开发"两通"。于是"两通"开发,就成为发展商品生产、活跃城乡交流的一个重要途径。

三、如何加强"两通"开发?

1. 要放宽政策。过去对商品流通统得太多,管得太死。今后应按照商品经济的要求,放宽政策,才能活跃流通。这在当前来说尤为重要。一是产销关系要放开:纳入国家计划的农产品品种,应当随着经济形势的发展和商品供求的变化而逐渐减少,要扩大议购议销商品的范围。各种国家计划产品,都应当留一定比例给予生产者和生产地区自行处理,使他们感到自己确是商品的所有者,有相对的独立权利。对三类农副产品尤其要放开搞活。要按照赵紫阳总理讲的那样去做,真正做到"把大的方面用计划管住,小的方面放开,主要通过工商行政管理和运用经济杠杆加以制约"。① 但在行政管理与经济杠杆之间,要尽量少用前者,多用后者。二是经济形式要放开:国营、集体、个体都应有多种层次的组织结构,在保证国营商业主导地位的前提下,实行国营、集体、个体一起上的方针,这是很适合我国国情的。国有经济有中央管的,省管的,市、县、镇管的,企事业管的各种商业。集体经济有小集体、中集体、大集体,有初级的、中级的、高级的商业,供销社就是高级的大集体商业。除城镇适当发展个体商业外,允许农民自理口粮到集镇务工经商。三是地区之间商品交换要放开:必须打破城乡封锁、地区分割、筑墙垒坝、堵塞流通的局面。

---

① 赵紫阳1982年11月30日在第五届全国人民代表大会第五次会议上《关于第六个五年计划的报告》,《1983年中国经济年鉴》第68页。

各条渠道不受行政区划的限制，按照经济区划合理布置商业网点，允许长途贩运。四是价格政策要放开；按照国家规定的价格活动范围，把三类产品和完成统派购任务的产品价格逐步放开，允许国营商业、供销社灵活掌握购销价格，以便参与市场竞争和调节。要尽可能让价值规律发生作用，只要国营商业掌握大头和主动，商品供应量不断增加，价格就不会乱涨。国营商业和供销社并不是不会经商，而是价格规定死了，它们不能相机行事。

2. 改革商品流通体制。要改变流通领域中管理体制过去那种机构重叠、婆婆多、层次多、环节多、人为障碍壁垒多和批零网点少、流通渠道少以及商品流向不合理（如迂回运输、绕道运输和反向运输）等状况。要打破条条块块的束缚，在以不同层次的中心城市为依托的经济区内，组织起不同层次的商品流通网络，建立相应的以国营商业为主导的、多种经济形式、多种经营方式、多种渠道并存的少环节、开放式的商品流通体制。为此：

（1）要加强国营商业、供销社主渠道的经营，让农产品能进城，工业品能下乡，真正做到城乡通开，地区通开。要使国营商业和供销社搞联合，做到平等互利，调剂余缺，利益均沾，风险共担。

（2）国内商业不仅要立足国内，还要面向国际市场，让某些可以赚外汇的和国内销不掉的产品，可以运往国外销售，同时也要引进先进的技术设备来装备国内的工农业。加强国内外贸易的结合，使对外经济贸易部与商业部所属系统能够紧密合作，要改变国内一块板，对外贸易一块板这种"两块板"的贸易状况。

（3）要把供销社办成农民自己的集体经济，成为真正的合作性质的商业。把供销社与农民的利益捆在一起，使农民真正关心供销社的经营活动。要让供销社真正做到急农民之所急，想农民之所想，想农民之未想。恢复和发扬供销社组织上的群众性、管理上的民主性、经营上的灵活性的优良传统，使供销社成为城乡经济的纽带，农村集镇经济的组织者。

（4）多方利用农村剩余劳动力，发展农村个体工商业。要充分发挥和利用农村个体经济的特点：他们经营分散，面广点多，需要资金少，设备可以因陋就简；他们的进货关系多，销货门路广；他们单纯经营少，半农半商多，半工半商多；他们购销兼营，流动性大。要允许农村个体经济综合经营，不要单纯强调经商，这样经营成本低，也方便群众。允许农村居民从事适合个体经营的工业、手工业、商业、饮食业、服务业、修理业、运输业、房屋修缮业，以及国家允许个体经营的其他行业。要允许农村个体商业长途贩运，要改变歧视"弃农经商"、"弃农从副"、"二道贩子"等旧的看法。要改变对贩运者什么赚钱就贩卖什么是投机的看法。应该看到什么赚钱贩卖什么，这是价值规律的作用，是贩卖者的动力所在。贩卖者之所以能赚钱，主要是市场上供不应求，满足不了消费者的需要。贩卖者异地运输，调剂余缺，对消费者还是有利的。只要不违反政策规定，应当受到保护。要承认个人贩运也是社会分工的一种必要劳动，运输是生产的继续，"二道贩子"不是投机倒把。只有违法经营以牟取暴利为目的的才算投机倒把。

（5）发展小商品市场。要发展大、中、小城市不同层次不同规模的小商品市场，以个体经济为主，以经营小商品为主。为街道工厂、社队企业和家庭手工业的产品，以及一部分国有企业的滞销品、二等品、副品开辟销售渠道，为农村个体商贩提供进货场所。在城市和集镇中还应多设小型的日用杂品网点。日用杂品号称"土百货"，与城乡居民生活密切相关，商品虽小，作用重大。这些小商品应该是价格便宜，经济实惠，适合当前城市居民和农民的消费水平的。办好小商品市场，既要办好日用工业品，又要办好"土百货"，小商品市场的门类还应大加开辟。这样，既有利于促进小商品流通，又有利于满足人民需要。

（6）既要继续发挥城乡集市贸易的补充渠道作用，还要改革商品批发体制。目前批发体制的主要缺点是：条块束缚多，因行政需要而设置批发机构，而批发的门类少、网点少。无论在数量上和经营上都担当不了日益发展的商品流通中介业务。要打破条块束缚，广设各种行业的批发网点。不仅在大中城市中要逐步建立起农副产品的批发交易市场，还要在产品集散中心的县镇设置批发机构，尽量使产销见面，减少流转环节。国营商业的工业批发，要在国营商业起主导作用的前提下，按照商品的合理流向设置批发机构，开展购销业务，并根据不同地区的情况，砍掉不必要的流转环节，缩短商品的流转过程。各种批发行业，还可兼营旅社和堆栈业务，以供商人旅居和堆放货物。总之，要尽量做到多渠道少环节，以利城乡之间的商品交换，使货畅其流。

3. 为了进一步发挥中心城市在组织商品生产和商品流通中的枢纽作用，在中心城市应该组建贸易中心，组织各业商行、货栈、行会、交易所、信托公司、商品展销会、博览会，等等，以发挥商业的桥梁和纽带作用。要大力发展各种服务行业，如：旅社、饭馆、保管、包装、码头车站搬运，电信和车船票服务处、各种修理行业、理发、洗澡、娱乐场所、旅游设施等，以便利商旅活动。还可利用中心城市在生产技术、科学教育、信息传递、咨询和管理人才集中等方面的优势，大力发展知识行业，为发展商品生产和商品流通服务。

4. 要大力发展城乡之间和农村地区的交通运输和邮电通信事业。三中全会以来，我国在交通运输事业方面是很重视的，把它看成是"先行官"，在基建投资方面，列为重点。不过，过去我国交通建设的重点放在水陆空的主干线方面，虽然主渠道有了加强，而干渠、支渠、毛渠没有同步组建，未能成龙配套，交通运输仍然运行不畅。今后，主要干线方面的工作无疑还要加强，特别是在改善"卡脖子"的重要地段的运输条件方面更要加强。还应增加火车车皮、汽车车辆、商船和飞机的数量并改善经营管理，并搞好水陆交通主要干线的配套设施，如港口、车站、码头、机场、仓库以及冷藏、装卸等的建设。除此以外，今后还要：

（1）以中心城市为枢纽，建成水陆交通和大小公路的网络。要修桥补路，修通"断头路"，打破条条块块，形成跨省、跨地区的交通网络。力求直线运输，避免绕道行驶。公路网点要能深入到农村、山区，做到四通八达，无远弗届。

（2）要特别重视水运，因为水运成本最廉。除整治长江、黄河航道外，还要大力发展内地江河湖泊航行的便利，建造大量小机动帆船和驳船。有条件的话，还可多造一些江轮和海轮，以利通江达海。

（3）要大力发展邮电通信事业。特别是电话，要尽量普及。邮电通信事业是传播信息的重要媒介和沟通城乡、地区、产销、生产者和消费者的主要桥梁。邮电通信事业不发达，信息不灵，商业不能及时掌握市场动态，就不能因势利导、补缺泻余、穿针引线，使货畅其流。反之，如果邮电通信事业发达，则可大大缩短时间上和空间上的距离，减少时间上和空间上人力、财力和物力的消费，从而提高各行各业的经济效益。

（4）"商""交"紧密结合，大力发展联运服务。要开展直达运输，抓好货源、运力、装卸和仓储等环节的结合。发展水陆联运，铁路、公路、水路三路的合作联运，干支联运和江海联运。搞联运配套，一通到底，全面服务，全程负责。开展联运服务，我们有生产资料公有制这个优越条件，只要不搞部门分割，是有条件组织社会化大协作的。这样做，既能加速商品流通，又能减少空驶，对货主、承运方都有利，是一种迅速方便，多方有利的事情，值得大力提倡。

5. 金融工作要跟上去。商品流通的过程就是商品和货币相互交迭的过程，也就是货币流通的过程。随着农村商品生产的发展，货币流通量将会大大增加。现金的收付，储蓄的存取，资金的融通，异地的汇划和转账结算等工作必然日趋频繁。这就要求中心城市的金融机构和农村的金融网络、特别是农业银行和信用社的工作要能跟上这种形势的要求。金融工作可以在引导商品生产方向、调剂资金余缺、提供灵通的经济信息、为产销穿针引线、促进商品交换和物资流通、监督资金的使用、增加资金的积累、提高农民的收入、促进资源的合理分配等方面起着重要的作用。面对日益扩大的商品生产和流通，要使它活而不乱，搞好金融工作是一个很重要的方面。

6. 此外，还要重视"两通"方面的智力投资，采取多种层次，多种方式的办学方式来培训"两通"的干部，使它们懂得有关的理论、政策、技术和管理方法；以便更好地把"两通"工作搞上去。

总之，抓好"两通"这个联系生产和消费之间、城乡之间、工业和农业之间以及地区之间的桥梁和纽带，可以货畅其流，将有助于实现地尽其利,物尽其用,人尽其才。这样,整个国民经济是会得到迅速发展的。

(与肖国金合写,载《武汉大学学报》
(社会科学版)1984年第5期)

论从中心开花的战略
——武汉为什么应列为第十五个对外开放城市

(1985年2月)

为了充分发挥武汉中心城市的作用，应该在现有的四个经济特区、一个海南岛、十四个开放城市的基础上，再加一个武汉市，作为第十五个开放城市，来个"中心开花"。这是基于以下考虑：立足于振兴武汉，立足于搞活长江中游和汉水流域，立足于加快内地建设，立足于为全国谋取最大经济效益。武汉列为内地第一个对外开放城市，将是关系到赢得十年时间，克服内地经济、技术和管理落后的状况，实现党的十二大确定的奋斗目标的重大决策。

其根据是：

一、上海第一，武汉第二，这是历史，也是将来，武汉开放，才能形成这种格局

上海与武汉唇齿相依，仅仅上海开放，武汉不开放，只能把长江下游搞活，长江中上游仍将是"静静的顿河"。上海自鸦片战争至新中国成立前的一百多年历史过程中，形成一个典型的畸形集中的加工工业地区，附近无煤又无铁。除工业原料依靠进口外，大量物资依靠武汉，吸收广大经济腹地的农业原料、矿产资源，进行初步加工，转销世界市场；通过武汉向内地销售产品；经武汉扩散资金，向西转移工业布局；通过武汉控制内地金融，这样上海才成为亚洲太平洋地区的主要国际经济贸易中心。新中国成立后，上海在国际市场上的地位衰落，香港取而代之。香港在20世纪50年代末期，以出口为目标的外销工业发展很快，本地产品出口一举超过转口值。70年代，香港与160多个国家和地区有出口或转口贸易往来关系，逐步形成为亚洲太平洋地区的主要国际金融中心。历史的经验和现实情况说明，上海要再度成为国际经济贸易中心，必须西联武汉和重庆，特别要以武汉这个内地最大的经济贸易中心作后盾，否则上海也上不去。上海、武汉要上去，必须协同作战。南方四个经济特区上去，可以富南方一片，而上海和武汉上去，将带动半个中国富起来。

二、搞活长江中游和汉水流域，关键在武汉

如果武汉列为对外开放城市，形成内地最大的国际贸易中心，并以武汉为依托，组建长江中游、汉江"工业走廊"，联通洞庭湖、鄱阳湖"工业圈"，以武汉的对外开放，带动长江中游和汉江航道的开发，这样长江、汉水都将沸腾起来。

内河运输有很多优点，比铁路运载能力大，能源消耗低。发展内河航运事业，占地少，投资少，经济效益高。现在长江和汉水的水运优势没有充分发挥。欧洲的莱茵河，全长1 320公里，中下游工业城市密集，货运量居世界首位，年近三亿吨，比长江大几倍，而莱茵河只相当于汉水。汉水和长江中游基本上在湖北境内，将武汉开辟为对外开放城市，在武汉组建内地最大的国际贸易中心，将有力地促进长江中游和汉水的开发利用，这对搞活湖北经济有很大意义，并给四川、湘北、陕南和江西、安徽的一部分地区带来很大好处。同时，长江中、上游的进出口货物不经上海中转，可减轻上海港的货运装卸压力和减轻上海与内地的铁路货运压力。

三、武汉对外开放，实行"中心开花"，是关系到内地经济建设推迟十年还是提前十年的问题

武汉在20世纪以来，一度居全国对外贸易的第二位，仅次于上海。近年来，大大落后于上海、天津、广州，这与它所处的出口地理条件不相适应，与湖北省工农业生产在全国所处的地位不相适应。从四个经济特区、一个海南岛、十四个开放城市的经济情况看，其发展速度很快。武汉如果不列为对外开放城市，不仅会甩在上海、天津、

广州的后面,而且会甩在深圳、大连、青岛的后面。根据世界各国经济发展的经验,先进技术从沿海转移到内地,以十年为一个周期,再从内地转移到边远地区,又要增加十年。国际技术转让惯例,从技术转让磋商,到制定有关条款达成协议所需的时间,最短期限是六个月,有的花两三年。国际技术投产一般是五年一个许可证合同周期。最先进技术是否准许"分售许可证"转让给第三方使用,还要得到工业产权所有者的许可。技术转让的周期这么长,如果从沿海向内地逐步推移,我国的现代化就要推迟很多年。我们应该走自己的新路子,即采取"因地制宜,多头开发,中间开花"的战略,将武汉列为对外开放城市,以加快内地的经济建设。

　　沿海开放,武汉也应开放。武汉开放的条件有些方面(市场、原料、劳力)比沿海更好。武汉地处我国内地的中部,水陆空交通方便,地理位置得天独厚,经济基础、科技力量比较发达,在全国"东靠西移,南北对流"的当中,处于"承东启西,贯通南北"的地位。沿海开放城市是"扇面辐射",发射功能小;而武汉是"中心辐射",国外先进技术通过武汉可以更迅速转移到华中和西南、西北地区。

　　把武汉列为对外开放城市,直接可算的经济效益有很多:第一,有利于吸引外资。挂上了"对外开放城市"的牌子,利用"汉口"的老商誉,将引起国外客商的震动:"中国内地开放了"、"中国是真心实意地实行对外开放政策"。可以打破国外客商的顾虑,改变他们投石问路、徘徊观望的态度,这将反作用于沿海开放城市,加快在那里投资的速度。第二,有利于争取外汇。增加一个对外开放城市,国家就增加一个吸收外汇的渠道。第三,有利于抢时间学到和扩散先进技术和企业管理知识。在"两湖平原"这一大片"湖广熟、天下足"的地方,从武汉得到这种扩散,将是如虎添翼,中小城市工业以及农村的种植业、养殖业、畜牧业、家庭副业、乡镇工业都会很快腾飞。第四,有利于扩大就业机会,增加群众收入,改善人民生活。据国外出口加工区的经验,在出口加工区的每三项工作中,至少有一项是在加工区之外进行的。因此,除了开放城市内大量吸收劳动力外,在开放城市外还可以大量吸收就业人员。

武汉列为对外开放城市，不必指望中央拿很多钱，主要希望中央给政策，因为武汉有三大资本：一是"汉口"的商誉。汉口这个商埠世界皆知，凭汉口这块牌子就可以吸引外资。二是天兴洲"新滩地"的地皮，可以经营房地产，并为外资提供建设地点。长江河道武汉段经过整治后，扩大的面积有30多平方公里，相当于新中国成立初期城区建成面积的总和。别的大城市都没有这样优越的条件。三是阳逻港，地处农村，可以划出30平方公里建设开发区。阳逻水深港阔，万吨轮船可以停泊。阳逻的地皮就是资本。中央只要给两大政策：一是给前来投资和提供先进技术的外商以优惠待遇，税收低一些，内销市场让一些，使其有利可图；二是扩大武汉市的自主权，让武汉市有充分的活力去开展对外经济活动。此外，将机场、港口、车站、大桥、邮电建设列入国家计划，为基础设施的兴建创造必要的条件，武汉对外开放城市就可以办起来。

从可行性看，国际上在内陆兴办特区的，从最发达的资本主义国家到第三世界，皆有先例。美国是世界上经济最发达的资本主义国家，先后设置了七十三个自由贸易区，分布于全国三十个州。"国际航空站"就设在美国内陆城市芝加哥，芝加哥在美国是仅次于纽约的第二大城市，在中北部密执安湖最南端附近、芝加哥河河口。南斯拉夫的贝尔格莱德自由贸易区，就在首都贝尔格莱德，它位于南斯拉夫中部偏东的内地、萨瓦河与多瑙河的汇合点。巴西的马瑙斯出口加工区，位于内格罗河同亚马逊河交汇处，沿亚马逊河水程距海约1 600公里。巴拉圭是南美的一个内陆国家，设有斯特罗斯纳港国际自由贸易区，位于上巴那河的西岸，与大西洋岸的巴拉那瓜港相距千里。爱尔兰的香农国际机场自由贸易区，位于香农河河口北岸。14家航空公司的航班，在几小时之内，可以把货物空运到欧洲、北美的主要城市。

邓小平同志在中外经济合作问题讨论会上指出："我们将长期坚持对外开放的国策，最少五十年至七十年不会变。""即使是变，也只能是变得更加开放。"中共中央书记处和国务院批准的武汉市经济体制综合改革试点实施方案中说:"逐步形成以武汉为中心的开放型的经济区和经济网络。"武汉对国内已经敞开,现在继续发展就是对外开放,建立内地的国际贸易中心,把国内市场与国际市场结合起来。

武汉开辟为对外开放城市的模式:以优势工业为基础,狠抓"两通"和第三产业,带动工农业起飞,以内地广大农村经济为后盾,形成内地最大的国际经济、贸易、技术贸易、旅游中心,以出口为主,兼顾内销,向内扩散技术、资金、人才的多功能的对外开放城市。它的内部结构将是:两个经济技术开发区(简称开发区),一个国际航空中心站(简称国际机场),一个东湖技术密集小区(简称技术贸易基地区),其余为武汉市区(简称老市区)。

因此建议:

一、划定两个有明确地域的区域,兴办新的经济技术开发区

一个是"阳逻港",作为近期开发区,一个是天兴洲"新滩地",作为后期开发区。将来两个开发区联成一片,成为以外贸和转运为主的外港区。在这两个开发区大力引进我国急需的先进技术,集中举办中外合资、合作、外商独资企业和中外合作的科研机构,发展合作生产、合作研究设计,开发新技术,研制高档商品,增加出口收汇,向内地提供新型材料和关键零部件,传播新工艺、新技术和科学的管理经验;设置第三产业中心,主要包括金融、贸易、交通、邮电、信息、咨询、资信评审、技术贸易、旅游、广告等大型企业。

二、建立国际航空中心站

地点:丰荷,位于黄陂滠口附近,紧靠铁路,离武汉市区14公里。以开展航空贸易和旅游业务为主,建立直通香港、东南亚、日本等"空中走廊"。打通武汉至厦门、青岛的航班,发展武汉至上海、广州、深圳、重庆、昆明、西安、大连以及新疆、内蒙古的航班,客运和鲜活商品运输主要靠航空。逐步将长江中游和汉水流域发展成为长江旅游片。上至长江上游,下至庐山,联合起来,开发旅游资源。

还要修建两条高速公路与国际航空中心站配套,一条是武汉——北京,一条是武汉——广州——深圳——香港(一条高速公路的货运量,相当于五条铁路的货运量),用以发展武汉、湖北、华中各地与北京、广州、深圳、香港之间的商品交流。

三、建立武汉市东湖技术密集小区

以我方为主,注意技术保密,吸收外资合营、合作经营、生产,形成技术贸易基地区。技术贸易市场设在开发区,以便集中谈判技术贸易。技术贸易生产、经营基地设在东湖。东湖条件优越,全国少有。在东湖南岸——南湖周围四十多平方公里的土地上,风景优美,交通便利,知识、技术密集的程度,在国内仅次于北京中关村。这里聚集了19所高等院校、54个科研设计单位,还有机械、仪表、电子、化工、医药、轻工等产业的75个企业,集中组成关山、中北路、石牌岭三个工业区,研究、设计、生产制造可以配套,是理想的技术贸易基地区。

四、在武汉老市区,选择优势行业,采取"择优发展"的方针

武汉已经形成冶金、机械、纺织为主,轻工、化工、电子、建材综合发展的工业基地,要通过现有企业的革新、改造、组合,引进外资,引进一些新工艺、新技术和关键设备,形成新的生产能力。工业要继续发展,但不能采取"平推"的方针,应以现有工业企业优势、资源优势、技术优势为基础,以未来市场需求优势为目标,确定"优势行业":第一,以武钢为基础,发展钢铁行业;第二,以武钢、武汽和武汉机械行业为基础,发展轻型、微型汽车工业和造船工业;第三,以纺织业为基础,发展纺织和服装系统配套工业,第四,以内地农业原料为基础,发展食品工业;第五,以综合工业和综合技术为基础,发展食品包装工业。

为了解决武汉地方财政困难,从财政上为开放城市的开辟创造条件,当前重点突破两个"用钱少、见效快、利润大"的行业:一个食品包装工业,一个服装行业。

全国食品工业蓬勃发展，而新型食品包装奇缺，以致许多食品的保存期短，不能远销，更不能出国。因此食品包装工业是缺门中的缺门，其产品预期销量大，销售趋势好，价格看好。它是国际市场上没有价格、国内属于新产品定价、利润大的商品。发展食品包装工业，需要新型材料、新工艺、包装印刷、造纸、装潢设计、包装机械六大行业组合。而这些行业在武汉地区齐全，现有基础好，人才多，引进一些新工艺、新技术、关键设备，很快可以上去，赚大钱。

大力发展服装工业，把纺织品这个"积压滞销"包袱，经过加工为成衣，变为畅销赚钱的商品。可引进西装"裁剪缝"全套工艺技术，引进服装生产线，引进和培训高级缝纫技师，组建服装市场。西装和中式时装也是生产有条件，预期销量大、销售趋势好、价格看好的商品。

（与肖国金合写，载《学习与实践》1985年第2期）

华中地区应实行"中心开花"的发展战略

(1985年12月)

华中经济区是指长江中游以武汉为依托的经济区,包括湖南、湖北、河南、江西四省。

"中心开花"的经济社会发展战略是指利用长江,依托武汉,外引内联,以增强华中经济实力为目标,联合西南、陕西,大力开发川江、荆江、湘江、沅江、汉江、赣江带动长江开发,大力发展经济区内经济贸易技术协作,大力发展对外经济贸易的战略。

"中心开花"的经济社会发展战略是关系华中地区的重大的、全局性的、左右兴衰的计划和对策。它振兴华中,立足于长江中游,搞活川江及资、湘、沅、澧四水,汉水流域和赣江,从中心开花,把武汉开辟为内地国际贸易商埠;与外商合作,引进外资,引进先进技术、设备,用以加速华中经济区的现代化建设,为全国谋求最大利益。

一、认识华中,树立及早动手加速华中地区开发的战略思想

华中地区地理位置适中,交通便利,矿产和水资源丰富,农业发达,物产丰富,工业有基础,科技有力量,大中小城市已初步形成,是全国经济精华之所在,是我国经济潜在生产力最大,急待开发的地区。

华中有十大丰富资源,进行开发,可以收到少投入、多产出的经济效益:

1. 粮食丰富:两湖平原是全国性的商品粮基地,也是生产水平较高的南方商品粮基地。粮食是国民经济基础的基础,为发展工农业

和第三产业提供了有利条件。

2. 水产丰富：我国水产资源十分丰富。洞庭湖、鄱阳湖是我国淡水产业最发达的地区之一，发展水产业的历史悠久，基础良好，劳力充足。湖北是我国最大的鱼苗产区，全国各地的鱼苗依靠"两湖"（湖北、湖南）大量供应，有力地支援了全国养殖业的发展。

3. 经济作物丰富：为轻纺工业的发展和出口创汇提供了物资基础。华中地区经济作物居全国前列的有：（1）棉花，全国棉田最多的省是湖北。鄂豫两省是棉花集中产区，又是棉纺加工中心。（2）芝麻，全国芝麻产区有五个省，其中河南、湖北两省的产量占全国一半以上。（3）油菜，江汉平原、鄱阳湖湖滨平原是我国最大的油菜产区。（4）茶叶，湘、鄂、赣三省都是茶叶的重要产区。（5）红枣，河南是红枣主要产区。（6）黄花，全国以湖南产量最多，约占全国产量一半以上。（7）柑橘，鄂、赣、湘都是柑橘主要产地，楚国故里秭归是柑橘的发源地。（8）黄连，是我国特产药材，湖北是黄连的主要产区之一。（9）烟叶，以河南产烤烟最多，河南许昌是我国最早的三个重要烤烟基地之一。（10）黄麻，是我国特产，我国历来是世界上最大的黄麻生产国，湘、鄂、赣是我国黄麻的著名产区。华中地区的经济作物美不胜收，信手拈来就有十大拳头产品。

4. 矿产资源丰富：湖南锡矿山是世界上最大的锡产地，湖南水口山是我国规模最大的铅锌矿；我国锰矿储量名列世界前列，湖南湘潭锰矿在全国占有重要地位；我国铜矿储量名列世界前茅，最近在赣北和鄂东找到了特大型铜矿，其中大冶是我国重要铜矿基地；我国铝矿储量居世界前列，其中以河南铝的开采量最大；河南煤储量居全国前列，鹤壁、焦作、平顶山都是有名的煤炭基地。

5. 水资源丰富：水是农业的命脉，又是发展工业和航运的必要条件，没有丰富的水资源是难以兴办工厂的。长江中游是长江集支流最多的地带，这里有长江最长的支流汉水，有洞庭湖、鄱阳湖两大水系，集水面积占长江流域的五分之二，湖泊众多，是我国水资源最丰富的地方。

6. 能源丰富：特别是水能源丰富：葛洲坝水电站、丹江水电站分别建在长江中游的宜昌和汉水的丹江口。我国是世界上石油资源丰富的国家之一，位于湖北的江汉平原已找到了新的油气田。

7. 工业有基础：华中地区的机械工业发达，这里有武汉重型机床制造业、十堰汽车制造业、南昌飞机制造业。武汉是全国内河船舶制造中心，武钢是我国大型钢铁基地之一，武钢的东面有紧紧相联大冶的铁矿，北面有河南平顶山煤矿，当地水陆交通便利，发展钢铁工业的条件远比宝钢好。江西景德镇、湖南醴陵是我国陶瓷工业基地。武汉食品工业发达，门类齐全，华中四省有丰富的资源，中国是食品的王国，有悠久的"美食"历史，国内外有广阔的食品市场，华中是发展中国食品出口的理想基地。

8. 旅游资源丰富：华中地形丰富多姿，古迹名胜荟萃，饮食业发达，是理想的旅游区之一。华中第一批可以组织四大旅游群，一是将奉节白帝城、郧阳张飞庙、巫山十二峰、秭归屈原故里、葛洲坝组成一个旅游群。二是三国故事旅游群，将武昌黄鹤楼、蒲圻赤壁之战故址、岳阳鲁肃阅兵楼、古荆州、当阳长坂坡、襄阳古隆中组成一个旅游群。三是洛阳"九朝故都"旅游群，将东周王城、汉魏故城、隋唐洛阳城有关旅游点组成一个旅游群。四是长江、庐山、鄱阳湖旅游群。将旅游点组建成旅游群，使人看了一天还想再看，看了第二天还有东西再看，余味不尽。武汉是全国四大著名小吃城市之一，早点极为丰富。湘菜是全国八大菜系之一。游客来到华中，吃和游览条件很好，着意加以开发，可以成为旅游胜地。

9. 交通方便：华中地区水陆空交通比较发达，河南是陆路交通要道，京广、陇海两大铁路干线纵横贯穿全省。湖北是全国的腹地，水陆空的交通中心，京广铁路与长江航线交会于武汉，襄渝、汉丹、焦枝、武大、铁灵等铁路在全省纵横交织。湖南北有湘、资、沅、澧四大水系通长江，京广、湘桂、浙赣、湘黔、娄邵等铁路在省内纵横交叉。江西北部以内河航运为主，南部有浙赣、鹰潭铁路相通。华中四省以武汉为中心组成交通网络已有基础，客货交流比较方便，外通海洋，广联内地，有很好的地理优势。

10. 科技力量：湘、鄂、豫、赣四省文化发达，有丰富的科技力量。仅以武汉市而论,现有市以上的自然科学研究机构 133 所,科研人员 11 491 人,在全国大城市中居第三位,武汉现有高等院校 30 所,拥有正副教授约 2 000 余人,在校学生 6 万多人,仅次于北京、上海,在全国大城市中居第三位。华中地区人才多,为经济腾飞提供了智力条件。

华中地区开发,不指望中央给多少钱,只希望中央给政策,一是华中地区对外开放政策,允许武汉进一步对外开放,作为华中与外地经济贸易往来的市场。二是交通上给政策,使华中真正成为交通枢纽。目前武汉的铁路交通是有路路不通,武汉火车不能直达厦门,飞机航班不能四通八达,更不能直通国外。华中地区只要中央给政策,对外开放,可以消除外商投资徘徊观望的顾虑,大大加快引进外资和我国商品打入国际市场的步伐。

二、武汉对外开放,建立内地最大的国际市场,实行"中心开花"的战略方针

武汉对外开放,早开放,是上策。因为东部大城市投资过分膨胀,西部边远贫困缓不济急,从武汉"中心开花"可以带动一大片,使内地富起来。武汉进一步对外开放,能发展武汉对外经济贸易的必要条件,也是带动全国经济腾飞的战略政策。武汉对外开放,能发展内地同其他国家的经济关系,通过扩大对外经济交流,促进内地经济建设的发展和人民生活水平的提高,促进各国人民间的互相了解和友好合作。

内地发展国际经济贸易市场,是经济社会发展到一定阶段的必然趋势。由于各地的经济条件和自然条件的不同,必然超越国家界限与世界各国发生广泛的经济联系,形成相互作用和相互依存的世界经济关系,商品的价值突破了地方的、国家的界限,形成国际价值,使中外双方的人民从国际价值中得到绝对利益或相对利益。华中在武汉建立内地的国际市场,与外商具有广阔的合作前景。从外商来说,到华中来投资具有很大的吸引力,一是有丰富的资源,劳动力多,工资又低,并有潜在的巨大市场。二是投资环境好,社会秩序好,政局稳定。三是在华中投资可以较快得到较好的效益。这些条件可以满足日本企业追求长期稳定的目标，考虑企业的永久发展的要求。可以消除美国人认为"中国在沿海吸引外资，没有理论根据，只是权宜之计"的想法。从华中地区来说，武汉对外开放，以武汉市场为桥梁引进外资，用以弥补发展中建设资金和技术不足的问题，可以利用国际上的四大资源，一是国际市场上有八千亿美元的多余资金在找出路；二是有一百多万个先进技术专利可以转让；三是有一百多万已退休的各种专家人才可以招聘。我们可以向日本、西德、美国引进人才；四是国际市场上每天有四十亿单元的信息量在发送，我们可以从国际市场获得具有很高价值的经济技术情报。实施"中心开花"的战略，把武汉开辟为内地的国际市场，有以下优势：

（1）武汉的地理优势突出：从全国看，武汉地处我国内地的中部，位于长江中游，是川江、荆江、湘江、沅江、汉江的交汇点，地理位置"得中独厚"，"得水独厚"，经济比较发达，科技力量雄厚，在全国"承东启西，南北对流"当中，处于"中心辐射"的地位。历史证明：上海对外开放，只搞活了长江下游，长江中、上游仍然是"静静的顿河"。武汉对外开放，则武汉活，内地活，长江活，可以让上海成为亚太地区最大的国际金融市场。

（2）武汉历史上一直是内地最大的物资集散地：武汉不仅是湖北的武汉，华中的武汉，而且是全国的武汉。武汉一直是为全国商品交换的服务市场。武汉三镇商品流通的范围，曾东及江浙，南至湘黔两广，西至川滇西藏，北接豫陕晋冀鲁。南宋范成大的《出蜀记》，称武昌为"川广荆襄淮浙贸迁之会，货物之至者无数，日不问多少，一日可尽"。自从1984年下半年敞开三镇以来，到武汉集散物资的已有28个省、市、自治区，特别是大西北的青海、新疆、内蒙古等地的物资也来武汉集散。全国大部分省市和中央有关部门都在武汉设有经济办事机构。汉正街小商品市场已成为全国最大的个体经济的小商品贸易中心，小商品通过这里90%以上销往全国广大农村市场。

（3）有"汉口"的商誉：汉口这个商埠世界皆知。自从1858年中英《天津条约》开辟汉口为通商口岸以后，外商在武汉曾经开过的银行有：英国麦加利银行和汇丰银行、德国德华银行、法国东方汇理银行、日本横滨正金银行、美国花旗银行、比利时华比银行；外商来汉贸易的有十七个国家。汉口中国桐油、汉口猪鬃、汉口肠衣、汉口蛋品、汉口黄麻在国际市场上曾享有盛名。

（4）有地方建设开发区：阳逻港位于武汉郊区，地处农村，可以划出30平方公里建设开发区。阳逻水深港阔，万吨轮船可以停泊，并可直通海洋。再一个是"新滩地"。它是长江河道武汉段经过整治开辟出大面积土地，引进外资就有了建设地点。"新滩地"与阳逻紧邻，不仅是长江的重要港口，与国外交往比较方便，而且前靠长江，是理想的经济技术开发区。

（5）从武汉引进技术进行扩散，可以使内地经济建设提前十年时间。根据世界各国经济发展的经验，先进技术从沿海地区辐射到内地，以十年为一个周期，再从内地辐射到边远地区又要增加十年。根据国际技术转让惯例，从技术转让磋商，到制定有关条款达成协议所需的时间，最短期限是六个月，有的花两三年，国际技术投产一般是五年一个许可证合同周期。最先进技术是否准许"分售许可证"转让给第三方使用，还要得到工业产权所有者的许可，沿海地区的产品和技术是否愿向内地转移，是否对地封锁，实际上存在着向内地转移的障碍。

在内地设置经济技术开发区，国际上的先例很多，贝尔格莱德自由贸易区，就在南斯拉夫中部的内地，而且是南斯拉夫的首都。武汉对外开放后可能出现的问题是必然的，但我国的对外开放，是在国家指导下进行的，国家意志体现的是社会主义公有制为基础的社会意志，武汉对外开放健康发展将是主流。

三、发展横向联合与协作，面向大市场，扩大对外经济贸易，增强华中地区经济实力

华中地区发展商品生产，应按"大市场"的观念组织商品生产，要把企业微观经济→地方经济→中心城市经济→国家的国民经济→世界的宏观经济联系起来。所谓"大市场"是指依托武汉这个内地国

际市场，带动华中中小城市，再以中小城市和小城镇带动农村商品经济的发展。

面向大市场，起点高，发展前途大，商品回旋余地大，发挥各地商品经济优势的可能性大。面向小市场，起点低，发展前途小。所谓"小市场"是指地方市场、各个经济区小市场，以县为单位的市场，以及乡镇市场。

面向大市场，必然会发生贸易摩擦，带来竞争，竞争必然趋向联合。只有组织跨地区、跨部门、跨行业的联合，才能扬长避短，发挥各个地区、各个经济单位的经济优势，提高经济效果，特别是面对国际市场，竞争激烈，更需要联合。各地择优发展，如果各自为战，则势单力薄，在国际市场上难以形成力量。根据各个地区的优势，择优发展，采取协同作战的方针，以武汉为中心，把华中地区组织起来，面向全国，面向世界，内联西南、西北，外通海洋，在统一的经济战略意图和计划下，各个经济区之间和各个部门之间密切配合，农林牧副渔密切结合，工农商交紧密结合，采取相互支援的行动，在发展经济战略思想上统一，在利益上均沾，在指挥上协同作战，大力发展经济、贸易、物资、技术、人才五大协作，共同开发华中资源，共同发展对外经济贸易，定会增强华中地区的经济实力。欧洲十个国家为了共同发展，组成了一个"欧洲共同体"。华中四个省，在一个国家内为了共同利益，更应联合起来。

华中地区经济技术走向联合，存在着客观上的有利条件：一是自然条件复杂多样；二是矿产水利资源丰富，但各省分布不同；三是人口众多，都需要开拓市场，扩大就业门路；四是生产力水平高低不一，地区差异显著；五是各个地区组成社会消费是有差异的，相互需求不同，决定了相互贸易的条件。

为了发挥各地优势，面向大市场，走联合之路，以增强华中经济实力，需要狠抓三大项目协作：

(1) 依托武汉，从"中心开花"，联合西南、陕西，开发川江、荆江、湘江、沅江、赣江，带动两湖（洞庭湖和鄱阳湖）和长江开发。

利用武汉对外开放,以武汉为依托组建长江中游和汉水流域、湘江、沅江工业走廊;联通洞庭湖、鄱阳湖的工业圈以及"两湖平原"农业专业化地带,以华中四省为腹地组建各种类型的工农业商品基地;大力发展出口外销、经济特区需要的早创汇、多创汇的商品,再以武汉"硅谷"与之配套,构成以武汉为中心的长江中游、汉水流域、湘江、沅江沿岸和两湖的工业密集区,形成我国内地最大的国际经济、商品贸易、技术贸易和旅游经济区。这样,长江将沸腾起来,华中经济区将从地面升起。

长江是我国东西航运的大动脉,素有"黄金水道"之称,年货运量占我国内河运输量的70%。长江有八条大支流,其中长江上游和长江中游各占四条,最长的支流是汉水,最大的水量在长江中游。但是长江中游的工业,与世界比并不发达,是长江运输不发达的主要原因。

在任何商品贸易中,运输是不可避免的,而水路运输成本是比较低的。特别是笨重原料走水路成本更低,并且可以直接从船舶上运送到厂内储存,一条长江的运输能力,可以抵十多条铁路,而且占地少,经济效益高,内河顶推船队的单位能源消耗为铁路的50%,公路的20%。华中经济区的进出口货物不经上海中转,既可减轻上海港和铁路运输压力,又可充分发挥长江水运优势。从武汉港直通海洋,可以常年通航,由于造船技术的进步,在一些主要航运国家已大量采取江海直达船舶。

(2)以武汉为媒介,大力发展文化旅游,带动华中社会旅游,发动旅游攻势,带动内地对外经济贸易的发展。

旅游可以媒介友谊,媒介科学技术文化,媒介经济贸易。开展旅游可以以文化旅游为突破口,利用武汉国际市场,开展图书展览、博物展览、商品展览会、举办音乐会、电影会等活动,举办广播、电视节目评比会,联合拍摄电影,组织考古和三峡科学考察,举办国际性专业会议,组织大学、科研单位的学习班和科研协作。提供价廉方便的旅游设施和优质服务,招揽国外游客。发展包机运输,把客人从客源国运到武汉,再通过武汉由铁路、公路、轮船运到各旅游区。南斯拉夫、西班牙等国就是通过包机带来大批客人，它比开辟定期航班便宜。

(3) 建立中国"硅谷"，把科技转化为产品，走科技→生产→扩散之路，组织华中地区经济技术协作，生产早创汇、多创汇的产品，打入国际市场。

我国经济要腾飞，必须有中国的"硅谷"，否则就不可能有技术密集型工业，也就没有精密机械和复杂机械打入国际市场，那只能是长期落后，甘受贫困。

中国的"硅谷"建在哪里？武汉东湖是理想的地方。在东湖南岸—南湖周围四十多平方公里的土地上，风景优美，交通便利，条件优越，全国少有，知识、技术密集的程度，在国内仅次于北京中关村。这里，聚集了19所高等院校、54个科研设计单位，还有机械、仪表、电子、医药、轻工等产业的75个企业，集中组成关山、中北路、石牌岭三个工业小区。在这里，研究、设计、生产制造可以配套，是理想的技术开发区。在这里，以我方为主，吸收外资合资、合作经营、生产，可以成为对外技术贸易基地。东湖有如此优越条件，我们要把它用起来，把科技转化为产品，为华中经济腾飞服务，为内地和全国的经济腾飞服务。

尖端技术产品用途广泛，大有发展的潜力和余地，现在电子计算机的用途，不仅用于工业生产、国防、科研、通信、金融等部门，而且开始进入农业生产以至家庭生活。当代世界的机械工业普遍的发展方向是提高质量，提高精加工程度，实行机械电子的一体化。我国的机械工业也需要走机电结合的道路，发展各种各样的数控机床，数显机床，发展新的加工系统。

电子产品在国际市场上很有销路，西欧电子计算机的主要元件——集成电路方面，目前仅能自给30%左右，先进的指状集成电路块的自给率更低，其主要元件大部分从美国、日本进口。世界上集成电路的大制造商有10家，美国占5家、日本占4家、西欧占1家，集成电路领域大有发展余地。

我们不要迷信，怕"尖端技术产品"几个字，实际上尖端技术产品当中也有高档、中档、低档产品之分,关键在于生产出"名牌"来。我们暂时生产不出"高档名牌产品"出来,但是我们一定会生产出"低档名牌产品"打入国际市场。"王安电脑"的老板是美籍华人,上海交大的学生,驰名世界电子市场。我们华中地区只要联合起来,建立中国的"硅谷",让中国"硅谷"从"东湖"升起,走科技→生产→扩散之路,把科技成果转化为产品。我们的电子产品定能在国际市场打开局面,挤入尖端技术产品的国际行列。

(与肖国金合写,载《武汉经济研究》1986年第2期,武汉经济研究所主办)

二论"中心开花"
——华中经济区的经济社会发展战略

(1986年5月)

在讨论华中经济区的经济社会发展战略的时候,本文拟再谈"中心开花"。

"中心开花"的战略,是指全国的经济社会发展重点应由东部向中部推进,从华中经济区"中心开花",带动内地发展;华中经济区应从武汉"中心开花",带动周围地区的国内外贸易、经济、技术的发展。

一、"地区投资重点"应及早由东部向中部推进

我国经济在地区的发展上应该是有重点的。我们是社会主义国家,实行有计划的商品经济。经济发展的地区重点,首先表现为固定资产投资计划,它包括基本建设投资和更新改造措施投资两大内容。固定资产投资计划的基本任务应该是:正确确定基本建设和更新改造措施的总规模,合理安排投资比例和使用方向,统筹规划新建、扩建和更新改造措施项目,努力提高投资效果。

在"七五"期间以至90年代,党中央已经建议将能源、原材料两大"项目重点"放到中部地区。那么,"地区投资重点"放到哪一个经济地带是最佳的方案呢?我们认为:"地区投资重点"放在中部为上策。这是基于以下两种考虑:

1. 在对外开放政策的指引下,在福建、广东实行"特殊政策,灵活措施",兴办深圳、珠海、汕头、厦门四个经济特区,在沿海先后开放十四个港口城市和海南岛、长江三角洲、珠江三角洲、闽南三

角地区以及辽东、山东两个半岛。沿海地区经济的发展大大加速了。这是可喜的一面,但也带来了问题:第一,沿海大城市的规模过分膨胀,在上海、天津等地大企业太多,水源不足,因超量开采地下水而发生地面沉降现象,只好从相当远的地方去引水;第二,沿海城市交通运输突出紧张;第三,工业偏集沿海的状况又有发展,沿海与内地工业发展不平衡的差距又在扩大。目前开放地区的人口只有一亿多,而工业总产值却占全国一半以上,这是很值得注意的一个数据。"我国经济在地区的发展上应该是有重点的,但绝不是机械地等待建设好一块再建设另一块。"①

2. 地区投资重点由东部向中部转移,可以扩大我国自然资源开发利用的范围和规模。只有内地工业加速发展了,才能为全国工业增添新的活力,才能增强我国的工业实力,才能把中部地区潜在的生产力变为现实的生产力。特别是随着长江中游、汉江、湘江、沅江、赣江的开发,将带动内地交通运输和城市建设的发展,提高西部边远地区的经济文化水平。

二、全国应从华中经济区"中心开花"

华中经济区在整个国家战略布局中,处于搞活内地、搞活长江的关键地位。其一,加速华中建设,可以加快内地建设,为全国谋求最大利益;其二,华中是全国的精华地区,是潜在生产力最大的地区,加速开发可以得到少投入,多产出的效益。

华中有十大丰富资源:

1. 粮食丰富:两湖平原(包括洞庭湖平原和江汉平原)、鄱阳湖平原是全国性的商品粮基地,也是生产水平较高的南方商品粮基地。粮食是国民经济基础的基础,华中地区有粮食,为发展工农业和第三产业提供了有利条件。

2. 水产丰富:洞庭湖、鄱阳湖是我国淡水水产业最发达的地区之一,发展水产业的历史悠久,基础良好,劳力充足。湖北是我国最

---

① 见《中共中央关于制定国民经济和社会发展第七个五年计划的建议》。

大的鱼苗产区。湖北枝江以下的沿江一带，湖南的湘江都是我国鱼苗的著名产区，全国各地的鱼苗依靠"两湖"（湖北、湖南）大量供应。

3. 经济作物丰富：丰富的经济作物能为轻纺工业的发展和出口创汇提供物资基础。华中地区经济作物居全国前列的有：（1）棉花，全国棉田最多的省是湖北。鄂豫两省是棉花集中产区，又是棉纺织加工中心。（2）芝麻，全国芝麻主产区有五个省，其中河南、湖北两省的产量占全国一半以上。（3）油菜，江汉平原、鄱阳湖湖滨地区是我国最大的油菜产区。（4）茶叶，湘、鄂、赣三省都是茶叶的重要产区。（5）红枣，河南是红枣主要产区，河南新郑的灰枣是红枣中的优良品种。（6）黄花，全国以湖南产量最多，约占全国产量一半以上。（7）柑橘，鄂、赣、湘都是柑橘主要产地。（8）黄连，是我国的特产药材，湖北是黄连的主要产区之一。（9）烟叶，以河南产烤烟最多，河南许昌是我国最早的三个重要烤烟基地之一。（10）黄麻，是我国特产，我国历来是世界上最大的黄麻生产国，湘、鄂、赣是我国黄麻的著名产区。华中地区的经济作物美不胜收，信手拈来就有十大拳头产品。

4. 矿产资源丰富：湖南锡矿山是世界上最大的锡产地；湖南水口山是我国规模最大的铅锌矿；湖南湘潭锰矿在全国占重要地位；在赣北和鄂东找到了特大型铜矿，其中大冶是我国重要铜矿基地；我国铝矿以河南的开采量最大；河南鹤壁、焦作、平顶山都是有名的煤炭基地。

5. 水资源丰富：水是农业的命脉，又是发展工业和航运的必要条件，没有丰富的水资源是难以兴办工厂的。这里是长江汇集支流最多的地带，有长江最长的支流汉水，有"洞庭湖"、"鄱阳湖"两大水系，湖泊众多，是我国水资源最丰富的地方。华北、西北发展工农业的严重问题是缺水，华北、西北耕地面积占全国的一半以上，径流量不到全国的10％，而华中地区却得水独厚。

6. 能源丰富，特别是水能源丰富：葛洲坝水电站、丹江水电站分别建在湖北的宜昌和丹江口。河南是全国煤炭和石油储量丰富的省份之一。

7. 工业有基础：华中地区的机械工业发达；武钢是我国的大型钢铁基地之一；江西景德镇、湖南醴陵是我国陶瓷工业基地。华中各省有丰富的食品资源，"民以食为天"，食品工业是永不衰败的工业，它应成为华中地区发展最快的工业，并可大量出口，为国家早创汇、多创汇。

8. 旅游资源丰富：华中地形丰富多姿，古迹名胜荟萃，饮食业也发达。可以将一批旅游点组建成四大旅游群：三峡自然风光旅游群，三国故事旅游群，洛阳"九朝故都"旅游群，九江、庐山、鄱阳湖旅游群。

9. 交通方便：华中地区水陆空交通比较发达。河南是陆路交通要道，京广、陇海两大铁路干线纵横贯穿全省。湖北是全国的腹地，水陆空的交通中心，京广铁路与长江航线交于武汉，襄渝、汉丹、焦枝、武大、铁灵等铁路在全省交织。湖南北有湘、资、沅、澧四大水系通长江，京广、湘桂、浙赣、湘黔、娄邵等铁路在省内纵横交叉。江西北部以内河航运为主，南部有浙赣、鹰潭铁路相通。

10. 科技有力量：湘、鄂、豫、赣四省文化发达。仅以武汉市而论，武汉现有市以上的自然科学研究机构、科研人员，在全国大城市中居第三位。武汉现有高等院校和拥有的正副教授、在校学生，仅次于北京、上海。华中地区人才多，为经济腾飞提供了智力条件。

开发华中地区，条件很好。除了必要投资以外，特别希望中央给政策：一是华中地区对外开放政策，允许武汉进一步对外开放，作为华中与外商经济贸易往来的市场。二是交通上给政策，使华中真正成为交通枢纽。目前武汉火车不能直达厦门，飞机航班不能四通八达，更不能直通国外。给华中地区以政策，就可以消除外商投资徘徊观望的顾虑，大大加快引进外资和我国商品打入国际市场的步伐。

三、华中经济区应从武汉"中心开花"

就华中经济区来说，则要从武汉中心开花。把武汉开辟为内地国际贸易商埠，谋求与外商合作，引进外资、先进技术、设备，用以加速华中经济区的现代化,加快内地建设。

1. 在武汉建立内地的国际市场,与外商合作,具有广阔的前景。对外商来说,到华中来投资具有很大的吸引力:一是有丰富的资源,劳动力多,工资又低,并有潜在的巨大市场;二是投资环境好,社会秩序好;三是在华中投资可以很快得到较好的效益。这些条件可以满足日本企业追求长期稳定的目标、考虑企业的永久发展的要求,可以消除有些美国人认为的"中国在沿海大量吸引外资,没有理论根据,只是权宜之计"的想法。从华中地区来说,武汉对外开放,以武汉市场为桥梁引进外资,用以弥补发展中建设资金和技术不足的问题,可以利用国际上的四大资源:一是国际市场上有八千亿美元的多余资金在找出路;二是有一百多万个先进技术专利可以转让;三是有一百多万已退休的各种专家人才可以招聘;四是国际市场上每天有40亿单元的信息量在发送,我们可以从国际市场获得具有很高价值的经济技术情报。

2. 武汉的地理优势突出:从全国看,武汉地处我国内地的中部,地理位置"得中独厚","得水独厚",在全国"承东启西,南北对流"当中,处于"中心辐射"的地位,发射功能大。武汉历史上一直是内地最大的物资集散地,"货物之至者无数,且不问多少,一旦可尽"。① 汉口这个商埠世界皆知,自从1858年中英《天津条约》开辟汉口为通商口岸以后,外商在武汉曾经开过的银行有:英国麦加利银行和汇丰银行、德国德华银行、法国东方汇理银行、日本横滨正金银行、美国花旗银行、比利时华比银行。外商来汉贸易的有十七个国家,包括英、法、俄、美、德、丹麦、荷兰、西班牙、比利时、意大利、匈牙利、日本、瑞士、秘鲁、巴西等。打上汉口的牌子,具有很高的商誉。

华中地区经济技术走向联合,存在着客观上的有利条件:一是各地自然条件复杂多样;二是矿产水力资源丰富,但各省分布不同;三是人口众多,都需要开拓市场,扩大就业门路;四是各地生产力水平

---

① 见南宋范成大的《出蜀记》。

高低不一，地区差异显著；五是各个地区组成社会消费是有差异的，相互需求不同，决定了有相互进行贸易的条件。为了发挥各地优势，增强华中经济实力，需要狠抓三大项目协作：

1. 以武汉为媒介，大力发展文化旅游，带动华中社会旅游，发动旅游攻势，带动内地对外经济贸易的发展。

旅游可以媒介友谊，媒介科学技术文化，媒介经济贸易。发展旅游可以以文化旅游为突破口，利用武汉国际市场，开展图书展览、博物展览、商品展览，举办音乐会、戏剧会、电影会，举办广播、电视节目评比会，联合拍摄电影，组织考古和三峡科学考察，举办国际性专业会议，组织大学、科研单位的学习班和科研协作。提供价廉方便的旅游设施和优质服务，招揽国外游客。发展包机运输，把客人从客源国运到武汉，再通过武汉由铁路、公路、轮船运到各旅游区。南斯拉夫、西班牙等国就是通过包机带来大批客人，它比开辟定期航班便宜。

2. 联合西南、陕西，开发川江、荆江、汉江、湘江、沅江、赣江和两湖（洞庭湖和鄱阳湖），利用武汉对外开放，在华中组建各种类型的工农业商品基地，大力发展出口外销、经济特区需要的商品。

3. 建立中国"硅谷"，把科技转化为产品，走科技→生产→扩散之路，组织华中地区经济技术协作，生产早创汇、多创汇的产品，打入国际市场。

中国要想经济腾飞，必须有中国的"硅谷"，没有中国"硅谷"，就没有技术密集型工业，也就没有精密机械和复杂机械打入国际市场，那只能是长期落后。

中国的"硅谷"建在哪里？武汉东湖是很理想的地方。我们要把它用起来，把科技转化为产品，为华中经济腾飞服务，为内地和全国的经济腾飞服务。

尖端技术产品用途广泛，大有发展的潜力和余地。现在电子计算机不仅用于工业生产、国防、科研、通信、金融等部门，而且开始进入农业生产以至家庭生活。

电子产品在国际市场上很有销路。

我们不要迷信，怕"尖端技术产品"几个字，实际上尖端技术产品当中也有高档、中档、低档产品之分，关键在于生产出"名牌"来。我们暂时生产不出"高档名牌产品"来，但是我们可以生产出"低档名牌产品"来打入国际市场。华中地区只要联合起来，建立中国的"硅谷"，走科技→生产→扩散之路，把科技成果转化为产品，电子产品定能在国际市场打开局面，挤入尖端技术产品的国际行列。

(与肖国金合写，载《学习与实践》1986年第5期)

加快改革步伐，迅速把武汉建成我国内地最大的交通中心

(1987年3月)

武汉的经济体制综合改革，以"两通"为突破口取得了初步成效。今后如何进一步增强武汉作为中心城市的吸引力、辐射力，使之成为城乡经济网络的枢纽？如何进一步增强武汉的经济实力与活力，使之成为开放型、多功能、社会化、现代化的经济中心？这是武汉综合改革向纵深方向发展所面临的重要课题。

经济中心，首先应该是交通中心（广义的，包括运输和邮电）。武汉现在交通发展迟缓，已不能适应全国经济发展的需要。因此，必须迅速改变武汉交通落后的状况，要有一个实质性的突破。

如何突破？应该采用什么样的发展战略？我们认为：应从全国交通中心的地位出发，发挥"得中独优、得水独厚"的交通优势，加快改革步伐，把武汉建成我国内地最大的"内联九省、外通海洋"的交通中心，就是说，武汉不仅要成为我国内地最大的交通中心，而且还要面向世界。下面试就实现这一战略目标的重要性、紧迫性，当前交通存在的主要问题和实现战略目标的措施等三个方面谈些看法。

一、实现战略目标的重要性与紧迫性

从湖北省来看，武汉是省会所在地，是全省的交通中心。要实现湖北省的战略奋斗目标，必须"以武汉为依托，以中等城市为枢纽，以'两通'为两翼起飞，奏一曲工农齐上，山水平原共鸣的交响乐"。"两通"的起飞，尤其是交通的发展，可以使武汉的辐射面向全省、面向华中、面向全国。这不仅对全国有好处，对湖北省更有好

处：第一，广大农村的农副产品和其他产品可以通过武汉运输到本省和全国各地，有的还可以远销外国；第二，农村所需要的生产资料和生活资料可以通过武汉得到充分供应；第三，武汉和其他中小城市所需要的农业原材料和来自农村的生活资料等可以得到充分及时的供应，它们的产品可以畅销到农村和其他地方去；第四，可以利用武汉市生产设备和科技力量帮助中等城市和乡镇企业及农业进行技术改造；第五，本省外销其他各省或外国的物资可以通过武汉转运出去，本省所需的外省物资或外国的技术设备也可通过武汉引进来；第六，可以促进本省其他非工农行业的发展，即第三产业的发展。总之，以武汉为依托，加快交通发展的步伐，必将大大促进湖北省城乡通开，推进横向联合，使商品经济得到更好的发展。

从华中地区来看，武汉雄踞长江中游，历史上早就有"九省通衢"之称，是华中水陆交通枢纽，是联系内地的桥梁。只有武汉交通通了，华中才能联成一片，经济也随之活了；经济活了，则又能推动武汉交通向前发展，可以使武汉更好地发挥枢纽和桥梁的作用。

从全国范围来看，武汉地处全国交通中心，水陆空运四通八达，是我国内地最大的交通枢纽，正处在全国发展战略"东靠西移、南北对流"的十字中心，即南北铁路大动脉京广线和东西水路大动脉长江的交叉点，是"承东启西、贯通南北"的关键部位。这个特点是武汉得天独厚的战略地位，也是交通发展的战略优势。不管今后全国的经济发展战略怎样制订，这个天赋的优势和特点总是改变不了的。可以说，武汉的交通状况如何，对于华中、华东、西南、西北乃至全国的经济发展，对于促进我国经济振兴和繁荣，顺利实现党的十二大提出的宏伟目标，有着十分重大的全局意义。这就是实现战略目标的重要性。

实现这个战略目标，不仅十分重要，而且极为紧迫。

1. 从商品经济发展的需要来看

商品是为交换而生产的产品，它要通过流通环节才能到达使用者手中，也要通过流通环节来实现它的价值，而交通是生产过程在流通领域的继续。所以，交通和流通是互相依存的，交通是物质运载渠道，流通是物质交换的组织形式。

现代的生产，正逐步向社会化、专业化、深度化方面发展，产品在空间上的转移和时间上的变化更为错综复杂。这样，流通领域中的交换行为和运输行为就显得更为重要了。交通和流通不畅，就要妨碍生产和消费、本地同外地、城市和乡村、国内和国外商品交换。所以，要发展商品生产，必须把"两通"作为一个长期的发展战略目标。"两通"中，交通又必须先行，否则流通就流不动，通不起来。

现在的问题是，"两通"仅仅只对内流通开始通，对外开放的流通还很不够。交通更严重落后于流通，不仅不是先行官，而且成了阻力。交通仍然是生产发展的瓶颈，仍然是商品经济发展的薄弱环节。这个瓶颈不打破，武汉就不可能成为我国内地"内联九省、外通海洋"的最大交通中心；这个薄弱环节不加强，武汉整个经济的发展就会受到束缚，而且影响华中，拖住全国经济发展的后腿。所以，大力发展交通，这不仅是武汉，也是全国经济腾飞的关键，是为经济长远发展提供后续能力的基础。

2. 从发挥中心城市作用的需要来看

首先，发挥中心城市的作用，是改革不适应商品经济发展的僵化体制的要求。只有建立以中心城市为依托的经济区，才能打破条块分割，克服政企不分，才能增加企业的活力，才能使交通协调发展。而僵化体制的改革，并由此带来交通的综合发展，必将使中心城市发挥更大的作用。

其次，中心城市是地区内的经济中心，与整个地区经济发展相依存。没有中心，地区经济就会是一盘散沙。中心和其所联系的地区之间必定要有一定的纽带，地区的各点之间也要有一定的纽带。这样，才能形成以中心城市为依托的经济网络，否则商品、物资、信息、货币、人才在中心城市和地区之间以及地区内就流通不起来。所以要形成经济网络，就要有桥梁和纽带，这就是交通和流通。可以说，中心城市是心脏，"两通"是血管和血液，没有血管和血液流通，心脏发挥不了作用。同样，没有"两通"，中心城市也发挥不了经济中心的作用。所以，经济中心首先应是"两通"的中心。

再次，交通是中心城市辐射力、吸引力大小的条件和基础。一个城市能够成为多大的经济中心，或这个经济中心能够发挥多大的作用，就要看它"两通"的条件如何，尤其是交通的条件。条件差，作用就小；条件好，作用就大。

3. 从武汉交通的特点和优势来看

武汉交通的突出特点是"得中独优、得水独厚"，是我国内地最大的综合性交通枢纽。但也应看到，有不少特点还只是潜在优势，及早发挥这些优势，也是实现战略目标的迫切需要。

武汉是靠水运兴起的城市，是我国内地最大的河港，这里有着发展水运的良好条件。第一，长江是我国内河运输的最大动脉，以长江干流为主的航运水系，连接着我国许多重要的江河湖海，构成了一个庞大的、四通八达的水运网，武汉是这个水运网的枢纽。以武汉为中心的五条辐射状水运网联结着中南、西南、华北、华东的十四个省、市、自治区，面积达二百多万平方公里。它既可"内联九省"，联系广大内地市场，又能"外通海洋"，联结国际市场。第二，通航里程长，船舶泊位大。从武汉由长江东去上海1 125公里，全年可通航5 000吨轮船，盛水季节可通航万吨轮船；由长江西去重庆1 375公里，全年可通航2 500吨轮船，洪水期可上溯达宜宾。第三，武汉港优良，潜力大。长江自西南向东北流经市区约60公里，上起金口，下至阳逻，岸线120公里。河道顺直，江面宽阔，且岸线紧靠城市，客货集散十分方便。第四，除长江干流和汉江以外，还有东荆河等11条主要支流可以通航，这对于以武汉为依托，城乡通开具有重要作用。

武汉是我国十大铁路枢纽之一。纵穿武汉的京广线是我国南北交通的大动脉，全线越过华北平原、两湖平原、南岭山地；跨过海河、黄河、长江、珠江四大流域；连结北京、河北、河南、湖北、湖南、广东六省市。沿线煤、铁、有色金属及农产品资源丰富，工业发达，城镇众多，是我国一条经济意义很大的铁路干线。另外，京广线全线与十六条干支线铁路相交，经过北京、石家庄、郑州、武汉、株洲、广州六个铁路枢纽，在武汉与长江干流相交。所以，京广线是我国铁路网的中轴，也是我国综合运输网的主轴。通过这条中轴，武汉可以和全国任何地区联起来；通过这条主轴，武汉的综合运输可以得到更大的发展。

武汉也是华中地区的公路中心。出入武汉的国道有五条，省道有八条，省际公路客运线路 37 条，零担货运线路 21 条。可直达京、沪、豫、冀、陕、皖、赣、粤、浙、苏、川、湘十二个省市，形成了以武汉为中心的公路运输网。

武汉也是全国民用航空网的重要组成部分。有省内外航线九条，过境航线八条，由武汉可以直达国内各大中心城市。

邮电方面，武汉邮政局是我国南方四省邮运调度中心和全国十大邮运枢纽之一，又是中南地区报刊供应量最大的城市，还与世界上一百一十多个国家和地区通邮。武汉电信局是中南地区电信通信中心，已建成"京汉广"中同轴电缆载波系统。还有一条横穿东西的宁汉渝光纤通信系统正在筹建，另外有五条微波通信干线在这里交接，邮电部已将武汉作为光纤电缆通信的科研基地，武汉将成为全国最大的通信枢纽之一。

由此可见，武汉的交通战略地位在全国十分重要，但它的潜力远远没有发挥出来。尤其是对外交通条件很差，至今还没有先进水平的国际机场和停泊万吨以上轮船的港口，这样的状况怎能搞好对外开放，发挥武汉对外港口城市的作用呢？武汉要发挥中心城市作用的关键是交通要上，只有名符其实地成为"内联九省、外通海洋"的交通中心，才能振兴武汉，搞活长江中游和汉水流域，才能加快内地建设，为全国谋取更大经济效益。

二、当前交通存在的问题

1. 体制问题

目前，我国采取的是交通部、铁道部和民航总局分管交通的体制。这种以条条为主、互相分割的交通管理体制，对形成综合运输网络和发挥各种运输方式的优势是很不利的，愈来愈不能适应国民经济发展的需要。这种状况也使武汉的交通体制存在不少问题。

武汉现行交通体制主要弊端是条块分割，各自为政，政企不分，以致不能按照经济规律的要求办事，形成机构重叠、层次多、环节多、人为障碍壁垒多的状况。

武汉目前有三百多家运输企业，分为四个管理层次：有中央部管企业、省管企业、市直属企业、区县属企业。条块分割，十分复杂。从在武汉市的十五家主要交通部门来看，党政关系都在武汉市的只有两家；党的关系在市、行政业务关系属各部或省的有五家；党政关系都不在武汉市的有八家，而这八个单位，承担着武汉市进出口客货运输的主要任务。由于政出多门，各行其是，使武汉交通的枢纽功能和综合优势不能得到充分发挥。以政代企的现象虽有所改进，但政企不分的情况仍然十分普遍。现在虽然下放了一批企业给地方，同时也按经济要求进行跨地区、跨部门、跨行业的经济协作的横向联合、组织地区之间的合理经济网络，但由于没有一个权威性的机构进行全行业的管理，不能统一政令、统一规则，加之企业本身还不是真正有责有权的经济实体，所以仍然存在着许多无法解决的矛盾。如横向联合中出现的自流状态，不平衡状况，联合体缺乏政策上的扶持，国家的政策、交通法规不能及时得到贯彻，联合协议缺乏法律保障等。

要解决这些矛盾，现在就应该在交通体制上来一个实质性的突破，这已成为武汉交通发展迫切需要解决的问题。

2. 交通条件差

（1）交通网络布局不完善

武汉现已基本上形成了一个开放式的、立体型的交通邮电网络，但还存在一些问题。如铁路的危险品车站设在武昌，而用户和来源多在长江的北岸，增加了危险品在大桥上迂回行驶的机会；公路出口少，运输不畅，堵塞严重；汉阳作业区与汉阳车站因联络线路不畅通，造成压船、压车等现象，影响了水铁联运的效益；市内公用交通线路少，车辆通过能力低等。

（2）运输方式结构不协调

当前，武汉运输方式结构要进一步完善。现在的情况仍然是"铁路吃不了，水运吃不饱"。以1984年旅客发送量和货物进出口量

的比重为例:

	旅客发送量(%)	货物进出口量(%)
铁　路	62.05	53.57
水　运	15.64	34.738
公　路	21.88	11.686
航　空	0.43	0.006

以上可见,武汉铁路客货运量很大,运输任务十分繁重。而水运的潜力没有充分发挥。要迅速改变"水运吃不饱"的状况,使运输方式结构协调发展,突出"得水独厚"的优势。

(3) 运输能力低

交通运输是一个独立的经济部门,是生产在流通过程中的继续。它既依赖于工农业生产的发展,又要求它超前建设,才能更好地保证工农业再生产的顺利进行。一般来说,在运输能力利用率达到70%至80%时即需要进行改造。目前,武汉各种运输方式的运输能力利用率已达到饱和或接近饱和。如武汉铁路枢纽京广线区段,1982年由北向南的重车方向输送能力为3 795万吨,而目前实际货运密度已达到3 563万吨,相当于输送能力的93.9%。武汉港吞吐量为1 750万吨(据1979年测算),1984年货物吞吐量为1 460万吨,相当于港口吞吐能力的83.4%。另外,据测算到2000年武汉地区各种运输量将达到1.6亿吨,因此,运输能力必须有一个飞跃的发展,才能满足经济发展的需要。

(4) 交通基础设施落后

铁路:客货运设施和编组能力,不能适应需要。汉口火车客运站只有三股道,站线长度短,且运转货物列车在此交会、通过,经常堵塞。货场能力不足,缺少专业性货场。编组站能力不强。

公路:运输不畅,严重堵塞。路网稀,市属郊区、县还有百分之四十的乡,特别是老少边穷的山区没有通车;公路出口少,路面等级低,五条国道和八条省道都超过了设计流量和使用寿命;路况差,不少区乡公路晴通雨阻;市内公用交通线路少,车辆通过能力低;停车场和维修、生活配套设施奇缺。

港航:河道淤塞严重;港口设备简陋、泊位不足、库场窄小;无海轮作业点,严重影响了国内外贸易的发展。

邮电通信设备不足,技术落后。邮政服务网点稀少,邮电所生产场地狭小,除运输采用机械化外,内部处理基本上是手工劳动。电信设备严重不足,话务阻塞多。

航空:这是武汉交通最薄弱的环节。至今没有能起降大型飞机的机场,现有基础设施不足。

3. 资金不足

武汉交通发展步伐迟缓,资金不足也是重要原因。

过去,交通建设的资金,主要靠国家拨款,但在这方面却出现了三次"忽视":第一次是搞"山、散、洞"时,忽视把资金用在像武汉这样的老工业基地;第二次是十一届三中全会以后,认识到搞"山、散、洞"的效益差,而把经济发展的重点放在沿海地区,放在新开辟区,这就使武汉老工业区的投资又落后;第三次是"七五"规划期间,国家仍把重点放在东部地区,忽视了把资金用在像武汉这样一个主要的内地交通贸易中心。

由于这三次"忽视",使武汉建设资金严重不足,交通设施建设缓慢。发展交通,没有国家的扶持是不可能的,如修建武汉国际机场和武汉长江大桥二桥,需要大量的资金。这不是省市自己的力量可以解决的。所以,今后国家投资,望能从这三次"忽视"中走出来。

4. 管理不善

当前,武汉交通管理工作存在的主要问题,一是机构不健全,二是管理不善,出现服务质量差、运输网络不合理(如迂回运输)、运输工具分工不协调(如重铁轻水)等现象。加强管理工作,可以进一步发挥现有交通运输的潜力,必须引起重视。

三、实现战略目标的措施

1. 进一步完善交通管理委员会

武汉市交通管理委员会（以下简称"市交委"）成立已近两年。实践证明，现行的"委员制"，仍然不能从根本上解决条块分割、政企不分的局面；仍然不能有效地进行以搞活企业为中心的体制改革。不少问题是"议而不决、决而难行；各自为政、难以平衡"。因此，急需完善"交委会"。

第一，就要使"交委会"成为一个能够用经济、法律、行政手段对所有交通方式实行全行业管理的政府机构。这个机构的职责，主要是"统一管理、统筹规划、组织协调、综合平衡、监督服务"，对企业实行间接的微观控制，为搞活企业提供条件。

第二，为了实行全行业管理，建议所有在汉交通部门，下放武汉市，实行双重领导、以市为主的管理体制。

第三，只有使"市交委"成为具有以上功能的政府职能部门忠实地恪守职责范围，才能从根本上杜绝条块分割，政企不分的弊端，才能使行政权与经营权分开。

建议设立中央交通管理委员会，以便在全国范围内实行集中统一领导，形成高效率的、合理的综合交通结构，满足国民经济发展的需要。

2. 加强交通条件

（1）统筹规划、合理布局，建设立体型的综合交通网络

武汉交通网络的规划和布局，一要根据武汉交通的优势，结合自然、经济、科技等方面的条件，着眼于全国、华中和湖北，统筹规划合理布局；二要与工农业布局和城镇居民点分布相适应，既要有利于工农业的发展，又要方便人民生活；三要协调好各种运输方式之间的关系，形成综合运输能力；四要经过科学调查，预测运输量的大小、流向及构成的变化，并依据不同运输方式的技术经济特征和地区优势，确定运输网络的最佳方案。这样，才能形成"人便于行、货畅其流、通信灵敏、四通八达"的水陆空立体型综合交通网络，取得

满意的经济效益和社会效益。

（2）科学分工、协调发展，完善交通结构

客货运输的全过程，往往是由多种运输方式密切协作，共同来完成的。各种运输方式因其运载能力、运行速度、运输费用、建设资金等特征不一样，它们有最能发挥优势的范围。因此，在运输的全过程中，由于地区性的差异，需要因地制宜地运用不同的运输方式，需要不同的运输方式相互之间科学分工、协调发展，才能取得在时间、空间和运费上的最佳效益。

武汉在各种运输方式中，水运的发展速度太慢。在调整交通结构时，要抓住水运这个关键环节。而武汉的水运主要依托长江，长江的运输量可以抵得上十四条、甚至二十条铁路的运输量；一个长江船队的载运量相当于十列火车；在长江中下游，单位动力的拖引能力为火车的五倍，为汽车的十五倍。而且能源消耗低、运输成本低，所以，长江被人们誉为"黄金水道"。可是，这一条"金道"，至今远未得到充分的开发与合理的利用。

此外，还要大力开发航空事业，努力发展公路运输，充分挖掘铁路潜力，逐步做到"公路承担短途客货运输，民航承担长途客运，铁路、水运担负运输长途大宗物资和中程客运"，使武汉已经形成的"综合的、协调的、比例合理的运输结构"更加完善。

（3）狠抓科技、充实设施，加强交通条件

水运运输条件的建设应是重点。要加快港口建设，改建、扩建老港区，修建新港区、增加码头泊位，修建多层储库、扩大库场面积和堆存能力，引进先进设备、提高装卸效率。要整治长江、汉水航道，使各种类型船舶畅通无阻。要更新船舶，添置各种先进的大、中、小型客货船舶，并且使之标准化，系列化。要大力发展对外洋的航运事业，搞好这方面的基础设施配套建设。

为了充分发挥武汉中心城市的作用，把武汉办成内地第一个对外开放城市，及早建立国际"空中走廊"意义十分重大。要排除各种困难与阻力，优先在武汉建设一个全国最大的飞机场，并要使它成为一个重要的国际机场。现有的机场要整修和扩建。要用最先进的科技更新和改造调度指挥系统、通信导航和气象保证等技术设备。要增添新型飞机，开辟新的航线，增加航班。

目前，武汉铁路枢纽运输能力与运量的矛盾十分突出，这就限制了运输密度和牵引重量的提高，从而影响各项技术经济指标的实现。要想解决这个矛盾，除了用经济手段同行政手段、法律手段相结合的计划指导和管理外，铁路本身的挖潜也是十分重要的。因此，要加速枢纽和编组站的现代化改造，改建、扩建、新建客货场，合理布局专业性货场，减少迂回运输、曲线运输、对流运输，对干线进行技术改造，建设复线，逐步实现电气化。

公路运输是武汉综合运输网络中重要组成部分，客货运输地位都很重要。目前主要问题是运输不畅、堵塞严重。解决的措施是：首先要大力改造现有公路网络，组织合理运输，提高车辆通过能力；其次是提高公路技术标准，建议修两条高速公路与武汉国际航空中心站配套。一条是武汉——北京，一条是武汉——广州——深圳——香港，用以发展武汉、湖北、华中各地与北京、广州、深圳、香港之间的商品交流；再次是采用油耗低、载量大的、技术先进的车型，实行汽车大型化，专业化；最后要增强公共交通设施。

邮电通信方面，要增设邮电服务网点，提高技术，增加设备，改变话机容量严重不足，电报、长途电话电路的自动化程度低、电话打不通和听不清的现象。

总之，各种交通运输设施，都要成龙配套，不仅要考虑到铁路、公路、水路和航空主要干线的建设，而且要考虑到港口、客货运码头、车站、仓储、装卸、保管等有关设施。

3. 多渠道筹集资金

要解决运输方式、运输条件落后的状况，必须要有大量的基本建设投资。钱从什么地方来？一是国家增加对交通建设的投资。二是尽快建成武汉经济特区。望中央能给两大政策：第一，给前来投资和提供先进技术的外商以优惠待遇，税收低一些，内销市场让一些，使其有利可图；第二，扩大武汉市的自主权，让武汉市有充分的活力去开展对外经济活动。这样有利于吸引外资，有利于争取外汇，有利于引进先进技术。三是在税收上,适当减征营业税和所得税,使企业有自身增值和扩大生产的能力;在信贷上,给予低利率、中长期贷款或无息贷款。四是向社会集资,建立股份公司,采取多种形式办交通运输事业。五是实行收费制度。若武汉长江二桥实行收费制,就会吸引外资。

4. **迅速把武汉建成我国内地第一个经济特区**

目前,武汉对内已经敞开,需要继续发展的是对外开放,把国内市场与国际市场结合起来,建立内地的国际贸易中心。武汉对外开放,则武汉活、上海活、长江活、内地活,可以带动半个中国富起来;武汉对外开放,则水运、空运、铁路、公路客货运量将急剧增加,邮电通信将大幅度发展。总之,随着武汉经济特区的建成,交通也会有更大的发展。

[与樊民、肖国金、徐德宽合写,载《武汉大学学报》
(社会科学版) 1987 年第 3 期]

武汉市经济体制改革回顾与展望

(1986年10月)

武汉自实行计划单列、综合经济体制改革以来，为时不到两年。由于"两通"、三镇开放、面向全国，打破了过去条块分割、地区封锁的局面，与全国28个省市自治区建立了贸易往来关系，与几十个城市和地区建立了经济联合与技术合作的关系，使武汉市开始向开放型的、社会化的、现代化的、多功能的经济中心发展，从而出现了"万商云集、一派兴旺"的繁荣景象。时间虽短，成绩很大。可说初战告捷，出现了良好的势头。但展望将来，应该说是"任重而道远"，还需继续努力，把改革坚持下去。

我们原先设想的武汉经济发展战略是：凭"两通"起飞，把武汉建成"内联华中（或内联"九省"）、外通海洋"的多功能经济中心。以此来衡量，就会看到，无论在措施方面，或在目标方面，目前的成就，距离我们原先设想的还很远。

就"两通"来说，我们指的是广义的"两通"。交通，包括运输、邮政、电信；流通，包括物流、商流、钱流和信息流。这两年中，在商品流通的改革方面成绩卓著，进展很快，主要因为这种改革是商品流通体制的改革，不需要多少基本建设设施，也不需要大量资金，而且体制改革也不像交通那样困难，许多问题武汉本身就可解决。可是，在交通运输方面就不一样了，它牵涉管理体制、基础设施、资金和管理方法等一系列问题，而且大部分不是武汉本身可以解决。经过多方努力，才成立了交通管理委员会，以便对有关武汉市的交通进行协调管理，但对通过武汉市的水陆空的几条大动脉仍然各有管理。有关对外交通的基础设施，如一座国际机场、两大客运站、三处大容量港口码头、四条公路干道、五万门电话机等,虽已列入"七五"计划,但短期内是难以实现的。就当前交通运输条件来说,许多配套设施是跟不上目前商品经济发展的需要的。市内交通更为突出,近年来虽有所改善,但因万商云集,城市人口剧增,拥塞现象有增无减。邮政电信不适应的现象也日益突出。很多邮局的邮件负荷倍增,但场地狭小邮递员人数有限,常常导致大量邮件积压。电报电话也是如此,加之过去在邮电方面的管理体制是按照行政区域设置的,条块分割现象严重,尚未能合理解决。至于流通,国内商品流通虽有重大突破,但作为批发环节的贸易中心还有许多问题有待解决。小商小贩增多,市场管理也亟待加强。对外贸易由于货源少,过去联系少,条块障碍多,进展很慢。在物流、钱流和信息流方面,虽在开放生产资料市场、技术市场和逐步建立资金市场等方面迈出了可喜的步伐,但距离真正意义上的"市场"还很远。

特别是在金融改革方面,商品经济区别于自然经济和产品经济最基本的特点是商品运动离不开货币运动,商品经济与货币经济是孪生兄弟。商品的买卖运动就是货币的收付运动。企业是细胞,金融是血液。细胞得不到血液的营养,就不能存活。企业如没有资金的供应,也谈不上活力。我国过去的经济结构是自然经济、产品经济和商品经济的混合体。自然经济和产品经济都不必依靠货币运动来运行,因而在僵化经济体制的条件下,货币经济和金融机制也不发达。今后要发展有计划的商品经济,必须要有一套发达的金融机制相配合,如建立以中央银行为核心的多种金融机构多种层次并存的金融体系。要有多种信用工具、多种信用形式,如商业信用、银行信用支票、汇票、商业票据、股票、债券、承兑、贴现、抵押等。将来的企业,除了少数大企业由国家投资外,大部分应通过社会集资来解决长期资金问题。通过自有资金,商业信用和银行信用来解决短期资金融通问题。专业银行应对企业在微观上起着服务、指导和监督的作用。中央银行主要对宏观经济起着管理、调节、协调、指导和监督的作用。企业要活而不乱,主要靠银行。但没有一套发达的金融机制,中央银行是难以有效地发挥这些作用的。人们不是在讨论"微观搞活宏观控制"的结合吗？如有，这种结合就是金融。

武汉的经济发展战略目标包含"内联、外通"两个大的方面。过去主要工作放在"内联"方面。"外通"刚在起步。我们对外的目标是要把武汉变成内地最大的"外通海洋"的经济中心，而且要实现"中心开花"的战略，通过武汉市本身的现代化和辐射能力，促进华中地区、大西南、大西北提前若干年实现现代化。这样对全国的贡献将是很大的。为实现这样的目标，需要积极创造一些条件，如：第一，在航空方面要能形成国际航空的一个重要枢纽。第二，在水运方面要畅通港澳、日本和欧美等地区。第三，要有一批能出口创汇的产业。第四，要建设一批能吸引外商游客的旅游胜地。第五，国家要能给予相当于沿海开放口岸的对外政策。

此外，武汉市关于1986年经济体制改革方案中除继续搞好"两通"外，还要狠抓"两个改革"（经济体制改革和技术改革），"两业"（大中型企业、第三产业）、"两个通开"（城乡通开、城城通开）、"两个结合"（微观搞活与宏观控制）和"两个文明"（物质文明和精神文明）等，都是正确的，这里就不多说了。

（原载《城市经济体制改革》1986年专辑，
《学习与实践》增刊）

对武汉市对外开放的估价和今后努力的方向

(1992年8月)

党的十一届三中全会批判了一度出现过的"左"的思想错误，恢复了党的实事求是优良传统，接着就高高地举起了建设有中国特色的社会主义旗帜，大力发展有计划的商品经济，使我国走上了改革开放的道路。1983—1984年间，在讨论武汉经济发展战略和经济体制改革过程中，我和其他一些同志在一组论文中提出了以"两通"（广义的交通包括交通、运输、邮电，广义的流通包括商流、物流、钱流、信息流等）为翼，以工业为主体，把武汉建成"内联华中、外通海洋"的多功能经济中心，包括交通运输中心、内外贸易中心、工业基地、农副产品集散中心、金融中心、旅游中心、科技教育中心以及信息、咨询中心等，以带动广大城乡经济发展的战略设想和12条措施。为什么要强调发展"两通"呢？因为"两通"是城乡之间的桥梁和纽带，是工农之间的桥梁和纽带，是生产者和消费者之间的桥梁和纽带，是地区和地区之间的桥梁和纽带，是对外经济交流的桥梁和纽带。发展"两通"是发展有计划的商品经济的需要，是发挥城乡多功能作用的需要，是发挥中心城市作用的需要，是活跃城乡交流的需要，是发展外经外贸、引进外资的需要。总之，发展"两通"是打破地区封锁、条块分割、促进对内改革和对外扩大开放的重要手段。中共武汉市委和市人民政府在1984年采纳了我们的建议，制订了并经过国务院批准后实施的经济体制综合改革方案：以搞活企业为中心环节，以"两通"为突破口，敞开三镇，面向全国，以开放促进改革。1986年又进一步狠抓"两改"（经济体制改革和技术改造）、"两业"（大中型企业和第三产业）、"两个通开"（城乡通开和城城通开)、"两个结合"（微观搞活与宏观调控），以及"两个文明"（物质文明和精神文明）。经过8年的努力，初步打破了过去条块分割、地区封锁的局面，与全国28个省市和地区建立了经济联合和技术协作的关系，还逐步建立了生产资料市场、消费品市场、科技市场、信息市场、资金市场、运输市场和劳务市场，使武汉向着开放型、社会化、现代化的多功能经济中心发展。但这仅是对内而言。要使武汉成为"外通海洋"的经济中心或对外开放的港口城市，还需要在建设对外开放的硬环境和软环境上下功夫。在硬环境方面，原纳入计划的重大交通设施和基础设施项目：一个国际机场、两大客运站、三个港口码头、四条公路干道、五万门程控电话、武钢"双七百"改造、阳逻电厂、长江公路桥和沌口30万辆轿车开发区等有的已经完成，有的正在建设之中，估计在"八五"计划期间大多可以完成。这些项目的完成将为武汉进一步对外开放创造良好条件。

过去武汉市对内开放虽有很大成就，但对外开放的步伐不够快。一方面由于上述一些基础建设（也就是硬环境）需要一段时间才能完成，另一方面，在软环境方面还没有获得中央给予进一步开放的政策。去年以来，国务院已经先后批准"两区""一港"对外开放，可以按照特区的模式办理，今年春节前后，邓小平同志在视察南方时发表了重要讲话，要求加快改革开放的步伐，武汉市也同全国人民一样，受到很大的鼓舞，武汉市已开辟为内地最大的对外开放城市，现在上海浦东区正在加紧建设和加快对外开放步伐，浦东是长江黄金水道的龙头，武汉是龙身。武汉继浦东对外开放，将使长江这条龙很快腾飞起来。这对武汉市和湖北省实现"中心开花"和"中部崛起"的战略，从而带动华中、大西南、大西北广大地区的经济发展将起着重要作用。

总之，这几年来，武汉市实施以"两通"为突破口的经济体制改革方案在方向上是正确的，采取的政策措施是适宜的，在改革开放方面已经取得的重大成就是应该肯定的。

但是，展望将来，如果按照开放城市的要求来看，还有相当距离，问题也不少，需要进一步努力。

一、进一步解放思想,增强对外开放意识和竞争意识,加强舆论宣传,大力培训懂得对外开放业务、掌握国际惯例和外语的经济管理人才。

二、继续发展广义的"两通",随着有计划商品经济的发展和城市多功能作用的发挥,对"两通"的要求愈来愈高,现在乘车难、乘机难、打电话难、买难、卖难和信息不灵等问题仍没有解决。特别是市内交通,经常发生拥挤堵塞现象,这对外来宾客造成很不好的印象,要吸引外商前来投资,除了改善住宿条件外,还必须进一步改善"两通"条件,这固然需要进一步增加物质投入,但更重要的是改善经营管理,优化公交路线组合,加强道路交通秩序管理,特别是对出租汽车的管理;在接待外商的旅馆,均应有程控自拨电话、电传和传真设备。同时,还要加强和发展提供信息的机构、设施、人员和网络,使武汉真正成为华中地区的信息中心。

三、进一步加强省市的联系。湖北省、武汉市是唇齿相依的关系,湖北省领导说得好:"计划单列,经济一体。"1983年我们提出的武汉经济发展战略中12条措施中有一半与湖北省有关,1984年我在列席湖北省人大六届二次会议期间谈到湖北省经济发展战略时也曾建议以武汉为依托。这两年省市关系有了很大改善。最近,关书记更明确提出要以武汉为龙头,令人高兴,希望省市关系能得到进一步加强。

四、加强对外资和先进技术设备的引进和管理,要采取积极而又慎重的态度。要制定一批急需引进的项目表,以供外商参考。据说现在审批一个项目要盖100多个印章,有的拖延一两年之久,希望今后要简化批准手续。对外商提出的合作意图要尽快予以答复。在引进机电和其他先进技术设备时,要防止重复引进、盲目引进,尽可能采取招标投标的方式进行。

五、除允许外商开办独资企业外,提倡兴办合资和合作企业,认真落实三资企业的优惠政策,提高工作效率。需要的配套资金可通过发行股票和债券来解决。

六、加快"两区"、"两港"的基础设施和各种配套设施的建设。

现在武汉港已经对外轮开放，要建立与直接外运相配套的完备的口岸监督管理机构和设施，如港监、海关、边防、卫检、商检、动植物检、船检和海事法院等，要培养大批港口管理干部和从事这方面工作的人员。选择适当地点设立按国际惯例运行的保税区。

七、建立证券市场，多渠道筹集建设资金。发展经济的一个很重要的问题是资金来源。过去我们主要靠国家投资，现在强调利用外资，但广大的社会资金都没有很好利用。1984年我就曾写文提倡应组织和发展社会主义集体所有制股份公司，并主编了《股票基础知识》一书，也主张推广公司债券和政府债券的发行。要鼓励用发行股票和债券的办法向社会集资。要加快发展股份制企业，加快有关股份公司和票据方面的立法，有步骤地建立起证券市场和证券交易所。

八、要加快转换国有企业的经营机制，把企业推向市场，使企业成为自主经营、自负盈亏、自我约束、自我发展的商品生产者和经营者。要加强经营管理，建立把增产节约与工资、奖金挂钩的机制，要树立社会主义企业必须为人民服务、为消费者服务和质量第一的思想。要大力培养具有社会主义企业家政治素质和业务素质的厂长经理。对那些以权谋私，任人唯亲，损公肥己，不懂经营管理，不懂生产技术的厂长经理要坚决撤换或不让其继续承包，对情节严重者要绳之以法。

九、科技是第一生产力。武汉市的科技力量居全国第三位，过去没有很好地发挥作用，要重视科技与教育，鼓励科技和教育工作者为生产、为社会服务。这几年武汉市把科教立市作为根本市策，是完全正确的。最近武汉市为了加强科技与经济的结合，拟订并公布了1992年科技计划，实在是令人高兴。还要制定一套保护知识产权的办法。对有贡献的科技工作者（包括从事社会科学的）要给予重奖。高校是培养人才的基地，但目前困难很多，希望省市能协助解决。

十、大力发展第三产业，第三产业的范围很广，凡非第一、第二物质生产性的部门，都属于第三产业，如交通、运输、邮电、商业、金融、保险、信息、有关生产方面的劳务、有关生活方面的劳务、有关科教文卫方面的劳务，以及旅馆、娱乐方面的劳务等。第三产业的发展将给经济带来以下好处：第一，所需投资少，资金周转快，经济效益大；第二，可以吸收较多的劳动力，增加就业机会；第三，可以加速资金积累；第四，可以增加社会购买力，为工农业产品和日用消费品开拓市场；第五，可以改变城市面貌，增强城市吸引力；第六，可以提高劳动生产率和改善人民生活等。早在1983年我就一再著文呼吁发展第三产业。这几年武汉市第三产业已有较大发展，1990年占当年国民生产总值的28.9%，1991年占国民生产总值的35.1%，但还不够快，（西方发达国家一般占50%—60%以上）。今年4月份市政府公布了发展第三产业总体方案，今年有20多个项目起步实施，令人高兴。

十一、要加大社会保险保障制度的改革步伐。我国社会人口老化问题日益严重，随着人口增加和企业转换经营机制，待业的人员将会有所增加。公费医疗制度已有不少毛病，需要改革，没有公费医疗的人们医疗费也需要解决。为了维护社会安定团结，有必要推行社会保险保障制度，加快发展养老保险、待业保险、医疗保险、工伤保险、财产和人身保险等业务。

十二、要加强产品质量和服务质量的管理，坚决取缔伪劣商品，对伪劣商品的生产者要严加惩处。对一些质次价高和不适销对路的产品要限产、压价、促销。

十三、要建立起以中国人民银行为核心的多层次的横向金融网络，使武汉成为内地最大的金融中心，发展多种信用工具，推广公司股票、公司债券和政府债券的发行，逐步建立和完善短期票据市场和长期证券市场，发挥银行对宏观经济的调节、协调、指导和监督作用。

十四、在加快改革开放和物质文明建设的同时，要坚决打击经济领域的犯罪活动，加强社会主义精神文明建设，加强民主与法制建设；要鼓励人民检举揭发一切不正之风，对检举揭发有功之人要进行嘉奖，对受打击报复的人要给予保护；对各单位的纪委、审计、会计部门要实行垂直领导，负责人由上级委派，不受本单位管辖，这样可以对本单位领导起着制约和监督作用，防止"两本账"的恶劣作风。

十五、要大力治理城市的脏、乱、差和第三产业服务人员的工作态度,服务人员要树立顾客至上的思想;要加强市内交通秩序的管理,对违章者予以重惩。改变外来宾客对武汉市容丑恶的印象。

十六、要充分发挥市政协、各民主党派和工商联的作用,他们都是智力库,与经济、科技、教育各界以及港、澳、台和海外侨胞等大多有密切的联系。充分利用这种关系,对加快对外开放的力度是很重要的。武汉市一直很重视这一方面的工作,也很重视决策的民主化、科学化。这里,我想再强调一下。最近各地用海外联谊会这种组织形式与海外同胞进行联谊活动是好的,因为这种组织政治性不强,有广泛性、灵活性和人情味,很受海外同胞欢迎。今后可以大大发挥这种组织在对外联络中的作用。

(载《协力》1992年8月,中国人民政治协商会议武汉市委员会办公厅主办)

发展"两通":一个具有全国意义的重大课题

(1991年1月)

党的十一届三中全会批判了一度出现的过"左"的思想错误,恢复了党的实事求是优良传统,接着就高高地举起了建设有中国特色的社会主义旗帜,大力发展有计划的商品经济,使我国走上了改革开放的道路。1983—1984年间,在讨论武汉经济发展战略和经济体制改革过程中,我和其他一些同志在一组论文中提出了以"两通"(广义的交通包括交通、运输、邮电,广义的流通包括商流、物流、钱流、信息流等)为翼,以工业为主体,把武汉建成"内联华中,外通海洋"的多功能经济中心。包括交通运输中心、内外贸易中心、工业基地、农副产品集散中心、金融中心、旅游中心、科技教育中心以及信息、咨询中心等,以带动广大城乡经济发展的战略设想和十二条措施。中共武汉市委和市人民政府在1984年采纳了我们的建议,制订了并经过国务院批准后实施的经济体制综合改革方案:以搞活企业为中心环节,以"两通"为突破口,敞开三镇,面向全国,以开放促进改革。1986年又进一步狠抓"两改"(经济体制改革和技术改造)、"两业"(大中型企业和第三产业)、"两个通开"(城乡通开和城城通开)、"两个结合"(微观搞活与宏观调控)以及"两个文明"(物质文明和精神文明)。经过六七年的努力,初步打破了过去条块分割,地区封锁的局面,与全国28个省市和地区建立了经济联合和技术协作的关系,还逐步建立了生产资料市场、消费品市场、科技市场、信息市场、资金市场、运输市场和劳务市场,使武汉向着开放型、社会化、现代化的多功能经济中心发展。但这仅是对内而言,要使武汉成为"外通海洋"的经济中心或对外开放的港口城市，还需要在建设对外开放的硬环境和软环境上下功夫。在硬环境方面，原纳入计划的重大交通设施和基础设施项目：一个国际备降机场、两大客运站、三个港口码头、四条公路干道、五万门程控电话、武钢"双七百"改造、阳逻电厂、长江公路桥和沌口30万辆轿车开发区等有的已经完成，有的正在建设之中，估计在"八五"计划期间大多可以完成。这些项目的完成将为武汉进一步对外开放创造良好条件。在软环境方面，国务院已经批准按照"特区"办法来开发武汉东湖新技术开发区。新建的武汉客运港即将落成，也可对外轮开放。已经开始建设的沌口轿车产业区，也将按照"特区"的模式办理。这些政策的逐步实施，加上国家已经颁布的在全国范围内实行的鼓励外商投资政策，将对武汉的对外开放起积极的推动作用。可以预期，在不久的将来，武汉定将成为内地对外开放的最大港口城市，将对实现"中心开花"和"中部崛起"的战略以及带动华中、大西南、大西北地区的经济发展起重要作用。

但是，经济体制改革是新旧体制相互消长的过程。必然会带来新旧观念的矛盾和冲突。在旧体制尚有相当大的习惯势力的时候，改革不可能一帆风顺。

在1984年武汉市宣布以"两通"为突破口，敞开三镇大门，搞活流通的时候，就有人认为这是"引狼入室"，将不利于保护本地工业。这么多年来，虽然武汉总的经济状况大有发展，工业方面绝对值也有大量增长，但在全国各大城市的相对地位却下降了。于是过去对以"两通"为突破口持否定态度的人们又找到了理由，认为这是开放三镇、搞活流通的后果。这种看法值得商榷。

我们知道，开放必然带来竞争，竞争必然会给企业带来困难和压力。而竞争和优胜劣汰是商品经济的规律，是不能回避的。问题是用什么态度来对待它。是知难而退，还是迎难而上？如果知难而进，把压力化为动力，让企业"见市场的世面，经竞争的风雨"，在竞争中求生存、求发展，才是正确的态度。1984年6月，当武汉市宣布敞开三镇大门的时候，《人民日报》记者就以《有胆略的决定》为题作了报道：如果武汉市在竞争的压力面前躺倒或畏缩不前，那就不是改革者的态度。

再说，开放三镇，搞活"两通"，不只是为了武汉，更重要的是为了发挥武汉市作为交通枢纽和贸易中心的作用，使它对湖北省、对华中以及全国作出最大的贡献。1985年万里同志视察武汉时就曾说："武汉不只是武汉的武汉，而是全国的武汉。"我们必须从全国的大局来看武汉。我们改革的目的就是要打破条块分割、地区封锁的体制，建立全国统一的大市场。

此外，对武汉市工业生产增长缓慢的原因，还要作具体的分析。譬如说，武汉市工业的技术设备大多是五六十年代的，缺乏资金，更新改造困难。武汉市上交国家财政收入在计划单列城市中居第一位，而留成却最低，仅17%。还有管理不善，改革政策不配套，没有沿海城市所享受的那些优惠政策等。至于近年来出现的工业企业效益差、产品积压严重和"三角债"锁链难解等现象则是全国性的。况且在这几年中，不是所有武汉企业都落后，也有不少是好的。如武汉汽轮发电机厂，1981年底亏损240多万元。10多年来，该厂坚持自力更生、艰苦奋斗、改革创新、开拓进取，很快由衰转兴。1983年获利77万元，1990年实现利税9635万元，8年中增加100多倍。

在同样竞争的条件下，为什么有的上去，有的落后？应该总结经验教训，相互借鉴，共同提高。

本文所强调的发展"两通"，虽然是就武汉提出，但却不局限于武汉。就全国来说，只要我们发展有计划的商品经济，就应该大力发展"两通"，把它看成一项具有长期性和普遍性的战略任务，这是因为，大力发展"两通"：

第一，是发展有计划的商品经济的需要。

商品生产是为交换而进行的生产。商品要通过交换才能到达使用者手中，也要通过交换来实现它的价值。马克思把商品能否出卖看成是"致命的飞跃"。流通是商品交换的总体，交通是商品流通的运输渠道。"两通"在商品经济中占有极其重要的地位。但是，我国在经济体制进行改革以前的经济模式，实际上是自然经济、产品经济和商品经济的混合体。那时广大农村处于封闭型的自给自足和半自给自足的状态。产品进行交换为量不多，不需要形成流通网络，对交通运输的要求也不高。生产资料主要由国家统一计划生产、统调统配，基本上不进入流通，消费资料虽然属于商品范畴，但主要由行政性的三级批发站统购包销。生产单位没有买卖的自主权。商品价格基本上由国家统一制定，价值规律和市场调节不起多大作用。这种客观存在，加上传统的"轻商"观念以及"重生产、轻流通"的思想的影响，人们对流通就很不重视。再加上过去僵化的经济体制的束缚，政企不分，条块分割，在流通领域里，就形成经济形式单调、机构重叠、层次多、人为障碍堡垒多、批零机构少、流通渠道少、市场预测薄弱以及商品流向不合理等现象，严重地影响着商品和物资的流通。

  这些年来，虽然在商业体制方面作了许多重大改革，在交通运输、邮电等方面也投入不少资金，增加和改善了不少基础设施。但还不能适应商品经济迅速发展的要求。随着商品经济的发展，社会化生产愈发达，分工愈细。协作愈强，对"两通"的要求也愈高。换句话说，社会生产愈发展，各行各业的门类愈多，交换越频繁，流通就越要通畅，资金供应、信息传递、交通邮电等设施就越要跟上去。否则就会严重束缚生产力的发展。目前在"两通"领域还存在的许多困难，诸如买难、卖难、乘车难、乘机难、打电话难等，严重影响政治、经济、文化的发展，就说明了这一点。

  还应该着重指出的是：发展有计划的商品经济，必须树立商品经济和市场经济意识，但是经过这多年的改革，许多企业重生产，轻销售的产品经济意识仍然相当浓厚。他们片面追求产值，不顾市场的需要，生产出来的东西卖不出去，导致产品的大量积压。商品只有销售才能实现它的价值，企业才有资金进行再投入，才能使资金实现供、产、销的良性循环。否则只能靠借债过日子。这是"三角债"锁链积重难返的一个重要原因。

  第二，是发挥城市多功能作用的需要。

  城市是商品经济发展的产物。纵观世界各国大城市的兴起，差不多都与交通和贸易有关。开始大多是交通枢纽和贸易中心，然后发展成为多功能的经济中心，有的还成为政治中心和文化中心。城市的各种功能不是孤立地各自存在，而是相互联系、相互依赖、互相促进、互相制约的。就城市作为生产基地来说，如果交通和流通不畅，原材料买不进来产品卖不出去，它的再生产就无法进行。商品是细胞，金融是血液，要使企业有活力，需要一套完善的金融机制来为它服务。如果信息不灵，不了解市场的需要，产品不能适销对路，企业也很难搞上去。因此，又需要一套发达的提供信息的机构，包括便利信息传递的邮政电信设施在内。城市经济的发展，需要大批符合"四化"条件的干部，以及各种专业人才，这样，科学技术和教育也要跟上去。为生产服务和为生活服务的第三产业都要相应发展，而广义的"两通"正是第三产业的主要内容。因此，大力发展"两通"又是全面发展城市多功能作用的需要。

第三，是发挥中心城市作用的需要。

发挥中心城市的作用是改革与生产力发展不相适应的僵化经济体制，促进有计划商品经济发展的重要途径。建立以中心城市为依托的经济区，通过中心城市来组织和领导社会化的商品生产和流通，发展横向经济网络，才能打破政企不分、条块分割、地区封锁的局面，有利于有计划的商品经济的发展。

中心城市就是地区的经济中心。经济中心和它所联系的地区是相互依存的。中心同其所联系的地区之间必定要有一定的纽带，地区的各点之间也要有一定的纽带。这样，才能形成以中心城市为依托的经济网络，否则商品、物资、信息和货币就流通不起来。而这种纽带只能靠交通和商业。前者提供流通的设施，后者提供流通的组织者，两者缺一不可。

我们可以把经济中心比作相关地区的心脏，交通运输是血管，商品流通是血液循环。没有血管和血液流通，心脏发挥不了作用。因此，"两通"是一个城市能够成为有关地区经济中心的首要条件。经济中心首先是"两通"的中心。一个城市能够成为多大的经济中心，或这个经济中心能够发挥多大的作用，就要看它"两通"的条件如何。这是就作为经济中心所在地区这样的系统来说的。就全国这个大系统来说，也是如此。过去对"两通"很不重视，欠账很多。现在我们的政府把加强交通列为全国建设的一个重点项目，把改革商品流通体制作为体制改革的主要内容之一，是完全正确的。

第四，是活跃城乡交流的需要。

党的十一届三中全会以来，农村中实行了生产责任制，到处出现生机盎然、朝气蓬勃的气象。我国农村正在由自给半自给的自然经济迅速向大规模的商品经济转化。这就要求"两通"相适应地发展，去年虽然出现严重的自然灾害，但粮棉仍然丰收。可是，由于仓储、收购资金和运输等跟不上，仍然出现卖粮难的现象，据反映仅荆门市就有15亿斤粮食卖不出去。这就严重地挫伤了农民产粮的积极性。由于地区条件不同，有些省粮食多余，有些省则缺粮。由于"两通"不畅，宏观调剂不力，不能互通有无，有些省还要从国外进口粮食，另外，有些地区，不仅卖难，而且买难的现象也很严重。他们买不到化肥、农药和柴油等生产资料，随着林、牧、副、渔和乡镇企业的发展，农村需要的生产资料和消费资料的种类多起来了。现在农民逐渐富裕，物质文化生活需要也逐渐多样化了，但因为"两通"不畅，他们所需要的东西往往买不到。

这几年中，城市经济有很大发展，但却出现了市场疲软、大量商品积压的现象。这其中有有效需求不足，产品和产业结构不合理，企业市场观念淡薄，产品不适销对路、质次价高等原因。但农村广大市场没有发挥应有作用，也是一个原因。农村对产品质量的要求与城市不同，城市不能销售的，在农村不一定销售不出去；质次价高的商品降价销售，还是可以卖出去的。城市商品不能下乡，或满足不了农村的需要，"两通"不畅是个重要原因。

发展城乡交流，不仅商品流通和资金融通体制要改革，交通运输要大大改善，而且信息传递也很重要。现在农村发展多种经营，大量产品外销，对市场需求的信息很重视，不然就会盲目生产，或者市场需要的供应不上，或者市场多余的卖不出去。现在有不少农村不仅水陆交通不便，市场信息不灵，而且通邮、打电话、拍电报也难。有的地方一个村几十户或几百户连个电话都没有。

现在不少老、少、边、穷地区，至今没有脱贫，"两通"不畅是一个很重要的原因。

第五，是发展外经外资和对外交流，引进外资的需要。

党的十一届三中全会以来，我们打破了过去闭关自守的局面，实行对外开放，在发展对外经济贸易、引进外资、技术设备和管理经验等方面，已经取得很大成绩。但相对说来，沿海地区和城市发展比内地要快得多。这一方面是国家采取东靠西移的政策，在沿海地区设立了特区、经济开发区和开放城市，给予了许多优惠政策；另一方面沿海地区和城市在"两通"方面，也比内地优越得多。对外进行交流，没有先进的交通、运输、邮电方面的设施，没有发达的物资、商品、资金、信息技术和劳务市场，将会带来很多困难。有些外商想到内地投资，看到交通不便，通信不畅，信息不灵，资金融通困难，就裹足不前。有的外商，把"两通"看成比优惠政策还重要，因为"两通"通畅对降低成本、提高效率、增加盈利比优惠政策更实惠得多。

总之，"两通"是城乡之间的桥梁和纽带，是工农之间的桥梁和纽带，是生产者和消费者之间的桥梁和纽带，是地区和地区之间的桥梁和纽带，是国内外经济贸易之间的桥梁和纽带。发展"两通"，不仅是武汉长期的战略任务，也是全国发展有计划的商品经济的需要，是建设有中国特色社会主义经济、政治、文化的具有普遍和长远意义的重大课题。

（载《改革研究》1991年第1期，
武汉市体改委，武汉体改研究会主办）

应组织和发展社会主义集体所有制的股份公司

(1984年7月)

股份公司是一种用发行股票办法筹集社会资金来兴办企业的组织形式。它在原始资本积累时期就已经出现,但到19世纪下半叶以后,才得到广泛发展。随着社会生产力的发展,生产的规模愈来愈大,生产所需要的资本愈来愈多,个别资本家的资本和少数资本家合伙的资本为数有限,不能满足兴办大规模企业的需要,于是用发行股票办法把社会资金或许多资本家的资本集中起来,成立股份公司。股份公司的建立使大规模的生产活动成为可能。"生产规模惊人地扩大了,个别资本不可能建立的企业出现了。同时,这种以前由政府经营的企业,成了公司的企业。"① 马克思说:"假如必须等待积累去使某些单个资本增长到能够修建铁路的程度,那么恐怕直到今天世界上还会没有铁路。但是,集中通过股份公司转瞬之间就把这件事完成了。"股份公司的普遍建立,大大地促成了社会生产力的发展,同时,在资本主义条件下,也加强了资本家对工人阶级的剥削,促进了资本的积聚与集中。

证券交易所与股份公司不完全是一回事,证券交易所是证券买卖的场所。上市证券的种类很多,不只是公司股票,还有公司债券、政府债券、各种抵押债券等。有不少公司股票是不在交易所内进行买卖的。交易所的主要作用是保持证券的流动性,使投资者在需要时可以随时买进或卖出证券。证券的行市决定于证券收益和市场利息率的对比关系,但也受经济周期、政治局势、垄断操纵或投机活动等因素的

---

① 《马克思恩格斯全集》第25卷,第493页。

影响，不时有所波动。有一部分人，专门从事证券的投机买卖，从看涨、看跌以及远期和近期的买卖差额中获取利润。证券的猛涨猛跌，往往给一些投机者带来巨额利润，而给另一些投机者带来巨大的损失或破产。交易所的活动往往成为大资本家剥削小资本家或掠夺小持有者的工具，并且促进了资本的集中。在经济周期中，证券市场的投机还对繁荣和危机起着推波助澜的作用。1929年世界性的大危机的爆发即始于纽约证券交易所证券价格的狂跌。1934年美国颁布证券和交易法案，加强了对证券交易的管理。

股份公司和证券交易所对资本主义经济的发展起了巨大的促进作用，但在资本主义条件下，也带来不少副作用。

我们是社会主义国家，我们应该而且有可能利用股份公司这种组织形式来集中社会资金，为促进我国四化建设服务。

有人认为，股份公司是资本主义产物，我们搞不得，搞了会导致资本主义复辟。其实，股份公司虽然产生于资本主义制度，但却不完全局限于为资本主义制度服务。

马克思在论述包括股份公司在内的信用制度在资本主义生产中的作用时特别强调了它们的两重性质，他认为股份制度"是资本主义体系本身的基础上对资本主义的私人产业的扬弃，它越是扩大，越是侵入新的生产部门，它就越会消灭私人产业"[1]。又说："信用制度是资本主义的私人企业逐渐转化为资本主义制度股份公司的主要基础，同时，它又是按或大或小的国家规模逐渐扩大合作企业的手段，资本主义的股份企业，也和合作工厂一样，应该被看作是由资本主义生产方式转化为联合的生产方式的过渡形式……"[2] 这里，马克思所说"合作企业"、"合作工厂"、"联合的生产方式"等，在今天就是社会主义制度下的集体所有制企业。

六届全国人大二次会议上的《政府工作报告》中指出："我们面临开展大规模建设的任务，但资金不足，矛盾比较集中，这是我国经

---

[1] 《马克思恩格斯全集》第25卷，第496页。
[2] 《马克思恩格斯全集》第25卷，第498页。

济发展中存在的突出问题。"过去我们长期依靠国家财政拨款和国家银行贷款来解决建设资金的需要。由于国家的财力有限，许多应该建设的项目排不上队。现在强调对外开放，一个主要目的就是要引进外资和国外先进的科学技术设备来从事我国四化建设。但是，在国家资金和外资之间，还存在着相当数量的社会资金，包括个人储蓄和各种所有制单位的暂时闲置资金在内，为什么不能加以充分利用呢？这种社会资金，有一部分存入了银行，为国家所利用，但也必然有一部分长期游离或停滞在银行系统以外，只是作为一种贮藏手段，而没有发挥其投资的作用。即使存入银行的资金，也未必运用得当，未必符合资金所有者的利益和社会需要。随着城乡个体经济和小集体经济的发展，有一部分社会资金将会被它们吸收和利用，但也只能用于小规模的生产活动。要把社会资金加以适当集中用于从事较大规模的生产活动，就应该运用股份公司这种组织形式。这就是说，由政府或社会上的一部分人士发起组织一些股份公司形式的法人团体，用发行股票的方式来筹集社会资金用于某些特定目的建设项目。股票除规定有一定股金的数额和分配股息和红利的办法而外，还可规定股东（股票持有者）对公司所拥有的权利（如选举董事，任命厂长、经理和制定公司章程等）和应负的义务（如分担公司对社会承担的责任和义务，企业亏损、破产时所负的有限责任等）。这样，就将公司的权、责、利分摊到每个股东名下，使股东成为这个集体所有制企业的一个真正的主人，而不是像资本主义企业那样完全受着少数资本家的操纵和支配。在条件成熟时，国家还应该制定一套"股份公司法"，以引导这种组织向健康的道路上发展，避免可能出现的像在资本主义制度下那样的消极影响。

至于是否成立证券交易所，似乎应该放在第二步来考虑，先把股份公司建立起来再说。不过，在建立股份公司的初期，就应该考虑到使股票能够有一定的流动性，即易于买卖、转手或用作抵押借款。因为投资者固然希望保本保息，一般还希望在未来需要时能够变现，否则就会降低他购买的兴趣。在没有成立证券交易所以前，这种活动可以通过国家银行的信托部来进行。

此外，我还主张开放商业信用。现在我国商品流通中买难卖难的现象很严重。原因很多。其中之一就是买卖双方的生产周期不一致，卖方有东西出卖，买方想买而一时又没有现款来买。如果允许赊购赊销，这种流通渠道就打通了，将有助于促进整个社会商品生产的发展。商业信用是以商品流通为基础的，我认为，推行起来利多弊少，这个问题还可以进一步研讨。

（原载《长江日报》1984年7月30日）

关于发展社会主义集体所有制股份公司的几个问题

(1992年7月)

早在1984年，我就主张《应组织和发展社会主义集体所有制的股份公司》（参见1984年7月30日《长江日报》和1984年第8期《江汉论坛》）。为了介绍和宣传股份制，我在1984年主编了《股票基本知识和实践》一书，由《江汉论坛》和《青年论坛》联合发行了两万册，其后又修改为《股票基础知识》于1985年由中国金融出版社发行了两万多册，都销售一空，其后有人说股份制姓"资"，出版社就不敢再发行了。不过，现在又兴起了一股股份制热。

为什么我主张大力发展股份制呢？现仅就下列几个问题作点简要说明。

一、股份制是怎样产生的？

股份制是社会生产力发展的产物，它的出现大大地促进了社会生产力的发展。

股份制是组织和管理经济的一种制度，具体组织形式为股份公司。股份公司是一种用发行股票办法筹集社会资金来兴办企业的组织形式。它在原始资本积累时期就已经出现，但到19世纪中叶以后才得到广泛发展。随着社会生产力的发展，生产社会化和商品化的程度愈来愈高，生产的规模愈来愈大，机器设备与厂房的价值愈来愈高，生产所需要的资金愈来愈多，个别资本家的资本和少数资本家合伙的资本为数有限，不能满足大规模企业的需要。于是就用发行股票的办法把许多资本家的资本集中起来，成立股份公司。股份公司的建立使大规模的生产活动成为可能。"生产规模惊人地扩大了，个别资本不可能建立的企业出现了。"① 由于利用了股份公司的形式集中了大规模的资金,英国在 18 世纪 70 年代到 19 世纪 20 年代,半世纪内修建了长达 2 200 英里的运河系统,在 19 世纪上半叶修建了 5 000 英里的铁路系统。马克思说:"假如必须等待积累去使某些单个资本增长到能够修建铁路的程度,那么恐怕直到今天世界上还没有铁路。但是,集中通过股份公司转瞬之间就把这件事完成了。"② 股份公司的建立和发展,大大地促进资本主义经济的发展。资本主义经济之所以能有今天这样高度发达的社会生产力,是与股份经济的发达分不开的。

二、我国为什么要发展股份经济？它有何重要意义？

党的十一届三中全会以来,我国贯彻执行邓小平同志所倡导的党在社会主义初级阶段的"一个中心、两个基本点"基本路线,取得了很大成就。但是,要发展有计划的商品经济,从事大规模的经济建设,需要大量的资金。过去我们长期依靠国家财政拨款和银行贷款来解决建设资金的需要,由于国家财力有限,许多项目排不上队。现在强调对外开放,一个主要目的就是要引进外资和国外先进的科学技术设备和管理经验来从事我国四化建设。但是,在国家资金和外资之间,还存在着相当数量的社会资金,包括个人储蓄、各种所有制单位的暂时闲置资金和社会游资。为什么不能加以充分利用呢？这种社会资金,有一部分存入了银行,为国家所利用,但也有一部分长期游离或停滞在银行系统以外,只是作为一种贮藏手段,而没有发挥其投资作用,随着城乡个体经济和乡镇经济的发展,有一部分社会资金为他们所吸收和利用,但他们只能用于小规模的生产和经营活动。要把社会资金加以适当集中用于从事较大规模的生产活动,就应该运用股份公司这种组织形式。这几年来,各地在试办股份公司方面已经取得了一些成绩和经验,可以进一步推广。如武汉商场试行股份制就是一个成功的典型。我国现在人民储蓄存款和社会游资约在万亿元,这笔资

---

① 《马克思恩格斯全集》第 25 卷,第 493 页。
② 《马克思恩格斯全集》第 23 卷,第 688 页。

金如能充分加以运用，可以大大加速我国经济建设。

有人认为银行存款原来用于支持大中型企业流动资金的需要，如果这些资金抽走用于发展股份经济，将会减少银行对大中型企业的资金供应。我们知道，这几年来，我国金融机构已经有较大发展。股份公司设立，银行存款会有部分转到股份公司账上，但由于股份公司在金融机构也有户头，这些资金大多又会回存到金融机构中来，只有少数可能游离出去。从总体来说，这将促进金融系统的存款创造过程，扩大社会资金的供应，而不会减少。

三、股份制姓资？还是姓社？

股份经济是资本主义经济制度下的产物，有人认为它姓资，不能为我所用，如果我们也发展股份经济，就是走资本主义道路。

我们认为：股份经济虽然是资本主义制度下的产物，但其实是商品经济高度发展的产物，它本姓商，有两重性，在资本主义制度下，它嫁给"资本主义"，可以姓"资"。我国现在发展有计划的商品经济，也需要发展股份制，在社会主义制度下，它嫁给"社会主义"，应该姓"社"。

其实，马克思在论述包括股份公司在内的信用制度在资本主义生产中的作用时早就强调了它们的两重性。他认为股份制"是资本主义体系本身的基础上对资本主义的私人产业的扬弃，它越是扩大，越是侵入新的生产部门，它就越会消灭私人产业"①。又说"信用制度是资本主义的私人企业逐渐转化为资本主义的股份公司的主要基础，同样，它又是按或大或小的国家规模逐渐扩大合作企业的手段。资本主义的股份企业，也和合作工厂一样，应当被看作是由资本主义生产方式转化为联合的生产方式的过渡形式，……"② 这里，马克思所说的"合作企业"、"合作工厂"、"联合的生产方式"等，在今天就是社会主义制度下的集体企业，这就是我为什么一再把股份公司说成是

---

① 《马克思恩格斯全集》第25卷，第496页。
② 《马克思恩格斯全集》第25卷，第498页。

社会主义集体所有制的股份公司的主要原因。

邓小平同志不久前指出：判断姓"资"姓"社"的标准，"应该主要看是否有利于发展社会主义社会的生产力，是否有利于增强社会主义国家的综合国力，是否有利于提高人民的生活水平"。发展社会主义集体所有制的股份公司将符合这三条标准，因而是姓"社"。

四、股份制在推进企业改革转换企业经营机制方面有何作用？

企业改革是我国今年经济体制改革的重点。所有国有大中型企业都要在转换和完善经营机制上下硬功夫。为什么很多国有企业经营管理不善，效益不高，甚至于亏损？很重要的一个原因，就是所有权和经营权没有真正分开，政企不分，企业没有成为真正自主经营、自负盈亏、自我发展和自我约束的商品生产者和经营者。股份经济的一个很大优点就是能够实现所有权与经营权分离，能够使企业成为自主经营、自负盈亏、自我发展、自我约束的经济实体。将来除部分大型全民所有制企业仍为国营外，中小型企业大多可以采取股份制的形式，将国有资产转化为一部分国有股份，让地方、其他企业、企业职工和（或）其他投资者（也可为外资、侨资或台资）参股，共同组织一种集体性质的股份公司，同股东大会代表股东享有企业的所有权，董事会享有经营决策权和任命经理的权力，经理在董事会的任命下负责公司具体经营管理的职责。这样，公司在遵守国家法令的基础上只受董事会和股东大会的约束和监督，不受行政干预，可以保证政企分开，使企业成为真正独立自主的商品生产者和经营者。

为了加速股份经济的发展，应该加快制定《股份公司法》，以便发展股份制企业能够有法可依，在法制的轨道上顺利运行。

至于证券交易所，则与股份公司不完全是一回事。证券交易所是证券买卖的场所，上市证券的种类很多，不只是股票，还有公司债券、政府债券，各种抵押债券等，有不少公司的股票不在交易所内进行买卖，交易所的主要作用是保持证券的流动性，使投资者在需要时可以随时买进或卖出证券。证券行市决定于证券的收益和市场利息率的对比关系，但也受到经济波动、政治局势、垄断操纵或投机活动等因素的影响，不时有所波动，甚至大起大落。因此以投机而不以投资为目的的股票买卖人要冒很大风险，常因此获得巨额利润或巨大损失，甚至因此破产。因此，建立证券交易所和证券买卖市场需要慎重考虑，并要有一套完善的法规。现在深圳、上海正在试点，可俟其取得经验后再行推广。不过在发展股份制的初期，就应该考虑到使股票上市和有一定的流动性，即易于买卖、转手和抵押借款。这样才有利于促进股份制的发展。

（载《银行与企业》1992年7月，
中国金融学会、湖北省金融学会主办）

加快金融改革步伐的十点设想

(1984 年 11 月)

武汉市综合经济体制改革以"两通"为突破口。这里所谓"两通",是广义的"两通"、包括"货币(信用)流通"或"资金融通"在内。要把武汉市建成全国内地最大的、多功能的内外经济贸易中心,如果不同时把它建成金融中心,它的战略目标是难以实现的。

社会主义制度下是否还存在并要发展商品生产,过去有过争论,现在大家对这一问题的认识算是统一了。但对商品生产的特点和发展的条件特别是它和金融的关系还有认识不足之处。商品是为交换而生产的劳动的产品,商品的交换要求按等价原则进行。货币是表现、衡量和实现商品价值的一般等价物,银行是货币收支、存放和资金融通的机构。商品的运动离不开货币(信用)的运动,两者常是形影相随、互相交迭进行的。企事业的现金收付、转账结算、资金融通、异地汇划等都要通过银行。如果没有一套发达的金融机制(包括各种信用流通工具和金融机构),商品生产是难以迅速发展的。现代西方国家,形成了一套比较发达的金融机制。有人把它看成资本主义产物,我看应该把它看成是商品生产高度发达的产物,不过资产阶级利用它来为发展资本主义服务罢了。应该承认,西方国家的一套金融机制,对资本主义的发展起了很大的促进作用。不过,在资本主义的条件下,它的积极作用受到一定的限制,并出现了许多消极作用。我认为,在社会主义条件下,应该有分析地借鉴和运用它,来为发展社会主义的商品生产服务,充分发挥它的积极作用,预防并限制它的消极作用。

我国当前经济体制改革正向全面和纵深发展。城市经济体制改革的中心环节是搞活几十万个企业。企业是国民经济的细胞，企业搞活，整个国民经济就活了，但是，通过政企分开、利改税、扩大企业自主权和改革劳动工资制度等可以增强企业的活力，但还不能把企业完全搞活。应该看到，企业是细胞，金融是血液，没有通畅的血液循环，细胞得不到足够的营养，还是活不了的。因此，在进行全面经济改革同时，必须加快金融改革的步伐。中国人民银行武汉市分行《关于形成武汉金融中心的几点意见》符合这个方向，我是赞成的，现提出下列十点不成熟的设想，以供大家参考。

一、在以中心城市为依托的经济区内建立起以中国人民银行为核心的多层次的横向金融网络，适当减少金融体系的纵向行政干预，加强金融网络的横向经济联系。这种金融网络可包括三个层次：第一层次是执行中央银行职能的中国人民银行，它除执行和监督中央和总行关于金融的政策、法令和规章制度以及现金、信贷计划的实施外，应集中主要精力于控制货币的发行、宏观的金融管理；协调各专业银行的业务和调节地区的货币信用的流通等方面。第二层次是专业银行和专业金融机构，如中国工商银行、中国人民建设银行、中国银行、中国农业银行、投资银行、保险公司和金融信托公司等，它们在大体上有所分工，但应允许一定的交叉和竞争。第三层次是普遍设立信用社和储蓄所。在乡镇农村要大力发展农村信用社，在城市要大力发展城市信用社，还可适当发展集体性质的金融机构。储蓄机构应普遍设立，要深入街道里弄和较大的企事业单位设点，以便利人民存取。

二、推广发薪转账办法。为了有效地动员社会上的闲散资金，除普遍设立储蓄网点外，还应在企事业单位职工比较集中的地方推广发薪转账办法。即在储蓄所给每个职工开个存款户头。每当发付工资时，不用将现金发给本人，而是将这份工资自动转入他的存款账户，俟存户使用时再提取，不用时按款计息。按照一般职工每月收支的规律和大数法则，估计职工每月平均工资至少有三分之一以上经常可以保存在账户上。就全社会来说，这将是一笔很可观的数目。

三、逐步推广支票存款。这在商品经济发达的社会中是很普遍的。支票的使用，可以节约现钞流通，便利存户存取支付，比携带现钞安全可靠，还可以回笼货币。但使用支票的存户要讲信用，不能伪造或开空头支票，要逐步建立票据交换和清算中心以处理票据交换和清算事宜。这要有试点地逐步推广，先在中心城市同城使用，然后逐步推广用于异地支付。同时还可推广旅行支票，以便利旅客在异地旅行。

四、要开放商业信用，允许不同企业之间进行赊销赊购。应该认识到，商业信用是商品经济的产物，不是资本主义所特有的。不同的企业再生产周期和资金的循环过程不一样，有时我盈你缺，有时你盈他缺。有了商业信用就可相互调剂。一个纱厂生产了大量的纱卖不出去，而织布厂很需要买进纱，但没有现钱，如果没有商业信用，两方面的生产都受影响。过去我国在"左"的思想影响下，对商业信用限制很严。这种需要，只能靠银行贷款来解决，而银行资金有限，又要按信贷计划办事，没有纳入计划的生产资金得不到融通。如果各种企业的短期资金都要靠银行贷款来解决，银行也不堪负荷。现在许多企业出现买难卖难的现象，原因很多，其中之一就是有关企业之间缺乏这种资金融通的媒介，使商品的买卖发生脱节的现象。货币本来有延期支付手段的职能，可是在我国过去这种僵化的金融体制中，货币这种支付手段的职能却没有得到充分发挥。现在我们要发展生产，实现四个现代化，处处需要资金，不仅长期资金缺乏，短期资金也缺乏。发展商业信用，不啻创造出大量短期资金为生产建设服务。随着商业信用的开放，必然会出现商业票据的承兑、贴现、抵押和买卖等金融活动，以及专业银行向中央银行办再贴现、再抵押等业务。这些机制，只会给商品生产和流通增加润滑剂，又何乐而不为。此外，有不少的地方已经开展了预购预销和分期付款等消费信用业务，这种金融业务也可大力推广。

五、大力发展社会主义集体所有制的股份公司。股份公司是用发行股票办法来筹集社会资金的一种组织形式。资本主义的发生靠原始资本积累。资本主义的发展特别是大规模资本主义企业的发展，主要靠股份公司。马克思说过："假如必须等待积累去使某些单个资本家增长到能够修建铁路的程度，那么恐怕直到今天世界上还没有铁路，但是，集中通过股份公司转瞬之间就把这件事完成了"。① 股份公司的普遍建立大大地促进了社会生产力的发展。但在资本主义条件下，也加强了资本家对工人阶级的剥削，促进了资本的积聚和集中。

当前我国从事四化建设中一个突出的问题就是资金缺乏。全国人大六届二次会议上的《政府工作报告》指出："我们面临开展大规模建设的任务，但资金不足，矛盾比较集中，这是我国经济发展中存在的突出问题。"过去我国长期依靠国家财政资金和银行贷款来解决建设资金的需要。由于国家的财力有限，许多应该建设的项目排不上队。现在强调对外开放，一个主要目的就是引进外资和国外先进的科学技术设备来从事我国四化建设。但是，在国家资金与外资之间，还存在着相当数量的社会资金。为什么不加以充分利用呢？而发展股份公司就是利用这种资金的主要形式。今后我国的经济形式将是以国有企业为主，多种经济形式并存的形式，而集体所有制经济将是一个重要发展方向。集体所有制经济的发展所需要的资金不能依靠国家，靠少数人的资金也不行。发展股份公司将是最好的集资方式，应该大力提倡。关于这方面，可参见《江汉论坛》1984年第8期上的有关文章以及《江汉论坛》和《青年论坛》编辑部即将联合出版的《股票基本知识与实践》一书。

六、推广公司债券和政府债券的发行。发行债券是筹集社会资金的另一种形式。中央政府、地方政府、国营、集体和各种经济形式的企业都可以利用发行债券形式来筹集资金。过去我们有一个陈旧的观念，认为借债总是不好的。因此，曾经以"既无内债，又无外债"来自我标榜。其实，问题不在于应否借债而在于借债对财政经济有无好处和借债能否偿还。美国经济是世界上最发达的国家，但美国债务却是世界上最高的国家之一，美联邦政府负债就在万亿美元以上。据说下一年度美国政府的预算赤字将近二千亿美元左右。为什么美国政府能够发行并负担如此庞大的债务？问题很简单，就是它不断以新债

---

① 《马克思恩格斯全集》第23卷，第688—689页。

还旧债。债券不过一张纸，印刷不困难，也花不了多少成本。只要旧债能够按本利偿还，政府不失信用，债权者的利益得到保障，新债券就有人购买。再说，债务是一个事物的两面。有债务者就有债权者。美国政府虽然负担如此庞大债务，但债权者却是持有公债的金融机构、企业、资本家和普通公民。这样，政府用发行债券解决了财政赤字问题，债权者利用购买债券而获得了利益，双方都得到好处。尽管你政府负债如山，只要照样还本付息，不怕没人买。有人问：美国政府债务这样滚雪球，越滚越大，伊于胡底？我看不用担心。美国政府债务80年代末可能达五万亿美元，20世纪末可能达十万亿美元。但它会照样活下去。这不是暗示说，我国政府也可以不加限制地发行公债，而是说，适当增加一些政府公债的发行，不是不可以的。

以上是就中央政府发行公债本身而言。至于它对经济的影响如何，那是另一回事。说来问题复杂，不在本文讨论范围。至于作为经济实体的公司发行债券，就不能那样自如了，因为有个还本付息的问题，要受到它本身清偿能力的限制。如果一个公司发行的债券不能还本付息，它的信誉丧失，就要破产清算了。此外，外债也不是可以随意借的，因为也有个清偿能力的问题，除非你总是依靠借债还债，像某些拉美国家那样。

七、在较大的中心城市中逐步建立起短期票据市场和长期证券市场。只要开放商业信用，就会出现票据流通。票据是表现债权债务关系的证书。债权人持有票据，一方面希望能凭此在一段时期内取回本金和利息，另一方面也希望这种资金不至于冻结；在未到期以前，当需要时可以随时兑现。这就是说，要保持票据的流动性。因此，伴随商业信用而产生的票据、贴现、承兑、抵押和买卖等业务就出现了。这样，就会逐步形成短期资金市场。对长期证券如股票、债券也是如此。它们不仅有一个保本保息的问题，也有一个流动性的问题。投资于股票债券的人，有的是把这种投资当作长期储蓄，不要求随时兑现。但也有相当一部分投资者不希望把这种投资长期冻结起来，而在需要时可以变成现款，甚至打点折扣也在所不惜。因此，使股票、债券具有一定的流动性，是股票、债券能够顺利推销的一个重要条件。

我国近几年来两次发行国库券，虽然都是超额认购，但购者主要是从爱国立场出发。如从经济利益考虑，很多人是不愿购买的，主要因为国库券不能转让买卖，购买国库券的资金冻结起来了，需要时不能变现，不如把钱存入银行提取方便。其实，让国库券在市场买卖，并不影响国家收入，反而可以使国库券更能畅销。当然，这种短期资金市场和长期证券市场的形成有一个过程，开始时只能采取渐进方式，先由专业银行或投资信托机构代理买卖，然后再逐步发展为长、短期金融市场。将来政府债券和公司债券发行多了，就需要在大城市中专门成立票据清算中心和证券交易所来从事这种业务。我们是社会主义国家，应当有领导、有步骤、有计划地进行。对它们要加强指导和管理，要利用它们对社会主义建设有利的一面，防止它在资本主义条件下所产生的那些消极作用。由于社会主义的优越性，这一点是肯定可以做到的。

我国地大物博，人口众多，物质资源和人力资源都很丰富，主要问题是缺乏先进技术设备和资金，特别是资金。有了资金，技术设备更新改造也不困难。因此，赵总理把资金不足，看成是当前经济建设中最突出的问题，是完全正确的。除利用国家资金和外资外，采取以上措施不仅可以积聚和动员社会上可以利用的资金，而且在相当程度上可以创造出资金来。如发展商业信用，就是创造资金的一种方法。此外，在金融体系和机制日益发达的情况下，银行放款也有创造信用的功能。有人发愁说："发展股份公司，将会把银行中一部分存款抽走。这不过把原来可以由银行运用的资金转投资给股份公司罢了。"其实，在金融体系日益发达和金融机制日益完善的情况下，这种顾虑是不必要的。诚然，在股份公司成立之初，会有一部分银行存款被提出去用于投资股票。但在公司收到这些股金之后又会再存入银行。如果公司把这笔股金付与第三者以购买技术设备，第三者又可把这笔资金存入银行，以此类推。当然，也会有一部分资金漏出金融体系以外，但毕竟是少数。再说投资于股票的资金也不一定是银行存款，也会有一部分是游离在金融体系以外的闲散资金。不是大致可以抵消么？

八、发挥专业银行对微观经济的服务、指导和监督作用，使企业活而不乱。当前城市经济体制改革的主要精神是把企业搞活。要把企业搞活，实行政企分开、扩大企业自主权等办法是必要的，但还不够。如果企业得不到其所需要的资金供应，企业还是活不了。这就要靠银行。但若企业活了，为所欲为，离开社会主义的轨道，也不行，还得有个笼子管住。这个笼子，主要是银行。企业的原材料购进，工资的支付、购货收入、信贷资金的借还等都会通过银行账户中反映出来。银行可以通过这些收支活动，对企业的经营管理好坏、产品质量的优劣、市场的销路如何以及经济效益高低等都会比较有所了解，因而便于对企业进行监督。同时，由于银行接触面广，信息灵通，对地区和全国市场的动态知道得比较清楚。这样，也便于对企业进行指导。我们是社会主义国家，实行的是计划经济，今后的计划，指令性的计划将减少，指导性的计划将增多。而指导性的计划将主要靠银行来执行。因此，今后要使微观经济活而不乱，将主要依靠专业银行充分发挥它们对企业的服务、指导和监督作用。

九、要充分发挥中国人民银行对宏观经济进行计划调节的中央银行作用。去年9月，国务院决定中国人民银行专门行使中央银行职能。这是大家盼望已久的重大决定。但是，中国人民银行究竟如何才能发挥中央银行的作用，这是需要进一步探讨的问题。主要靠政策法令、规章制度、制订货币发行计划和综合信贷计划，规定利率和汇价等是不够的，因为这些主要还是由上而下的行政管理，而不是用经济方法对宏观经济的调节。要用经济方法对宏观经济和货币信用的供求量进行经常的灵活的调节，还要有一套经济手段才行。在西方资本主义国家中，中央银行对宏观经济进行货币信用量的调节手段主要有三：第一，贴现率的运用；第二，银行存款准备金的调整；第三，公开市场对证券的买卖活动。这三大法宝在西方国家中之所以能够对货币信用供需量的调节起到一定的作用，主要因为在它们的国家中已经形成一套有效的金融机制，特别是短期金融市场和长期金融市场。由于存在着这一套金融机制，中央银行才能通过贴现率的升降、公开市场对证券的买卖和对商业银行存款准备率的调整在宏观方面对货币信用的供需起着调节作用。当然，由于资本主义条件本身的限制，这种调节作用是有一定限度的。在我国还存在着商品经济的条件下，如果没有这一套机制，特别是像前述那样的信用工具和短长期金融市场，要中国人民银行真正运用经济手段对宏观经济进行有效调节是困难的。有了上述一套金融机制，中国人民银行行使中央银行的职能就容易了。而且，由于我国是社会主义国家，计划经济起着主导作用，中国人民银行将会更有效地运用这套机制对宏观经济进行调节、协调、指导和监督。

总之，在今后我国经济体制进行全面改革的过程中，要使经济活而不乱，要加强对经济的计划领导，就要充分发挥银行的作用；在微观方面，要发挥专业银行和专业金融机构对企业的服务、指导和监督作用；在宏观方面，要发挥中国人民银行对全国和地区经济的调节、协调、指导和监督作用。因此，今后金融体系在国民经济中的作用将会愈来愈重要。

十、实行类似新中国成立初期的折实制度，以防止物价波动对国民经济和人民生活可能带来的消极影响。我国价格体系存在着严重不合理的现象，主要是许多商品价格不反映价值规律的要求和供求关系。今后在经济体制进一步改革过程中，价格体制行将有所调整。按理说，价格体制的调整，必然有升有降，不一定引起价格总水平的提高。但是，人们往往有一种心理，对价格下调不以为意，而对价格上调却十分敏感，只要有少数物价上调，就会引起连锁反应，怕其他物价也跟随上涨。加之，在企业扩权过程中，有些企业不谋求从改善经营管理和技术改造等方面来提高经济效益，增加收入，而是把提高企业收入寄托在提高物价上面。这样，也会引起物价上涨。因此，在全面进行经济体制改革的过程中，要十分重视控制物价。人们怕物价上涨心理活动有二：一是怕人民币贬值，购买力下降；一是怕工资收入跟不上物价的上涨。恢复建国初期那种折实制度，人们的工资、储蓄，政府公债将随物价指数的变化而定期调整。这样，既可保障人民生活，又可消除人民怕涨心理，防止由于物价波动可能带来的消极影响。经过一段调整时期，物价体系理顺以后，物价平稳下来，那时折实单位与人民币价值保持一致,继续保持或废除它都没有什么关系。

　　以上不只是就建立武汉金融中心而言,也适用于全国性的金融体制改革。可能很不正确,请大家批评指正。

　　　　(原载《经济信息报》1984年11月29日和12月6日)

大力发展第三产业,势在必行

(1984年12月)

去年春天,我在《从交通和商业入手加强中心城市建设——关于武汉发展战略的设想》一文(见1983年5月26日《长江日报》)中曾提出,要在发展交通和商业的同时,还要发展其他第三产业。其后我在《凭借"两通"起飞,把武汉建成为"内联华中、外通海洋"的经济中心》(见《武汉大学学报》(社会科学版)1983年第6期)一文中提出的实现武汉战略目标的十二条措施中有七条属于广义的第三产业。今年10月下旬,胡耀邦同志在山东沿海地区视察工作时指出:"要想在较短时期内把经济搞活,打开新局面,从'第三产业'抓起,是一个好办法"。① 看来,发展第三产业应该看成是加速我国经济全面发展的一个重要途径。

所谓第三产业,是现代西方经济统计学中的一个新概念。现代西方经济统计学将产业结构大体分为第一、第二、第三产业三大部门。第一、二产业是物质生产性部门,第三产业是非生产性的劳务部门。不过,这三大部门的划分或具体内涵因国家、因不同经济统计机构、因不同经济学家而异,并无严格的界限。大体说来,第一产业是初级生产部门,包括农、林、牧、渔、猎等业;第二产业主要是加工工业或制造业,简称工业;第三产业主要是非生产性的行业如服务行业或称劳务业。矿业有的列为第一产业,有的列为第二产业,建筑业多半列为第二产业,煤气、电力和自来水有的列为第二产业,有的列为第三产业。第三产业的范围也是宽狭不一。广义的第三产业包括交通、

---

① 见1984年10月29日《人民日报》。

运输、邮电、商业、金融、保险、信息以及其他一切有关生产方面的劳务（如仓库、修理……）、有关生活方面的劳务（如商店、饭馆、旅社、理发、洗澡……）、有关科技、文教、卫生、行政方面的劳务（如公务机关、学校、科研、文艺、医疗……）以及有关旅游和娱乐方面的劳务（如风景区、游览、戏剧、广播、电视……），等等。总之，凡不属于第一、第二类从事物质生产部门的活动，都可列为第三产业。现在还有一种动向，就是把信息从第三产业中分离出来，作为第四产业。

一般说来，在商品经济发展处于低级阶段或经济落后的国家中，第一产业在国民生产总值或劳动就业中的比重最大（所谓"以农立国"），第二产业次之，第三产业又次之。在商品经济进一步发展过程中，第二产业比重逐步超过第一产业（工业化的标志）。在商品经济高度发达的国家中，第一产业的比重日益缩小，第二产业次之，第三产业比重不断增大。在现代西方经济最发达的国家中，第一产业所占比重低到10%甚至5%以下，第二产业约在30%—40%左右，第三产业的比重超过50%以上。这种情况主要说明三个问题：第一，这些国家中的农业已经实行了现代化，劳动生产率很高；第二，工业很发达；第三，人民收入较高，消费能力较强，对非生产性的服务要求日益增大。

我国目前商品经济尚不发达，农业劳动力占全部劳动力近80%左右，还没摆脱"以农立国"的状况。为什么要大力发展第三产业呢？我认为主要有以下一些原因：

一、过去长期在"左"的思想影响下，人们认为经济活动就是生产，其他都不重要。加之，对商品生产的必要性、特点以及市场和价值规律的作用认识不足，因此，产生了"重生产、轻流通"，"重生产、轻服务"，"重生产、轻消费"，"重生产、轻生活"，以及"重生产、轻知识"等一些错误思想，不了解它们之间的相互联系，相互促进的作用，以至第三产业长期落后于生产发展的需要，拖住生产发展的后腿。过去我国虽然把交通列为"先行官"，但由于僵化的经济体制的束缚和财力不足，在交通运输方面也远远落后于经济发展的要求。我国虽然已经建立了以中国人民银行为核心的银行体系，但由于缺乏一套金融机制，主要靠行政手段而不是靠经济手段来调节经济活动，因而，也不能适应迅速发展商品生产的要求。现在整个经济形势大好，但到处出现买难、卖难、生活难、行路难、住宿难、吃饭难、医疗难、运输难、打电话难以及人才缺乏和资金不足等现象，都与第三产业跟不上形势的需要有关。因此，在进行全面经济体制改革的同时，还要大力发展第三产业，特别是第三产业中的"两通"。"两通"是工业和农业之间的桥梁和纽带，是城乡之间的桥梁和纽带，是生产者和消费者之间的桥梁和纽带，是地区与地区之间的桥梁和纽带，是国内和国外进行经济贸易的桥梁和纽带，而现在的"两通"，特别是交通（包括运输、邮电），仍然是生产发展的瓶颈。这个瓶颈不打破，整个经济的发展就会受到束缚。（关于发展"两通"的重要性，请参见前述两文。）武汉市自今年6月进行综合经济管理体制改革以来，以"两通"为突破口，在政企分开，搞活企业、开放"三镇"，搞活流通和发挥武汉科技优势等方面取得了很大的成绩，但相对说来，市内交通和对外交通以及其他第三产业特别是服务行业还跟不上步伐，需要进一步加强。当然，有些问题不是武汉本身所能解决的（如交通），需要中央和省以及有关部门的支持。

二、我国人口多，劳动力资源很丰富，但是随着农村经济的发展和城市要求，劳动就业人数将是一个日益严重的问题。我国农业正在经历着由自给半自给的自然经济向商品经济的转化，由传统的手工操作向现代化的耕作方法转化。这种转化将会大大提高农业劳动生产率，就必然带来大量剩余的劳动力。城市中每年中学毕业不能继续升学而达到就业年龄的青年也在不断增加，如不广开就业门路，将成为日益严重的社会问题。随着第二产业的发展，第一产业的剩余劳动力有些可以转入第二产业，城市要求就业青年也有一部分可以加入第二产业的队伍。但是第二产业一般需要较多的投资（如机器设备）和较长的时间才能形成生产力，因此吸收就业的能力有限，而第三产业中的服务性行业如旅社饭馆、医疗卫生、垃圾处理、街道清洁、理发洗澡、保管包装、菜场商店、小商小贩、电影戏剧、公园茶馆、文化宫、体育场、运动场、各种修理行业、码头车站搬运、邮递电话、照相旅游和出租汽车等，都不需要太大的投资，就可以搞起来。这些行业虽然是非生产性的，但却非常重要，直接影响到人民的生活和身心健康，间接影响到工作效率。发展这些服务行业，至少有下列一些好处：第一，方便群众，有利于改善人民生活，有益于人民身心健康，提高工作效率；第二，可以吸收较多的劳动力，增加就业机会；第三，需要的投资少、资金周转快、收益大，可以加速资金积累，以便用于城市其他建设；第四，可以提高社会购买力，为工农业产品，特别是日用消费品开拓市场；第五，改变城市的面貌。特别是像武汉这样万商云集的经济贸易中心，将来还要对外开放，如果老是这难那难，将来大家都会滞足不前。大力改善服务行业，可使城市面貌一新，可以增强城市的吸引力和辐射力。

三、第三产业中的一个重要组成部分是金融、保险、信托等业务。当前进行全面经济体制改革的中心环节是把企业搞活。企业是细胞、金融是血液。细胞缺乏营养，也活不了，因此，在进行全面经济体制改革的同时，还要加快金融改革的步伐，大力发展金融业务。要在聚财、生财和用财之道上大做文章。我的设想是：第一，要在以中心城市为依托的经济区内建立起以中国人民银行为核心的多层次的横向金融网络；第二，推广发薪转账办法以吸收存款；第三，逐步推广支票存款；第四，开放商业信用；第五，大力发展社会主义集体所有制的服务公司；第六，推广公司债券和政府债券的发行；第七，在较大的中心城市中逐步建立起短期票据市场和长期证券市场；第八，发挥专业银行对微观经济的服务、指导和监督作用，使企业活而不乱；第九，充分发挥人民银行对宏观经济的计划调节的中央银行作用；第十，恢复建国初期的折实制度，以防范在物价体系调整过程中可能带来的消极影响①。赵总理在全国人大六届二次会议上的《政府工作报告》中指出："我国面临开展大规模建设的任务，但资金不足、矛盾

---

① 参见《经济信息报》第118、119期《加快金融改革步伐的十点设想》。

比较集中，这是我国经济发展中存在的突出问题。"大力发展金融事业，能够充分利用，甚至创造出社会资金来，将大有助于推动四化的建设。

　　四、第三产业的另一个重要组成部分是科技文化教育。知识就是力量，科技就是生产力。实现四个现代化的关键是科技（应该包括社会科学和管理）的现代化。现代化的生产主要靠先进的科学技术来推动，科技现代化如果不同农业、工业和国防结合起来，其他三个现代化也实现不了。过去在"左"的影响下，不重视科学技术、不重视知识和人才。不仅整个科技文化教育的设施落后于经济发展的需要，而且许多科研成果束之高阁，不能同生产结合起来。社会科学也是理论脱离实际，不能为实际服务。党的十一届三中全会以来，经过拨乱反正，在对待科技、知识和人才的态度上有了很大的变化。我们许多中心城市的智力库正在发挥作用。如武汉市有高等学校约 30 所，正副教授 2 000 多人，科研机构有 130 多所，科研人员 12 000 多人。这几年来，已经逐步发挥作用。如通过多次综合性和专业性的科技交易会，为全国 1100 多个教学、科研、生产单位提供了 4 300 多项成果，签订了 1300 多项合同；围绕重点行业、拳头产品和新兴产业建立了 38 个科研生产结合体。今后还可进一步开放科技市场，使科技与生产紧密结合起来。现在全市已经建立起 200 多个咨询服务机构。还成立了华中五省经委信息网、武汉综合信息中心、武汉科技服务公司以及"东湖"、"黄鹤"、"智宝"和南方预测咨询公司等智力开发公司。这些都是可喜的现象。但是，武汉和其他中心城市的智力潜力还很大，有待进一步发挥。建设四化，需要采取各种渠道培养大量的人才，否则四化是难以实现的。

　　武汉地处我国的心脏，是华中水陆空的交通枢纽，应该发展成为全国内地最大的第三产业的中心。这个中心的中心，可以规划在长江北岸从黄浦路到磙家矶至岱家山一带。武汉市应进一步对外开放并赋予经济特区一些特权。这个区可利用外资和各省投资，把它建成像深圳那样拥有高楼大厦和各种现代化设施的内外贸易中心、金融中心以及信息、咨询和管理服务的中心。这样,不仅可以加速武汉市的现代化,而且可以通过武汉市的辐射力和吸引力,带动湖北及华中各省,甚至西北、西南地区加速现代化的步伐。

(原载《长江日报》1984年12月27日)

建议恢复新中国成立初期的折实制度

(1985年3月)

新中国成立初期,由于继承了国民党统治时期的恶性通货膨胀局面,我国物价曾有短期波动。当时人民政府为了减轻通货膨胀对经济建设和人民生活的影响,采取了折实制度,以米、面、盐、油、煤、布等几种基本生活物资定量折价编制成一种折实单位(亦即物价指数单位)。定期按这几种物资的市价进行调整。这种单位用于发付工资、收付储蓄存款和发行公债。这对保障人民收入和储蓄,安定人民生活,消除人民怕物价上涨心理对物价引起的推波助澜作用等方面起了一定的积极作用。由于人民政府又采取了财经工作统一和其他一些正确措施,全国物价很快平稳下来,以至在1955年实行币制改革时,这种折实制度就不再继续了。

第二次世界大战后,西方和第三世界国家先后发生了通货膨胀的现象。进入70年代,世界性的通货膨胀加快步伐。为了应付通货膨胀所带来的消极作用,许多国家纷纷采取了指数化的措施。据不完全统计,西方主要国家如英、美、法、意、比、荷 等在工资和薪俸方面大多是部分或大部分实行了指数化(即使用所谓按物价指数定期自动调整的条款)。在公债、储蓄、养老金、存放款租赁契约和社会保险等方面也多实行有这样和那样指数化的。近两年来,有些国家的通货膨胀虽然略有缓和,但指数化的条款并未废除。

我国70年代及其以前的物价是基本平稳的,进入80年代以来,有些波动现象。近两年来物价水平总的来说,有些上涨。而全国工资的调整则没有跟上,在个别地区个别时间,还出现由于怕物价上涨,货币贬值而抢购物资以保持币值的现象。于是在干部和职工之间就出现了一些埋怨情绪，个别同志甚至认为"今不如昔了"。这是没有结合历史和当前的全面实际来看待这一问题的缘故。过去长期在"左"的思想影响下，我国形成了一套僵化的经济体制，阻碍了生产力的发展。就物价体系来说，也是如此。我国 70 年代及其以前的物价水平表面上是平稳的，好像没有什么通货膨胀的现象，实际上则是一种假象。由于长期忽视价值规律和市场作用，许多商品的价格是不合理的。由于价格绝大多数是指令性的，有些商品劳动生产率提高，供过于求，大量积压，而价格却降不下来。更多的商品是紧缺。国家大量补贴，凭票供应，但在价格上却反映不出来。过去那种物价平稳，不是没有通货膨胀，而是一种抑制性的通货膨胀，反映在较多的商品供不应求和采取配给办法上面。总的来说，那种状况阻碍了生产力的发展。物价表面上平稳，工资不打折扣，但实际上生产的东西愈来愈少，人民愈来愈穷。那种情况如果继续下去，是不堪设想的。

党的十一届三中全会以来，国家对经济体制进行了有步骤的调整和改革，特别是在农村普遍推行了各种生产责任制，使我国经济出现了蓬勃发展、欣欣向荣的新气象。但同时也有些商品价格出现了上涨的现象。究其原因主要有：1. 国家对商品价格的管理逐步放开了，许多商品随行就市，按照价值规律和市场供求关系来浮动。2. 国家对某些商品的价格有意识地进行一些调整，使它符合价值规律和市场的要求。3. 在扩大企业自主权过程中，有些企业不从改善经营管理、加强技术改造，降低成本，节约消耗等方面来提高经济效益，增加收入，而是用提高价格牺牲消费者利益的办法来增加收入。4. 一些不法之徒，通过倒买倒卖、投机倒把、哄抬物价来攫取暴利。5. 由于消费基金、信贷基金和固定资产投资增加过快，货币的发行超过经济发展的需要。对于第三、四点，自应加强管理、教育和处罚。由于社会主义制度的优越性，我们的国家应该有能力做到这一点。就前第一、第二点来说，根据《中共中央关于经济体制改革的决定》，还会扩大，因为建立合理的价格体系，充分重视经济杠杆的作用，必须对不合理的价格进行有步骤的调整和放开。按理说，价格体系的调整将会有升有降，不一定引起价格总水平的提高，但是由于过去大多数生产资料和燃料价格及运费偏低，这类价格的调整必然会引起其他商品价格的上升。第五点看来是需要适当控制的。今年要搞工资改革，货币投放难免还要增加。总之，在物价体系进一步调整过程中，可能会有一段时期，物价将会是上升的。加之，人们往往有一种心理，对价格下调不以为意，而对价格上调，却十分敏感，只要有少数物价上调就可能引起连锁反应，怕其他物价也跟着上调，于是可能发生"以币逃货"的现象，从而加速物价上涨，人们产生怕涨的心理。主要根源有二：一是怕人民币贬值，购买力降，不能发挥价值贮藏的作用；一是怕工资收入跟不上物价上涨，实际工资下降。因此，需要采取措施来解决这两方面的问题，恢复建国初期那样的折实制度，人民的工资，储蓄，政府的公债将随物价指数的变化而定期调整。这样，既可保障人民收入、储蓄和生活，又可消除人民怕涨心理，防止由于物价波动可能带来的消极影响。这对安定团结，促进经济稳健发展将大有好处。

在资本主义社会中，当物价上涨而工资不能随之调整从而使实际工资下降时，是资本家对工人的一种额外剥削，如前所说，在当代资本主义国家中，还有不少国家通过劳资合同中的指数化条款来对工人进行补偿。我们是社会主义国家，如果也出现这种情况，不啻是国家对广大职工的一种无形剥夺，应该说，这是社会主义制度所不能允许的。更应该给予补偿。同样，当物价上涨时，由于物价上涨而导致储蓄存款和国家公债贬值对存户和公债持有人也是不公平的。因此，在物价上涨时，推行折实制度，不仅有其经济意义，更有重大的政治意义。

我们是社会主义国家，工资制度应该体现三大原则：一是按劳分配；一是劳动者的实际收入和名义收入应保持一致；一是劳动者的收入应随生产的发展而相应提高（扣除积累部分）。可是，过去，长期在"左"的思想影响下，我们没有能够实现这些原则的要求。党的十一届三中全会以来，我们正在试图向这个方向前进；但是，由于种种原因，步子是不够快的，也是不够坚定的。我国的工资制度，既没有原则化，也没有制度化。实行第一、第三个原则比较复杂困难。每次调整工资都需进行大量的准备工作，在调整过程中，往往要经过调查研究，反复讨论，群众评议，领导考核，审批等过程，最后可能还有许多遗留问题。如何贯彻这两个原则，正在进一步研讨。但是，实行第二个原则，却是比较容易的，只要按月定时就物价指数增长率对折实单位进行调整就行。这样，可以保证名义工资和实际工资基本一致。由于工资按月调整，即使有所增加，数目有限，而且货币投入市场比较均衡。像现在这样，每年或每两三年搞次工资调整，用普遍提级的办法来反映第三个原则是可以的，用评审考核的办法来反映第一个原则也是可以的，但若用普遍调级的办法来补偿名义工资和实际工资的差距就不大合适了。因为这样会产生两个消极后果：一是由于工资级别与职称是有联系的，如果每次增加工资都通过提高级别来实现，那么获得中、高级职称的人就会愈来愈多，以后在安排各种相应待遇方面就会愈来愈困难。一是工资集中一次发放，使货币投入市场极不均衡，从而对经济造成不良影响。现在有很多企业事业单位不用调整工资级别而用多发奖金和实物津贴的办法来补偿职工由于物价上涨而增加的消费支出。这也会产生使货币投放比较集中和不均衡的消极后果。像这样乱无章法、各自为政的办法是不可取的。通过折实单位每月就物价上涨幅度对工资进行自动调整的办法，既体现了保证名义工资与实际工资相一致的原则，又使这种工资调整制度化和经常化，对保障人民生活和经济正常运行以及促进社会安定团结是有好处的。

  实行这种制度不仅可以保证实际工资与名义工资的一致，而且有利于吸收储蓄存款和发行公债。一般来说，在物价上涨幅度较小时，对吸收储蓄存款和发行公债影响不大，因为"货币幻觉"在起作用，人们对货币的贬值尚未意识到。但当物价上涨幅度超过存款利率或公债利率时，就会发生提取存款购买物资和不愿购买公债的现象。在这种情况下，政府往往通过提高利率来鼓励人们储蓄和购买债券。提高利率是可能有一定效果的，如果利率高于物价上涨幅度的话，但也有其缺点：1. 如果利率赶不上物价上涨，则效果不大。2. 如果利率提高而物价平稳下来，则增加银行或国家的利息支出。这种缺点是由于名义利息率与实际利息率不一致所造成的。如果采取折实单位，则可保证名义利率与实际利率的一致，在这种情况下，折实单位的变化率将成为一种弹性利率。加在固定的利率之上，这种弹性利率将随物价的涨落而涨落。这是保障债权、债务双方利益一致的最好办法。

在经济正常或物价平稳的情况下，人们的消费和储蓄对他们的收入在习惯上是保持一定的比例关系的。在物价上涨导致产生的怕涨心理时，就会破坏这种比例关系，产生减少储蓄、增加消费的倾向，从而增加市场上的压力，特别是对紧俏物资的压力，并引起物价进一步上升的恶性循环。而折实制度的推行可以消除人们的怕涨心理，从而稳定人们的正常消费习惯，可以保证经济活动的正常、顺利进行。

估计对这种办法持有不同意见的理由可能有三：

一是折实单位（或物价指数）的计算很难科学，不一定能反映真正的物价水平，也不一定符合每个人的要求。

诚然，物价指数是反映某些进入计算的商品价格的变化的综合指标，它既不代表所有物价的水平，也不代表任何单个商品价格的变化，自然不能符合每一个人的要求。不过我们在编制物价指数时，在选样方面应尽可能使它科学、合理，符合大多数人的消费结构和消费倾向。在调查商品价格方面应尽可能符合实际，不能有虚假或不实成分。至于说要想符合每个人的愿望和要求，则是不可能的。在整个经济活动中，各种商品、价格的波动幅度都不可能完全一致，更不可能在预测上一致。你以为电视机要涨价了，抢着去买，但下个月可能跌价。他以为皮鞋不会涨价，没有买，它下一月可能涨两成。货币是一般等价物，它本身就是一个"平均"的概念，它的价值不可能符合每个人的要求。退一万步讲，尽管物价指数的变化不一定符合每人的要求，但得到了一些补偿总比完全得不到的好。

二是怕会增加国家财政的支出或银行利息的负担。

按物价指数发付工资从名义工资支出来说，在物价上涨过程中，是会增加财政支出的。但是，按折实单位或原来价值来说，则没有增加，为了保障职工的利益，这种名义上的增加是应该的、必需的。否则就是政府对人民的无形剥夺了。再说，水涨船高，在物价上涨过程中，许多以物价为基数计算的税收将会相应增加，因而国家的收入也将增加，即使发生一些赤字也不可怕。过去那种"财政收支平衡，略有结余"的概念是值得商榷的。美国是世界上最富的国家，它的政府负债数额最巨，达一万多亿美元，下年度财政赤字，达约二千亿美元，问题不在有无赤字，而在于出现赤字对经济的影响如何，人们能否驾驭它。适当有点赤字，也并不可怕。社会上增加一些收入，对经济还可以生产一些刺激作用。由于同时办理折实储蓄和折实公债，人们手中多余的货币可以通过折实储蓄回到银行。作为信贷资金用于促进生产，或者通过折实公债回到政府手中，用来平衡财政收支，这是一种良性循环。如果没有折实储蓄和折实公债，多余的货币不能回笼，可能会兴风作浪。因此，这三者以同时举办为好。至于怕银行增加利息的负担，也是多虑的。首先，这种利息的增加，也是名义上的，实际利息并未增加。其次，一般来说，在物价上涨过程中放款的利息也是可以相应增加的。有些国家的银行放款也实行指数化，就更不成问题了。

三是怕引起物价上涨的恶性循环，前面说过，折实制度的执行，其目的之一就是防止物价上涨所产生的消极作用。因为在物价上涨过程中，起着推波助澜作用的除去投机倒把和不正之风外，就是人们的怕涨心理。这种怕涨心理会导致"以币逃货"，抢购物资的倾向，从而加强物价的上涨趋势，折实制度的推行，其目的之一就是为了消除这种影响。折实制度的推行不过是使人们的实际收入与名义收入一致，使实际储蓄与名义储蓄一致，并没有增加实际购买力，怎么会加速通货膨胀呢？我们要制止通货膨胀，应从产生通货膨胀的原因入手。前面提到我国物价上涨的五个原因。其中之一就是货币流通量的增加超过经济发展的需要。货币流通量究竟多少才适合经济发展的需要，是一个很复杂的问题，非本文可以论述。问题是如何加以控制。如何控制？除去前述对不合理的物价上涨加强管理外，主要通过三个渠道：一是发挥专业银行对微观经济的服务、指导和监督作用。一是发挥人民银行作为中央银行对宏观经济的指导、监督和调节作用。一是控制财政的赤字发行。通过折实公债的发行。将来可以借助于发行公债而不是发行货币来平衡财政收支，这就消除赤字发行的隐患。因此推行折实制度不会加强通货膨胀，只会有助于缓和与制止通货膨胀，但它本身也不会制止通货膨胀。要制止通货膨胀还要采取其他有力的措施。看来，在经济体制全面改革过程中，调整不合理的价格体系势在必行。短期内物价有些上涨现象，似难以避免。在这种情况下，采用折实制度以消除物价上涨可能引起的副作用，保障人民收入和生活，使经济活动得以顺利运行，是值得考虑的一项重要决策。

（本文原载《武汉经济情报研究》1985年第3期，1988年间，我国物价上涨较快，作者在全国人大七届一次会议期间，联合30多位代表，提出题为《建议工资、储蓄、国库券与物价指数挂钩》的议案（第240号），后来政府采取了保值储蓄和发行保值公债的措施，对平抑当时物价上涨起了重要作用。《长江日报》曾以题为《工资、储蓄、国库券应与物价指数挂钩》将该文发表在1988年6月17日该报上。）

综合治理　安定人心
——有关物价问题的一些看法

(1988年10月)

最近一个时期，物价上涨较猛，不仅影响到经济的发展，也严重地影响到人民的生活。人民群众对此意见很大，对物价上涨的承受力愈来愈脆弱，稍有风吹草动，即怨声载道。

导致物价上涨的原因很多，大体可分为两类：一是政策性的调放。过去在产品经济的条件下，一般产品的价格由行政规定，没有按照价值规律的要求。近几年来虽然大部分中小商品和一部分重要商品的价格放开，随行就市，但尚有不少农副产品、原材料和劳务价格没有进行调整，价格长期低于价值，国家为此付出大量补贴。一是非政策性的物价上涨。这方面的因素很多，主要有：

(1) 基建投资膨胀，不仅预算内的投资项目不少，而且预算外的基建项目日益增多。由于中央权力下放，各地方都把上速度看成是评定政绩好坏的重要标准，因此争上项目、互相攀比，不仅生产性项目很多，非生产性项目更加膨胀，到处争建楼堂馆所。基建投资膨胀不仅导致基建材料和原材料的紧张，也间接增加了消费基金的需求（通常约有40%转化为消费基金）。

(2) 消费基金膨胀。随着经济的发展，不仅个人婚丧喜庆追求排场之风日甚，各机关团体的铺张浪费之风也有增无减，特别是大吃大喝之风到处皆是。高档烟酒谁买？主要是机关团体。外国请客很简单，高级宴会也没有多少菜，我们请客，常在二三十个菜以上，浪费很大，此外还争相采购各种高档商品。集团购买力的膨胀，是消费膨胀的重要因素。

（3）信贷资金膨胀。大批企业长期占用大量银行借款不还，有的用于囤积原材料，有的用于库存积压滞销产品，有的靠借贷来弥补亏损、发付工资或其他短期行为。由于利息率低，在物价上涨期间，甚至是负利率，借款有利，因此企业争相借款，长期不还。

（4）财政赤字膨胀。每年预决算除去经常收支外，基建投资、企业亏损和物价补贴的数字都很可观，都在数百亿元以上，这是导致收支失衡的重要原因。

（5）货币发行失控。以上一些原因，导致总需求大于总供给，最后都要通过增发钞票来解决。这就促成了通货膨胀的迅速发展。

（6）某些产品价格双轨制，给各种"倒爷"、特别是"官倒爷"以可乘之机。他们大搞转手买卖，促进了物价的轮番上涨。

（7）成本推动。由于原材料价格和其他成本的上涨，企业消化不了，把增加的成本转嫁到产品售价上去。

（8）此外，投机倒把、倒买倒卖、哄抬物价、以劣充优、变相涨价和托购之风等，也加快了物价上涨的趋势。

目前物价上涨的势头如果不加以制止，可能会破坏安定团结的局面，导致难以想像的后果。

在这样的时刻，如果再出台调价措施，将如火上浇油。因此，国务院第20次常务会议通过的当前物价工作和稳定市场的若干重要决定中表示，今年下半年不出台新的调价措施是正确的。如果此时再出现调价措施，可能出现难以收拾的局面。

为了使中共十三届三中全会原则通过的《关于价格、工资改革的初步方案》能够在不久的将来付诸实施，当前应认真治理经济环境和整顿经济秩序，有领导有秩序地推进相互配套的全面改革。先刹住通货膨胀的势头，使人民的生活有所保障，然后再逐步进行价格改革，这是完全必要的。

建议采取措施如下：

（1）大力压缩基建投资，严禁相互攀比。现在中央号召各地停建楼堂馆所是对的，北京和有些地方已作出榜样，但还不够。需要雷厉风行、令行禁止。此外，不仅要压缩非生产性建设，非急需的生产项目也要压缩一些。特别要严禁相互攀比和把生产速度高低作为评定政绩的标准。

（2）大力压缩集团消费，反对铺张浪费、讲排场，对高档消费要严加限制，特别是要大刹大摆高级宴席之风。武汉市已规定 300 元以上的宴席要征收宴席税，这还不够，应该在 150 元以上的酒席就要征宴席税。

（3）大力压缩信贷，要提高利率，可采取利率跟随物价指数或企业产品价格浮动的办法。这样可以从经济上限制不必要的借款。

（4）深化企业改革，加强经营管理，提高企业经济效益，力求在企业内部消化原材料涨价和工资增加的负担。

（5）逐步取消价格双轨制，提倡产销见面，减少中间流通环节。

（6）加强物价管理，严禁乱涨价、变相涨价和哄抬物价，狠狠打击各种倒爷，杀一儆百。

（7）增加生产、保证供应，特别是要搞好农副产品的生产、收购与供应。

（8）要大力整顿流通环节，清理政企不分的商业性公司。

（9）实行工资指数化、储蓄指数化与国库券指数化，以安定人民生活，这是我多年来一再提出的建议。在物价上涨过程中，人民最担心是实际收入打了折扣，储蓄不能保值，因此人心不安。现在银行已经开办保值储蓄，这有利于保障人民储蓄、缓解提取存款抢购物资之风，并将社会资金引导到有利于国计民生的途径上来。但是，单靠保值储蓄还不够，还可将国库券与物价挂钩（类似建国初期的折实公债）。这样可以扩大国库券的销路，有利于吸引社会资金用于长期建设。在物价上涨过程中，人民最不满的是实际收入的下降。为了保障人民的实际收入不下降，采取这样那样不定期的补贴和发奖金的办法，似乎总不如将工资与物价挂钩好（在企业方面，可将工资与经济效益挂钩）。这样可以从制度上保证名义收入与实际收入的一致性。在物价上涨过程中，实现工资、储蓄、国库券与物价挂钩的办法，虽不能从根上消除通货膨胀，但却可以起安定人心、缓和物价上涨幅度的作用。

（10）采取以上办法，可使非政策性的物价上涨速度大大缓和下来，人民生活有保障，有助于维持安定团结的局面。在这个基础上，再相机调整价格，减少补贴，逐步改革不合理的价格体系和工资制度。合理的价格体系应该体现价值规律的要求。合理的工资制度应该体现三原则：①按劳分配，②随着经济增长（或效益的提高）而适当增长，③名义工资与实际工资一致。

总之，要建立合理的价格体系和工资制度，应该在控制通货膨胀速度的前提下进行，应该采取"分步到位"的办法。那种企图一气呵成的想法是不现实的。

（载《民讯》1988年第11期，
中国民主建国会中央委员会主办）

社会主义企业必须树立为人民服务和"服务对象第一"的思想

(1991年11月)

在讨论《关于国民经济和社会发展十年规划和第八个五年计划纲要的报告》中"关于进一步增强全民所有制大中型企业的活力"这一部分中提到"……要处理好国家、企业、个人三者的利益关系"的时候我一再提到:这句话应改为"……要处理好国家、企业、个人(职工)和消费者(或服务对象)四者的利益关系"或者"……要在保证消费者(或服务对象)利益的前提下,处理好国家、企业、个人(或职工)三者的利益关系"。我认为:这个意见很重要,因此需要再强调一下。

我们是社会主义国家,宗旨是为人民服务。企业生产或服务的对象是消费者也就是人民。在资本主义制度下,资本家为了赚取利润,尚且提倡"顾客第一"的思想,我们是社会主义国家,更应该确立"消费者第一"或"服务对象第一"的思想。现在许多企业效益不高,原因很多,有客观和主观方面的原因。在客观方面,如有关政策不配套,《企业法》和有关条例没能认真贯彻,折旧提存太低,甚至没有,技术设备更新改造缺乏资金,原材料涨价或供应不上,有些不合理的产品价格没能理顺,不合理的摊派太多等。但主观方面的原因也很多,其中最突出的是很多企业没有树立为人民服务的思想,生产不考虑消费者的利益和市场的需要,主观性、盲目性很大。这几年中,许多企业的大量产品积压,销售不出去,这固然与有效需求不足、市场疲软、产业结构和产品结构不合理有关,但很重要的一个原因就是这些企业的产品不适销对路,或质次价高,甚至是伪劣商品。

社会主义企业必须树立为人民服务和"服务对象第一"的思想

企业生产的产品不适应人民的需要，销售不出去，造成大量积压，就使许多企业的产品价值不能实现，上交国家财政的利税大受影响。没有货币资金进入再投入，企业再生产就发生困难，有些企业连简单再生产都顾不上，更谈不上扩大再生产。企业生产的产品价值不能实现，职工的工资、奖金、福利也就难以保证。这样，就难以处理好国家、企业和个人（职工）三者的利益关系。许多企业为了勉强应付向国家财政的应交利税，为了勉强进行再生产，为了交付职工的工资和解决职工生活的困难，不得不依靠向银行借款或拖欠应付款项。这是"三角债"锁链前清后欠、久难解开的重要原因之一。企业产品之所以卖不出去，一个重要原因就是没有树立为人民、为消费者服务的思想，没有树立为市场需要服务的思想。要在保证人民或消费者的利益的前提下，才能处理好国家、企业、个人（职工）三者的关系。否则，仅仅要求"处理好国家、企业、个人三者的关系"，是难以实现的。

我们现在对国有企业实行的是承包经营责任制，要完善和发展这种制度，固然有许多有关政策规定需要落实，但很重要的一条，就是承包者（或厂长及经理）的素质，也可说这是承包制成败的关键。许多企业搞得不好，或短期行为严重，有许多主客观原因，要具体分析，但其中一个重要原因就是承包者缺乏社会主义企业家的素质。社会主义企业家首先是"社会主义的"不是"资本主义"的，不能唯利是图，应该树立为人民服务的思想和市场意识，要服从国家大局，认真执行政府的有关政策规定，有问题有困难可以向有关方面反映，要求协助解决。但不能走歪门邪道，营私舞弊，更不能以权谋私，贪赃枉法，胡作非为。社会主义企业职工是主人，应该调动他们的主动性、积极性、创造性，让他们出谋献策，共同搞好企业。特别是对有贡献的科技人员和职工要特别重用，切忌嫉贤妒能，任用干部更不能任人唯亲，应该任人唯贤。同时，社会主义企业家也应该学习或懂得企业生产技术和管理方法，要掌握信息和市场的动态。还要学习借鉴资本主义企业家的管理理论、经验和方法，有分析地加以运用。过去不少企业承包者是从干部转来的，他们在政治上有社会主义的素质，但对经营企业还没有一套经验和应有的知识，这就需要学习和培养。1987年春天，在六届全国人大五次会议期间，中央电视台曾组织一次少数人的座谈会，我就曾大声疾呼：我国需要培养几万、几十万、上百万的社会主义企业家。这个问题今天看来仍然很重要。

（原载《协力》1991年11月，政协武汉市委员会办公厅主办）

关于当前经济、政治问题

(1988年12月27日在七届全国人大常委会第五次会议上的发言)

一、要加强领导、上下一心，贯彻党的十三届三中全会的决策

今年以来，人民群众意见最大的是物价上涨幅度过大，分配不公以及社会上和党内一些腐败现象的滋长，党的十三届三中全会通过的治理经济环境、整顿经济秩序和全面深化改革的方针得到全国人民的拥护。执行以来，情况有些好转，物价上涨势头得到一些控制，基建投资的规模有所压缩，中央和地方停建了不少项目，集团购买力也有所控制，不正之风有所收敛，总的形势有所好转，能否坚持下去，群众仍有疑虑。有些单位和地方仍然是上有政策，下有对策，言者谆谆，听者藐藐，阳奉阴违，我行我素。有的单位还在观望，希望能混过去。有的项目虽已决定停建，但可能风头一过，又死灰复燃。特别是铺张浪费、请客送礼、超前消费之风仍很盛行，这种风气如不从根本上扭转，必然贻误整个改革和发展。今后必须加强党的领导，全国上下万众一心，同心同德，确实做到令行禁止。对于违法乱纪案件，一定要从严查处，绝不能手软，绝不能姑息养奸。

二、要防止有效供给萎缩造成经济滞胀

造成通货膨胀问题根本原因是总需求超过总供给。压缩基建投资、集团购买力和银行信贷的主要目的就是控制经济过热的空气，压缩总需求，使总需求能和总供给相适应，绝不是压缩总供给。在执行压缩总需求过程中，一定要注意不能影响正当的供给。正当的供给不仅不应压缩，而且还应增加。压缩基建和信贷主要是压缩那些导致需求膨胀的非生产性建设的资金和超前消费，如楼堂馆所和集团购买力之类。对于那些与国计民生有关的生产性项目，特别是那些能保证或增加有效供给的企业所需要的资金，就不能压缩，而且还要保。有保有压，这个界限一定要划分清楚。不能不分青红皂白，该压的不压，该保的不保。不能单靠行政命令办事，要调查研究，多方征求意见，发挥专业银行的作用。最近在紧缩过程中，不少地方出现了资金紧张，金融秩序混乱的现象。推行保值储蓄以来，居民储蓄增加了，但企业贷款却收不回来，企业存款大量滑坡，银行资金短缺。存款不能保证提取，税款不能入库，汇款不能解付，国家收购粮食拿不出现款，票据交换差额无力清偿，同业拆借普遍逾期，有些企业卖出去的商品货款收不回来。不少企业无钱买进原材料进行再生产，甚至发不出工资来。这些现象的存在，不仅影响银行的信誉和作用，也势必影响企业的正常生产活动和有效的供给。因此必须引起高度的重视，及时采取相应的对策，尽快扭转这种现象。否则将会导致经济的萎缩和停滞，其结果不仅不会缩小总需求和总供给的差距，反而会拉大这种差距，从而为未来的通货膨胀埋下祸根，使经济出现滞胀现象。

三、要千方百计地吸收存款

现在一方面银行资金短缺，另一方面大部分现金都滞留在银行系统以外。居民、个体户、乡镇企业，甚至有些企事业单位都拥有大量钞票，很多地方是"腰缠万贯下扬州"。出现这种现象，究其原因有四：一是金融机构不普遍，存款不便；二是怕需要时不能保证提取，特别是近期常发生这种现象；三是怕漏底；四是怕不能保值。银行机构应采取相应办法，多设网点，便利存户，推广发薪转账、支票存款和汇款凭证的使用，为顾客保密，保证随时可以提存。另外，现在的保值存款期限太长，应该缩短，最好3个月或半年以上的存款都可以保值。还应大力推广商业票据，由银行承兑。这样可以打破资金紧缺的链条，从而使企业的正常的供产销能够顺利进行。

四、发行保值公债（亦即折实公债、物价指数公债），把社会资金集中到国家手中，用于重点建设

最近，姚依林同志在全国财政工作会议上说："党的十一届三中全会以后十年，经济情况发生了很大的变化，预算外资金增长很快，预算内资金增长得慢，许多应征的税没有征上来。今后必须要开辟财源，这不仅是增加财政收入的需要，也是建立社会主义商品经济秩序的需要。"① 发行保值公债，不仅可以吸收社会资金，减少需求压力，而且可以增加财政收入的来源，把这笔资金集中在国家手中，用来保证国家重点建设的需要。过去发行的国库券有两大缺点：一是流动性太差，不能随时买卖；二是在物价上涨过程中不能保值。今后应该允许国库券进入市场买卖，发行保值公债，可以使公债不因物价上涨而贬值，这样就会受到群众欢迎。

要特别提出的是，教育是立国之本，是实现四化和两个文明的基础的基础。如果教育上不去，其他都受牵制。因此，应该把教育投资列入最重要的基建项目。我国的教育经费过去占预算比例一向不大，这几年虽有所增加，但距离实际需要还很远，也远远落后于日本和西方主要国家。现在国家经费困难，要想从正常预算收入中增加教育开支是困难的。这次会上，二十位委员提出关于设立"国家长期教育贷款"的建议，这是开辟教育经费来源一个途径。国家发行保值公债，也可以从发行公债收入中提取一部分来支援教育事业。

此外，有一个问题需要附带提一下，现在出版学术著作很困难。由于纸张涨价、工本费增加，学术著作发行量不大，许多出版社不大愿意出版学术著作。有的出版社不但不给稿费，还要著者预先包销几千册或上万册，有的还要出钱买书号。知识分子的收入本来就很微薄，在物价上涨中又打了折扣，如何负担得起这笔资金？这样下去，必然影响到我国学术水平的提高。建议从发行保值公债的收入中拿出一部分收入作为"学术著作出版基金"。著作经过审查合格，可以出

---

① 见1988年12月26日《人民日报》。

版时先由"基金"借支一笔钱给出版社作为印刷费用，将来俟该书发行取得收入后再行归还。

五、实行公教人员的工资指数化

多年来我一再主张，物价改革应与工资、储蓄、公债挂钩。在物价上涨过程中，人民群众最关心的是，他的实际收入是否因物价上涨而降低，他的储蓄是否因物价上涨而贬值。如果在这两方面采取措施，使人民收入不因物价上涨而降低，储蓄不因物价上涨而贬值，就会起着保障人民利益，安定人心的作用。现在推行保值储蓄，解决了储蓄这一头，但收入这一头还没解决。我认为社会主义的工资制度应体现三个原则：一是按劳分配，二是随经济增长而适当增长，三是保证名义收入与实际收入的一致性。实行了这三个原则，使其经常化、制度化，社会主义工资制度才算走上健康的轨道。现在世界上许多国家已实行公务人员的工资与物价指数挂钩的办法，不久前全国人大常委会办公厅研究室就提供了一份有关美国公务人员工资与物价指数挂钩的参考资料。资本主义国家尚且如此，社会主义国家就更应该如此了。

关于我国当前招标投标存在的问题及立法的建议

（1989年10月30日在七届全国人大常委第十次会议上的大会发言）

我国的招标投标工作，是改革的产物，是在党的十一届三中全会以后逐步发展起来的。在1980年国务院颁发了《关于开展和保护社会主义竞争的暂行规定》以后，无论建设工程招标或进口机电设备招标，对于保证工程和设备质量、减少盲目进口、重复引进，提高利用外资效益，节约外汇、保护民族工业发展，加强廉政建设等方面，均取得了明显的效果，为我国社会各界所公认。特别要指出的是，我国的理论工作者与实际工作者，经过认真的探索，把国际上招标的许多做法，如适用的范围、竞争的性质、资格审查以及法律公证等，作了不少的改进与延伸，使之更符合中国的国情。这项工作在我国已经突破了国际招标仅限于基建工程与物资采购两个方面，推广到更多的领域，并把其单向作用变为双向作用，既可使价格与费用水平降低，又可使产品质量得到提高，科研成果得到应用，从而使招标投标在国民经济各个领域推广与应用。其作用远远超过其经济效益。这是在社会主义有计划的商品经济条件下的一个新发展，其意义不可低估。

一、当前招标投标存在的主要问题

招标投标存在的问题，虽然与我国商品经济不发达、公平的竞争环境不完全具备、市场竞争不充分等固然有关，但当前的主要现实问题，一是体制，二是立法问题未解决而造成的。主要表现在：

1. 宏观失控，缺乏全国统一领导的机构

目前，我国国内的国际招标、建设项目招标、进口机电设备招标三大块，是"分疆而治"、"分兵把守"式的条块分割的格局。各有各的政策、各行其是。建设项目的招标，应该是设计与施工推行一条龙的招标，现在是两者脱节；进口机电设备的招标应该由"招审结合"逐步向"以招代审"过渡，现在是颠倒过来向"以审代招"方面蚕食。这样发展下去，有可能回到党的十一届三中全会以前的老路上去，与改革开放的基本国策背道而驰。

2. 招标未立法，无章可循

由于缺乏全国性的招标法规，致使建设项目与机电设备这两大块招标，立项审批与实际招标两个部门严重脱节。审批不管招标，招标无权过问审批。这样的结果，造成用户不通过招标，只通过审批可以过关。设计、施工不招标，可以开工。预算突破，工期拖长，质量无保证这样的问题又重新泛起。进口机电设备通过招标这一渠道的只占审批金额的5%，然而它却使22%的设备转由国内供应，为国家节省外汇2亿美元，人民币3亿多元。但是95%进口额却通过审查放行了，甚至还有其他渠道也可以通过。这样搞不仅重复进口、盲目进口在所难免，浪费不少的外汇，而且对我国民族工业的发展也十分不利。与当前治理整顿，压缩投资规模，节约外汇的方针不相适应。

3. 招标机构多且乱，缺乏权威性

招标机构是知识密集型的专家咨询机构，必须经过严格的资格审查才能开业。现行的基建招标机构多而且乱，出现了不少的假招标；现行的进口机电设备招标，原来是八大招标公司，现在各地不经严格审查自行成立了不少公司，企图重新瓜分领地，工商管理部门也无法对这些公司清理整顿，因为它们均披上了"合法"的外衣。这就加剧了块块分割，给招标工作带来了困难，背离了原推行进口机电设备招标的目的。

4. 不正之风再度兴起，给廉政制造障碍

各地实践一再反复证明，招标是制止建设项目与机电设备进口不正当交易方面有力的武器,如果招标范围缩小,不正之风的范围必然扩大,行贿受贿、假公济私、中饱私囊、轮流出国等不正之风就难以挡住。只有对招标项目制定了相应的法律,"上有政策,下有对策"才可以刹住。这不仅使招标正常进行,而且,给廉政建设注入了新的内容。

二、三条政策性建议

为了加强宏观控制,配合当前的治理整顿,保证经济建设在法制的轨道上运行,特对我国招标投标工作,提出以下三条建议:

1. 把全国招标投标工作纳入国家计委统一管辖下

建议在国家计委内设立招标投标总局,统一领导与规划全国建设项目与进口机电设备项目的招标投标工作,以加强其宏观控制,主要加强从法规、政策、规划方面的领导。同时,对现行基建与进口机电设备两大块的招标公司及其机构分别进行整顿,合格者允许其继续开业,撤销一些不合格的公司及其机构,并对这些机构实行地方领导与国家计委垂直领导相结合,在业务上以垂直领导为主的管理体制。其性质应由企业制改为事业制,以便使其更好地发挥公正的监督与咨询作用。

2. 迅速制定招标投标的法律文件

招标投标法应该是我国经济法律的一个重要组成部分,它与公司法、反垄断法、竞争法一样,是社会主义有计划商品经济必不可少的法律之一。建议人大常委会责成有关部门迅速起草。这个法律的基本内容,除了解决上述体制问题以外,还要明确招标机构的性质、任务与目的;确立基建招标的原则、进口机电设备以招代审"的原则;招标项目的范围,招标的程序、投标的要求以及合同执行等。在起草时除实际部门外,应邀请从事这方面理论研究与法律工作者共同讨论,使其科学化与规范化。

3. 制定中标企业的优惠政策

在目前价格双轨制的条件下,为了鼓励对进口机电设备的投标企业的积极性,应在原材料、外汇额度以及税收问题上,制定一些优惠政策。要看到这些政策的实施,是"以少换多"、"以内换外"的利国利民之举。明年,我国面临偿还外债高峰,用这些政策去控制国内能够生产的而不必须进口的物资进口,可以节约外汇,并且会加速国产化进程,保护民族工业的发展。

以上意见与建议当否?请审议。

高校中的一些情况和问题

(1989年12月25日在七届全国人大常委第十一次会议上的发言)

听取了李铁映同志《关于我国教育工作若干问题的汇报》以后，深感自党的十一届三中全会以来，我国的教育事业是有很大发展的，成绩是卓著的，高等教育也是如此。全日制普通高等学校已由十一届三中全会前的几百所发展到1988年的1 075所，在校本专科学生270.1万人。但也还存在许多问题，需要进一步研究解决。1. 教育经费严重不足。这几年来，全国教育经费是有一定增长的，但还远远不够需要。由于学校增加很多，分到各校就微乎其微。据说各专业部门所属学校好得多，国家教委所属学校困难特别大。现在国家教委拨给各校的教育事业经费，60%以上、甚至75%以上用于发工资、学生奖学金和福利费等，余下的办学费用所剩无几。现在教学仪器设备、图书杂志、期刊报纸、文具纸张等的价格都成倍或十几倍地增长，因此经常入不敷出。在公费医疗方面，由于医药费、住院费和检查费等大幅度增加，而公费医疗的拨款还是按照1978年前的人数和标准拨付的，因此超支很大；而且拨款往往拖欠几个月或半年以上才下拨。这样学校还得垫支。有时学校无钱垫支，就要病人自己先付款，等到几个月以后才能报销。知识分子的待遇本来低，现在看病还得先付钱，这就造成就医难。由于学校经费紧张，对学生的教学实习费和教师参加学术活动的费用就大加限制。大学文科学生社会实践经费每人平均只有30元，教师参加学术活动的差旅费人均每年也只有100元左右。现在车船费和旅宿费成倍增长，这些钱无论如何也不够用。这样，学校对学生参加社会实践和教师参加学术会议就不得不严加限制。这就大大影响学生通过社会实践接受教育和教师参加学术活动来提高学术水平的机会。2. 学校的住房条件差。这几年虽有所改进，但还远远不够。在治理整顿期间，压缩非生产建设投资是必要的。但是对学校的基本建设，特别是教师的住房，不但不应压缩，还应该加大投资。以武大为例，现在还有160多名副教授、副处长知识分子连30平方米的二室一厅都没有，有的还是三代同住一室一厅的住房。据说教委所属院校1990年的基建还要在1989年的基础上压缩30%。这就更加重了解决教师住房的困难。为了解决学校的教育经费问题，铁映同志在报告中指出："要逐步建立和完善以财政拨款为主、多渠道筹措教育经费的新体制。"这是对的。但财政拨款这一主渠道一定要有所保证。教育是立国之本，要把教育经费当作最大的基本建设投资才对。3. 党和政府一再说要重视知识分子，但实际上作为知识分子的主要部分的教师的待遇，无论在政治上或物质上一直很低。前面说的住房问题就是一例。大学和研究院毕业生留校工作的住房大多不如分配到企事业或机关去工作的毕业生。至于工资，铁映同志的报告中也承认："全国教师的平均工资水平低于国民经济12个行业的平均水平，民办教师待遇更低。"这个问题，长期没有得到解决。至于政治待遇，现举一个例子：国家政策规定，新中国成立以前参加民主党派的成员，可以享受离休待遇，但又有文件说："未担任处级职务的行政十八级以上和未担任司、局级职务的十四级以上干部，不能享受处级或局级待遇。"有位民主党派的教授符合离休条件，但没有担任过处局级干部，由于文件中没有规定教授应享受什么待遇，于是他离休后只能享受一般的干部待遇，连处级干部的待遇都享受不到。4. 由于教师在工资、住房、医疗、退休和其他社会福利方面的待遇都比较差，因此教师对学校的离心力很强，向心力很弱。很多教师，特别是研究生毕业后都不肯留校工作。他们都想到企事业或机关单位去工作，还有的想到外国去。已经派到外国进修和留学的教师也多半不想回来。大学尚且如此，中小学更不用说。由于中小学教师工资低、生活福利差，社会地位低，很多人都不想当中小学老师。因此，每年师范院校报考的学生人数特别少，录取线也比较低。这种情况长此下去，势必造成教育人才的危机。铁映同志的报告中说："要实行符合教育工作特点的教师工资制，逐步提高教师工资待遇，达到在国民经济 12 个行业中居较高的水平。"又说："要制定一些政策措施，逐步提高教师的住房、医疗、保健、退休及其他社会福利方面的待遇。"我们迫切地希望这些话能够早日兑现。5. 要端正办学方向，妥善处理创收问题。由于学校办学经费不足，职工工资低，待遇差，有关方面曾提倡广开财源，鼓励创收。通过为社会服务、为社会培养人才适当搞些收入以资补偿是可以的，但不能过分。现在是职工要创收，教师要创收，基层单位要创收，学校领导也不得不分散很大精力忙于创收。这不仅影响学校正常秩序，也会造成一些不良影响。有些学校在成人教育系统招收一批没有考上大学的低分学员，数目很大，收费很高。有些学校也乱收费，滥发文凭。如按规定，有三四门不及格的学生就要留级开除。有个学生五门不及格，本应开除，但家长交了 1 500 元的特别费，就继续留校学习了。举办各种培训班、自修大学、夜校、电大、函大等，为社会办学、培养人才，本来是件大好事，但不能太多太滥。再说，这种教育办得太多，也增加教师的负担，影响到他们的健康和本身的教学与科研工作。这个问题，国家教委已经注意到了，希望能认真加以控制。6. 关于高校内部的领导体制问题。1989 年春夏之交的政治风波前实行校长负责制的呼声很高，有些学校已经试点。但党委的地位不明确，导致削弱了党委的作用，忽视了政治思想教育工作。今后原则上实行党委领导下的校长负责制。但又产生新的矛盾：党委领导与校长负责，如两者一致，没有问题；如有分歧，校长不同意党委的意见，又要负责，按谁的意见办呢？要突出地解决青年教师的各种待遇问题，把评薪评级的工作加以制度化、经常化。由于"文革"的影响，现在各校的教师队伍有青黄不接的现象。老的多半到退休年龄，中老年较少，中青年教师成为主要依靠力量。他们的任务重、工资低、待遇差、住房条件差、家务负担重，得病或死亡率较高，需要引起高度重视。解决中青年教师待遇的一项重要措施就是要将职称和工资的评定工作经常化、制度化，使符合条件的中青年教师能够及时晋升，在精神上和物质上得到相应的待遇。

8. 大学毕业后的研究生和青年教师参加一定时期的社会实践和劳动锻炼是必要的，但应尽可能结合他们专业的特点，而且时间不宜太长。现在有些单位把不同专业的学生合在一起，单独地参加与本专业无关的体力劳动，未必是个好办法，应该与"文革"的下放劳动有所区别。9. 现在规定，大学毕业生除极少数可以推荐为研究生外，一般不能直接报考研究生，要参加若干年工作以后才能报考。这在学生中反应很强烈。不少拟报考研究生的应届大学毕业生为此垂头丧气，不想读书了，认为"不能继续深造，学有何用"！当然，这种思想不对头，需要做思想工作，不过，有些学科的学习有连续性，在本科打下基础，还要继续学习才能融会贯通，更上一层楼。如中途辍学二三年，对进一步提高将大有影响。10. 社会待业问题日趋严重，高等学校教职工的子女也不例外。1988年湖北省委组织部等有关部门《关于改善知识分子工作和生活条件的报告》中曾提出8项具体意见，深受群众欢迎，但大多至今没有落实。其中有一条是"逐步解决知识分子的子女就业问题"。现在学校教师子女的就业问题已成为教师的很大后顾之忧：到社会上就业无人要，在校内安排困难大。在武大就有上百个持有大专文凭的子女仍处于待业状态，其中包括党委书记和校长的子女。这恐怕不仅是一个学校的问题，也是全社会的问题，值得引起重视。以上问题，国家教委大多已经注意到了，正在采取措施解决。这是符合大家愿望的，希望能认真贯彻实现。

关于加强我国机电设备
进口宏观调控的意见

（1990年2月23日在七届全国人大常委会第十二次会议上的大会发言）

我在第十次常委会大会上曾作了《关于我国当前招标投标存在的问题及立法的建议》的发言，引起了有关方面的重视。现在就加强我国机电设备进口宏观调控方面提点意见。近几年来，随着我国固定资产投资规模过大，在机电设备进口规模方面也出现了超国力增长的问题，有不少宝贵的外汇没有用在刀刃上，盲目进口，重复引进的现象随处可见。比如，关于彩色显像管生产，我国在陕西、上海、南京、北京原引进四个生产线生产显像管，年产近780万只。但各地为了追求短期高利润，争相引进，现年产又近1 840万只，远远超过了需要。现在液晶等新技术型彩管问世了。这种新彩管质量高，又便宜。我国那么多的彩色显像管将来卖到哪儿去呢？类似的情况还很多。我以为产生上述问题的根本原因有三。一是项目审批权过度分散，致使为了局部利益而不顾国家全局利益的倾向得以滋长，为了追求眼前的经济效益而不顾长远和全局的供需平衡成为一大通病，各地互相攀比，重复建设，浪费了国家有限的建设资金。正因为如此，国家就难以控制投资总规模和进口总量。二是没有建立一套适合我国国情的强有力的投资法规。社会主义国家的国有企业，不论由谁来经营，它的资产始终是国家的，企业的固定资产投资不论其资金来源如何，其实质还是国家投资。既然如此，这种投资就应由国家来监督，应受法律的约束，而我们却恰恰忽略了这一点。从立项到施工，到投产后的经济效果和社会效果，都没有一部完整的法规去检查、衡量它的合理性、合法性，出了问题，既无人追究责任，也无人承担责任。上述两个问题，现已引起国家有关方面的重视，正在研究改进投资管理体制，研究增强国家固定资产投资宏观调控能力的措施。第三个问题，就是机电设备进口审查管理体制上的问题，这个问题尚未引起有关方面足够重视，而它在整个进口宏观调控方面却起着很重要的作用，因此我想就这个问题再谈一谈。

1985年以来，国家把国际上通用的招标办法引用到我国机电设备的进口审查工作中，这是我国的理论工作者和实际工作者经过认真的探索、总结出来的适合我国国情的科学而又行之有效的办法，它对于保证工程质量和设备质量、节约外汇、促进民族工业发展，加强廉政建设等方面比单纯行政审批要好得多。如就过去我国进口的机电设备来说，每年有几十亿美元通过招标的只占5%，但却使22%的设备转为国内供应，为国家节约外汇2亿多美元，人民币3亿多元，如果大量采用招标方式，节约外汇和取得的经济效益将更多。国务院提出机电设备进口审查要"招审结合"逐步向"以招代审"过渡，这是完全正确的，但目前招标工作的开展却很缓慢，甚至向以审代招方向倒退。这样发展下去，将使国家机电设备进口审查管理工作中的改革措施夭折，削弱国家机电设备进口宏观调控能力，对贯彻、落实《中共中央关于进一步治理整顿和深化改革的决定》是非常不利的。之所以出现这样的趋势，我以为根本问题是出在进口审查管理体制上。现行管理体制中，国家机电设备进口审查管理机构陷入具体引进设备审批的事务性工作中，没有时间和精力研究大政方针和对各部门、地方二级进口审查机构进行检查、监督。行政审批和招标是国家为了避免盲目引进、重复进口，进行宏观控制这一共同目的而采用的两种手段，本应统一领导、统一政策，有机地结合起来，而现在却是两个机构，两种体制，难以统一认识，共同配合，因此，我建议：国家一级设立统管全国机电设备进口审查，包括行政审批和招标审查这两种手段在内的统一管理机构。它要从具体审批的事务性工作中解脱出来。加强从政策、法规、规划方面进行领导，增强宏观调控能力。

由于各地方、部门审查机构人员少，精力有限，也不易摆脱地方行政干预，为局部而不顾全局的倾向难以克服，协助国家对进口设备进行调控的作用较弱，针对此情况，我建议设立比较超脱于地方的区域性进口审查机构，它直接受全国机电设备进口审查管理机构的领导、检查和监督，以招标为主要经济手段，由专家及主管行业部门的代表做评委，严格按法规条例进行审查，使国家对机电设备进口既具有强有力的调控能力，又使进口审查工作科学、公正、透明度高而又能够在保证廉政建设的基础上进行。这些机构应设在工业发达、信息集中的中心城市，对全国实行划片管理。这样既能方便各地方、各部门，提高办事效率，又便于国家领导、控制。这些机构可在原国家指定的8个中心城市专职机电设备招标机构的基础上组建。

机电设备进口审查管理的具体办法除坚持以国内招标审查为主的方针外，还应实行年度进口总量管理制度。国家进口审查管理机构应会同有关部门根据国家当年外汇支付能力和对机电设备的需求、制定年度机电设备进口控制总量，分解成控制指标，下达到各区域性进口审查机构，由区域性进口审查机构执行、落实。另外，对过去行之有效的各种控制进口的产品目录管理还应继续实行和加强，有关的政策、法规也应进一步完善。

浅谈市场疲软问题及其对策

(1990年6月28日在七届全国人大常委会第十四次会议上的大会发言)

这半年来，我国经济情况略有好转，工业生产有些回升，物价涨势有所回落，外贸出现顺差。但市场仍然销售不畅，消费资料与生产资料两大市场都很疲软，工业产成品大量积压（5月底有1 045亿元），生产效益低下。有不少工厂处于停产和半停产状态，企业拖欠税利不断增加，国家补贴亏损严重，财政收入困难，"三角债"仍很严重等。这些问题如不及早采取措施解决，将会严重影响国民经济持续、稳定、协调地发展。

产生这些问题的原因很多，如产业结构和产品结构不合理，价格体系没有理顺，宏观调控体系和微观监督体系不力，财政金融制度不健全，过去实行双紧政策有些过头，等等。但就当前情况来说，出现以上问题最主要的原因有二：一是针对销售市场的有效需求（不是总需求）不足；二是产业和产品结构不合理。许多产品质次价高、不适销对路，不受消费者欢迎。以致许多产品销售不出去。产品销售不出去，商品价值不能实现，就无钱购买原材料、发付工资、支付管理和其他费用以及归还欠款等，企业再生产就无法进行。因此，马克思把商品能否出卖看成"致命的飞跃"。就企业资金的流程来说，只有顺利通过供、产、销这几个环节的重复，才是良性循环。如果把大量资金投入生产和流通领域而销售渠道堵塞，只会导致产成品积压，从而不仅将大量资金冻结在产品库存和应付购款上面，而且造成很大人力、物力和财力的浪费。如今年第一季度新增贷款316亿元，比去年同期多增 228 亿元，是历史上最多的一年。这些新增贷款虽然启动了生产，但 70% 以上却形成了新的产品积压。对清理"三角债"所投放的大量资金也是启而不动，就是这个原因。

针对这种情况，姑且提出以下一些对策设想，以供有关方面参考：

一、适当调整保值储蓄措施。这几年来，我多次提出在物价改革和通货膨胀期间，要实行储蓄指数化。1988 年 9 月实行保值储蓄以来，对保障人民储蓄价值，抑制市场上"购货保值"的抢购风，缓和物价上涨幅度、吸收大量货币回笼起了重要作用。试设想，如果当时不办保值储蓄，抢购风和物价上涨的趋势能够迅速制止吗？不过，当时举办的保值储蓄也有两个缺点：一是期限太长，三、五、八年。二是保值补贴率的计算方法很多人不理解。1989 年末，全国城乡储蓄存款余额高达 5 130 亿元，比上年末净增 1 334 亿元，今年 4 月又增至 6 000 余亿元，其中很大一部分为保值储蓄。由于时间较长，流动性很差，基本冻结，在有效需求不足时不能随时转化为购买力。因此建议：1. 对原存三年期的保值储蓄存款，凡已存满两年的，可以提前支取，其利息按存期和原定办法计算。2. 对五、八年期的保值储蓄存单面额在 500 元以上的允许视同大额可转让定期存单上市转让，银行可按"再回购协议"购买。3. 今后可以增加一年和两年的短期保值储蓄存款。虽然现在保值补贴率有时等于零或负数，但保值储蓄办法千万不能取消，发行国库券和债券以保值为宜。长期举办保值储蓄和保值公债，可以起着货币资金蓄水池的作用。在物价上涨时，货币转向保值储蓄，可以避免"购货保值"的抢购风，起着缓和物价上涨的作用。在物价平稳或下跌时，它可以转化为市场购买力和有效需求，防止经济萎缩。这对保持经济稳定发展有很大好处。

二、要大力收购农副产品、增加农业投入、刺激农村有效需求，促使工业品下乡。过去工业品销售往往侧重在城市市场，对潜在的有八亿人口的农村市场重视不够。近期主要问题是对农副产品收购不力。去年、今年有些省粮食丰收，但却出现农民卖粮难，粮食收购部门由于仓储设备不足或怕负担收购粮食资金利息而不愿收购，或者收购时不能付现，打白条或花条的现象相当普遍。而另外有些缺粮省份却大量进口外国粮食。这种怪现象，应迅速解决。此外，对不合理的或过低的农副产品价格也应适当调整。对农村的农副产品要大力收购，对农村的基本建设和其他基础设施的需要也要大力投入。这样可以增加农民对生产资料和消费资料的有效需求，为工业品下乡开辟广大市场。

三、除确保关系国计民生的重大投资项目和执行有保有压的方针外，还要把投资的重点放在企业的技术改造上面。现在很多企业的产品质次价高，除经营管理不善外，一个重要原因就是技术设备落后。如武汉市市属企业很大一部分的技术设备还是50年代的。（武汉上交财政收入在计划单列城市中是最多的，但自己留成却是最低的；资金困难是重要原因之一）。这种状况如不改变，产品质量很难提高。因此，要在技术改造方面加强投资，以促进产品更新换代，多生产适销对路，受群众欢迎的产品。

四、无论在固定资产投资或贷款方面都要执行有保有压和增收节支的方针，要严禁楼堂馆所方面的投资，要在保证经济效益和社会效益的前提下促进产业结构和产品结构的合理调整，大力增加有效供给。

五、多方采取拓销措施，搞活销售市场。要鼓励销售人员的积极性，研究顾客心理，交流信息，改善服务态度和方法，要使宾至如归。要进行货真价实的广告宣传。要送货上门下乡，要保修保退。对房屋和耐用品销售还可采取分期付款的办法。对质次价高、库存积压的商品可以减价出售，等等。

六、在销售不畅的情况下，不能再对那些销售不畅企业的生产和流通领域大投资金。在生产环节中投入资金，只能造成新的产品积压，在商业环节中投入资金，只能起着商品库存搬家的作用。这样会造成很大的浪费。在停产和半停产的企业中可以照付工资，组织工人们学习政治和技术，但不一定要继续维持生产。

七、不要片面追求工业增长速度。过去在急于求成的思想指导下，各省互相攀比，片面追求高速度，导致固定资产投资大量膨胀，产生了严重的恶果，必须引以为戒。现在有些地方又在强调速度。速度必须以经济效益和社会效益为前提。没有效益的速度，不仅是虚假的速度，而且会造成比例失调和严重的浪费，不足为训。

八、要大力克服地方主义。这几年来，在中央放权的情况下，地方发挥了主动性和积极性，对地方经济的发展起了促进作用。但有些地方的地方主义却抬头了。这些地方由于产品落后、竞争不过别人，采取了保护主义，强调推销地方产品，抵制外地产品，搞地方封锁。随着地方主义的发展，中央调控能力削弱了，分散主义加强了。这样既保护了落后，使自己不能通过竞争改进自己的质量，又不能使货畅其流。有人把这种现象称之为"诸侯经济"。必须强调全面观点，要服从国家整体利益，促进全国统一市场的形成和发展。这样才能保证国民经济持续、稳定、协调地发展。

九、要号召各企业从内部挖潜、深化改革、改善经营管理、杜绝铺张浪费、增强企业素质、减少国家对企业亏损的补贴。要改进企业承包制，大力克服企业的短期行为。过去我提倡过要培养大量的社会主义企业家。社会主义企业家不仅要懂得生产技术和经营管理，而且要执行国家政策，善于依靠党组织和工人群众，讲究决策的民主化和科学化，能善于和正确地把国家、企业、工人和消费者四方面的利益结合起来。

十、国家的工商管理部门要加强对产品质量的管理，扫除伪劣商品。对华而不实，虚假骗人的广告要严加取缔和处理。

十一、要加强宏观调控，加强供产销的信息交流。对那些有效供给可能超过有效需求的产品要及早提出警告，以免盲目扩大生产。

十二、一方面要鼓励出口，另一方面还要采取"进口替代"政策。要提倡使用国货。凡是国内可以生产的，就尽可能少进口，特别是那些可有可无的奢侈品、化妆品、高档烟酒和易拉罐等。对机电设备和其他商品也有很多盲目引进，重复引进的现象，应该加强管理。

十三、价格体系的调整和改革是我国经济体制改革的一个重要方面。这两年由于通货膨胀加速基本暂时停止了。可以利用市场疲软的时机适时进行一些价格调整和改革。价格体系理顺，可以更好地促进国民经济持续、稳定、协调地发展。我国国家预算对价格补贴的数量很大。通过价格改革可以减少这方面的支出，把这种支出称为工资支出，以增加人民的收入。

十四、过去我一再提出要在物价改革过程中实行储蓄、债券和工资的指数化。现在国家实行了保值储蓄，发行了保值债券，但工资还没指数化。我一向认为我国工资制度应实行三个原则：一是按劳分配，二是随着经济增长（或效益增长）而适当增长，三是保证名义工资与实际工资的一致性（即指数化）；而且工资的调整应制度化、经常化（如定期调整，每一两年一次）。如果在价格体系调整过程中采取这三个指数化的政策，即使物价有些波动，也不会使人民储蓄和收入贬值，就不致引起抢购风和恐慌心理，可以保证价格改革的顺利进行。

十五、最后，在适当增加销售市场有效需求的同时，千万不要过头，盲目追求高投资高消费。凡事都要讲究适度，过分紧缩不对，过分膨胀也要不得。这就要特别加强宏观调控。

对当前经济的几点意见

(1990年9月6日在七届全国人大常委会第十五次会议上的大会发言)

这两年来，我国经济在治理整顿、深入改革方针的指引下，确实取得了巨大成绩。两年前那种两位数字以上的通货膨胀速度能够在很短的时间内得到控制，是很不容易的。今年以来，总的趋势是向好的方向发展：物价涨幅明显缩小，夏收作物获得好收成，工业生产略有回升，对外贸易顺差，外汇储备有所增加，货币回笼增加。……这些都是良好势头的表现。但在邹家华同志的报告中并没有回避当前还存在的主要问题和困难，特别是市场销售还没有根本好转，产成品积压严重，资金仍然紧张，行业内部比例不协调、结构调整缓慢、技术落后、经济效益差，等等。这些都说得很中肯。总的说来，报告是实事求是的，对前景的预测和今后要采取的措施，大体上是切实可行的。如认真贯彻，前景是乐观的。

在上次人大常委会上我曾就《市场疲软问题及其对策》作了发言。提出了十五条意见，其中有些意见政府已经注意到并正在实行，有些还可进一步研究。最近民建中央组织了各地方的会员对商品流通问题进行比较广泛的调查研究，写成《关于当前商品流通中若干问题的建议》一文，已经呈送中共中央和国务院作为进一步制定政策的参考。现再就下列几个问题着重说一说我个人的意见：

一、七月末主要物资库存334亿元，预算国营工业企业产成品占用资金达1 097亿元，两者共计1 400多亿元。这说明市场销售不畅问题仍然存在。主要原因还是有效需求不足和产品结构失调，以致很多商品卖不出去，商品价值不能实现，货币流通不能形成良性循环。这也是"三角债"前清后欠、不能很好解决以及财政收入困难的主要原因。最近政府适当放宽基建投资和控购商品，偿还了一批到期公债和利息，增加了公职人员的工资、调低了银行利率，这些都增加了有效需求。同时又强调调整产品结构，多生产适销对路商品，不再生产那些无人问津的产品，等等。这些措施对缓解市场疲软起了重要的作用。但还要看到，我国广大市场还在农村。要大力收购农副产品、增加农业投入，刺激农村有效需求，促进工业品下乡。今年湖北省农业丰收，有200亿斤粮食收购不上来，农民手中还积有粮食40亿斤。过去是打白条、花条，现在有些地方干脆不打条子不收购。因此，农民普遍叫苦。这样不仅影响到农民今后种粮的积极性，而且也使农民没有钱买生产资料和生活资料。怎会不影响工业产品的销售呢？听说今年不少省份粮食丰收，但卖不出去，可是也有不少缺粮省份仍然从外国大量进口粮食。这种状况希望引起政府高度重视。政府要支持粮食收购部门大力收购粮食，帮助解决资金和仓储运输问题，并且要在全国范围内进行粮食余缺调剂，尽可能不再进口粮食。其他农副产品也要大力收购，对农村的基本建设和其他基础设施也要增加投入。这样可以增加农民对生产资料和生活资料的需求，为工业品下乡开辟道路。这是解决当前市场销售不畅的一个重要途径。今天杨纪珂委员关于卖粮难问题的发言十分重要，希望有关领导重视。

二、要把科技与生产进一步结合起来，不仅改造陈旧的生产技术设备，而且要进一步改善产业和产品结构以及产品质量。邹家华同志的报告中说，今年银行将增加50亿元的更新改造贷款，实在太少了，分配到各省，每个省只有一亿多元。建议允许地方自己发行技术改造的债券，专门用于技术改造和产品结构的调整。此外，还要多方采取措施，搞活市场、搞活流通。要鼓励销售人员的积极性，研究顾客心理，交流信息，改善服务态度和方法。要树立"顾客至上"的思想，使"宾至如归"。现在许多地方利用亚运会期间，大开展销会，这是一个很好的时机，但要进行货真价实的宣传。此外，还要提倡送货上门下乡，要保修保退。对住房和耐用品可采取分期付款的办法。对质次价高、库存积压的商品可以削价出售，等等。

三、在上次大会上，陈邃衡委员和我都曾呼吁要大力克服地方主义。邹家华同志的报告中也提到要"采取有效措施，消除地区封锁，做到货畅其流"。这表示政府已经很重视这个问题，希望能赶快拿出办法来。更不要再采取措施促进地方主义的发展。我在七届人大常委会第十次会议上曾就《关于我国当前招标投标存在的问题及立法的建议》作了发言。我的目的，不是要限制招标投标工作，而是要在加强管理和立法的条件下，大力发展招标工作。因为通过招标投标可以引进竞争机制，在保证工程和机电设备的质量，减少浪费、减少盲目进口和重复引进，提高利用外资效益、节约外汇、促进民族工业发展，加强廉政建设等方面发挥重要作用。我们的国家已建立中国机电设备招标中心，并在八个地区设立了地区性的招标中心。这对于加强地方招标工作的管理起了很好作用，同时也可克服地方各自为政，以审代招的缺点。最近国务院经济研究中心在今年3月份写了一份报告送交国务院，其中建议："充分发挥现有区域性招标机构的作用，扩大招标范围，逐步做到凡是适宜于招标的，必须先经过招标"。这是正确的。可是，现在听说有关领导部门对原已建立而且行之有效的八个地区的招标中心的审批权却要收回。这样，以后限下引进项目只能由各省自己来审批了。这不是削弱竞争机制，放松统一管理、扩大以审代招、加强地方主义吗？

四、这几年来，我国官倒走私、贪赃枉法、违法乱纪、贪污浪费之风横行，对我国造成严重的经济损失，引起群众强烈的不满。党的十三届四中全会以来十分强调要加强廉政建设，杜绝不正之风，深得人心。这几年党和政府在这方面做了不少工作，但由于历史上遗留下来的权力网、关系网根深蒂固，很多大案要案迄今没有得到很好处理。现在社会上违法乱纪的案件很多，但不少案件揭发不出来，主要原因是检举人怕受到报复打击。如不对这类案件进行严格查处，以后许多群众更不敢揭发问题。要搞好廉政建设，就要保护检举人的合法权益，甚至予以奖励，这应是一项重要的政策措施。有些地方已经这样做了。此外，我曾一再建议，各级纪委、监察部门、审计部门、财会部门都应采取垂直领导,这样可以使这些部门能够真正按章依法办事,免受主管人个人意愿的干扰,也可对主管人起着真正的监督作用。这是加强廉政建设的一项重要措施,希望中央能认真考虑。

大力提高经济效益是当务之急

（1990年12月27日在七届全国人大常委会第十七次会议大会讨论中与陈邃衡委员的联合发言）

这一年多来，在治理整顿、深化改革方针的指导下，我国经济情况正在逐步好转，物价涨势回落，工业生产有些回升，农业丰收，市场供应物资丰富，外贸出现顺差等。以我国这样一个十一亿多人口的大国在内有困难、外有压力的情况下，能取得这样的成绩，确实来之不易。但是，应当看到，经济形势仍然严峻：经济效益仍然很低；不少企业产品质次价高，品种单一；物耗能耗高，劳动生产率低，人力物力财力浪费严重，产品成本大幅度上升；预算内企业亏损额和亏损面不断增加，有些企业表面上盈利，但实际上"虚盈实亏"；有些企业的产品积压严重，负债累累；有些企业处于停产半停产状态。这些问题的严重存在，原因是多方面的，是长期积累形成的。这种状况如果继续下去，必将严重影响我国国民经济的正常发展，必须引起全国上下高度的重视。

早在1979年，党中央就十分重视提高经济效益，确定了"调整、改革、整顿、提高"的方针；1982年，党中央更加明确地提出要把全部经济工作转移到以提高经济效益为中心的轨道上来；1987年，党中央又提出必须坚定不移地贯彻执行注重效益、提高质量、协调发展、稳定增长的战略；1989年，党的十三届五中全会进一步提出要坚定不移地把经济工作转到以提高经济效益为中心的轨道上来，要始终不渝地把提高经济效益放在经济工作的首位。但是，由于长期存在着急于求成的思想，重速度，轻效益，加之，企业经营管理不力，经营承包责任制尚待完善，技术设备落后，产品结构和产业结构不合理，宏观调控体系和微观监督体系不力，财政金融制度不健全，不重视增产节约、增收节支，等等，中央的意图，未能得到很好贯彻。但是，这个问题如不迅速解决，企业拖欠利税和国家亏损补贴必然增加，势必导致国家财政进一步困难，产品和产业结构难以进一步调整，市场难以进一步启动，人民生活水平难以进一步提高。它也关系到我国能否在20世纪末实现国民生产总值翻两番这一宏伟目标。这是我国经济发展中的一个关键问题，非下决心解决不可。

最近中央提出，要把明年定为"质量、品种、效益年"，这是正确的，我们坚决拥护希望能认真切实加以贯彻。提高经济效益是个大问题，需要进行全面系统的研究，不是三言两语可以解决。现仅提供下列几点意见，以供有关方面参考。

一、必须切实树立重视经济效益的思想，不要片面追求工业产值和增长速度。不能把产值当作衡量"政绩"的主要指标。速度和产值必须以经济效益和社会效益为前提，没有效益的速度和产值，不仅是虚假的速度和产值，而且会造成产品结构和产业结构的比例失调和严重的浪费。在销售不畅的情况下，不能再对那些经济效益不佳，销售不畅的企业的生产和流通环节大投资金。对这些企业在生产环节投入资金，只能继续造成新产品的积压。在流通环节投入资金，只能起着商品库存搬家的作用，这样会造成更大的浪费。这是"三角债"前清后欠、不能很好解决的主要原因。对一些产品质量低劣、又无销路的企业，不要勉强继续维持生产，应采取坚决措施，该关停的关停，该并转的并转，并积极创造条件，走发展企业集团的路子。

二、要大力改善企业管理和完善经营承包责任制，在国有企业中实行经营承包责任制是我国经济中的一项重要改革，方向是正确的，但问题也不少，需要进一步完善。主要问题是不少承包人不善于或不懂得如何搞好经营管理，而是"以包代管"。为了实现产值和利润指标以及满足工人的眼前利益往往陷于短期行为，有的承包人缺乏社会主义企业家的素质，不是任人唯贤，而是任人唯亲，对于有经营管理能力的人不愿重用，他们不善于依靠党组织和调动职工的主动性积极性，不讲究决策的民主化和科学化，不善于正确地把国家、企业、工人和消费者四方面的利益结合起来，不善于把企业的短期利益与长远利益结合起来，有些企业承包人甚至损公肥私，企业亏了，自己却富了。因此，在推行下一轮承包制的时候，必须对原承包者进行科学的评估和鉴别。对那些具有社会主义企业家素质或成绩比较好的可以"滚动承包"，并予以鼓励。但对那些不能胜任的承包人必须更换，绝不能留情。在挑选新的承包人时可引进竞争机制，采取竞选或招标的方式，挑选政治素质好，懂得生产技术和经营管理，有工作能力的人作为承包者。承包时要合理地科学地确定各种承包基数和经济技术指标考核体系。还要加强自我约束机制和改善企业的外部条件。此外，除个人承包外，还可考虑集体承包或全员承包。也可采用股份制，让职工参股，以调动职工的主人翁责任感和积极性。

三、要号召企业树立质量第一、顾客至上的思想，要从内部挖潜，深化改革，改善经营管理，改进生产技术，节约原材料和能源的消耗，杜绝铺张浪费，增强企业素质，大力克服企业的短期行为。不仅要提高职工的思想认识，认识到提高产品质量，开辟新品种和节约物耗能耗的重要性，而且要采取措施、制定各种管理章法，把提高质量、开辟新品种、节约物耗能耗和献计献策与职工的收入联系起来。要打破不管贡献大小都发一样奖金的平均主义，制定并严格执行奖惩制度，认真贯彻按劳分配原则。

四、要加强生产与科技的结合，大力进行技术改造，允许企业向社会集资。不少企业经济效益不高，除管理不善外，生产设备落后也是一个重要原因。现在是科学技术飞跃发展的时代，企业产品更新换代周期很短，我国不少企业生产设备老化，产品质量自然难以提高。过去，我们重视技术革新不够，固定资产折旧率很低，以致设备更新资金严重短缺。现在，国家财政困难，引进外资也不容易，筹资的一个重要途径就是向社会集资。这两年来，社会上居民储蓄大量增加，"体外循环资金"不少，可以通过发行技术改造债券向社会集资，用于技术改造。这样可以改进产品质量，提高企业劳动生产率和经济效益。

五、要加强宏观调控，调整产品结构和产业结构，使国民经济按比例协调发展。过去我们讲经济效益，往往讲微观经济效益，不大讲宏观经济效益。我们是有计划的商品经济，要计划经济和市场调节相结合，更应该重视宏观计划调控。产品结构和产业结构失调，是最大的浪费。王丙乾同志就讲过："计划的节约是最大的节约，计划的浪费是最大的浪费。"整个国民经济发展计划的安排、生产力的布局、资源的使用以及各种比例关系的协调等，搞得好，是最大的效益，搞得差，则造成极大的浪费，而且是无形的浪费。可见，抓宏观效益是很重要的。譬如，这几年，不仅北京，而且祖国各地都大兴楼堂馆所，特别是宾馆、旅社，远远超过实际的需要。许多宾馆旅客很少，冷冷清清，但还要开销大量的管理费用，使用大量的水电和其他耗费。我们建议有关方面，做一个调查统计，看看这方面究竟造成多大的浪费。至于哪些产品产业需要发展，哪些需要压缩，要作具体调查研究才能确定。

六、要逐步发展短期票据市场和长期证券市场。我国实行的是有计划的商品经济，在商品经济条件下，企业是细胞，金融是血液，血液循环不畅，细胞就活不了。早在1984年，李崇淮就发表过《加快金融改革步伐的十点设想》一文，其中提出要发展商业信用、各种票据和长短期金融市场，我国从事社会主义建设，需要大量资金，国家财力有限，完全靠国家供给不可能，现在强调利用外资，也有很大的局限性，西方国家的经济发展，主要靠社会资金，我国有大量的社会资金，没有很好利用。发展各种信用票据、债券和股票，不仅可以利用社会资金，而且还可以创造信用。但是需要让票据和证券有流动性，才能受到社会欢迎并使金融血液通畅。现在已有一些城市建立了票据交换和证券交易所。在这方面还需要进一步发展。总之充分发挥社会资金的作用，增加货币流通速度，使一元钱发挥二三元钱以致更多元钱的作用，是获取宏观经济效益的重要途径。

七、要发挥专业银行对微观经济的服务、指导和监督作用。企业要搞活，要靠银行提供服务，但活而不乱，银行应起着很大的作用。企业原材料的购进、工资支付、售货收入、信贷资金的借还等，都会通过银行账户反映出来。银行可以通过这些收支活动，对企业的经营管理的好坏、产品质量的优劣、市场销路以及经济效益高低等比较了解。同时，由于银行接触面广，信息灵通，对地区和市场的动态，如哪些产品供过于求，哪些产品求过于供，都知道得比较清楚，这就便于对企业进行指导和监督。因此，银行对企业仅仅服务不行，还要同时发挥指导和监督作用。这样才能有助于提高企业经济效益。

八、要发挥中国人民银行对宏观经济的调节、协调、指导和监督作用。过去在管制经济和产品经济的条件下，银行不过是财政的出纳机关。国家对经济的管理主要靠政策法令、规章制度，制定货币发行计划和综合信贷计划等行政管理，不是用经济方法对宏观经济进行调节。1983年9月，国务院决定中国人民银行行使中央银行职能，这是金融改革一大进步。但是，由于缺乏一套有效的金融机制，特别是多种信用工具和短、长期金融市场，中国人民银行还不能很好利用利率的升降、存款准备金的高低和公开市场买卖等经济手段对货币信用的供求和宏观经济进行有效调节。今后还要加快金融改革的步伐，制定各种有关经济立法，如银行法、票据法、货币发行法等，逐步发挥人民银行对宏观经济的调节、协调、指导和监督作用。这将有助于用经济手段使国民经济稳定、协调地发展，对提高宏观经济效益大有好处。

九、增产节约，增收节支，是我国经济建设的基本方针，中央虽一再强调，但未能得到认真有效的贯彻。我们建议，应采取坚决有效的措施，深入持久地贯彻执行。

要大力推行招标投标制度

(1991年3月1日在七届全国人大常委会第十八次会议上的大会发言)

在1989年10月23日七届人大常委会第10次会议上，我作了一次题为《关于我国当前招标投标存在的问题及立法的建议》的大会发言，对改进和加强招标投标工作提出一些意见。去年3月间，我又和31位人大代表在七届人大3次会议上提出《大力加强机电设备进口管理工作》的建议，目的之一也是希望改善和进一步推行招标投标制度。国务院发展研究中心在去年5月份写的《关于机电设备进口管理情况和改进意见》的一份报告中也强调了要加强招标工作，并建议要"充分发挥现有区域性招标机构的作用，逐步扩大招标范围"。1989年底，国务院决定将机电设备进口审查办公室和中国机电设备招标中心划为国家计委归口管理，也旨在有利于理顺关系，发挥招标工作的作用，促进招标工作的开展。去年5月份国务院机电设备进口审查办公室在给我们建议的答复中也说要"继续推动国内招标工作的开展，采取有力措施提高机电设备招标的比重"。但遗憾的是，这一年的实际情况表明，却是倒退了。去年有关部门停止八个区域性招标公司进口机电设备的招标审批权就是一例。为此，有必要再次呼吁有关部门重视这个问题。

党的十三届七中全会的建议中提出的要"建立计划经济与市场调节相结合的经济运行机制"以及进一步明确和把握两者结合的四个重要论点，是党的十一届三中全会以来关于我国社会主义有计划商品经济理论的重大成就，使人们更加清晰地看到了新的经济体制运行的前景。招标投标制度是改革的产物。根据我们的了解，项目的立项审查与招标投标，正是计划经济与市场调节两者结合的具体典范。几年来的实践证明，不论是基建项目，还是技改项目，或是其他项目，凡是真正按照项目审查与招标相结合进行的，一般收效甚好；凡是两者背离的，问题不少。以进口机电设备招标为例，"据国务院机电设备进口审查办公室统计，1989年经审查、招标批准进口的设备中，各级审查机构批准进口的占95.8%，其中国务院机电设备进口审查办公室审查的约为42%，通过招标批准进口的只占4.2%。但通过招标审留国内生产部分，已占审留国内生产总量的24%"。① 现在的问题是，不少部门对此仍存在着不少模糊认识，他们把计划和行政干预等同起来，对引进市场竞争机制的重要性和必要性认识不足，对两者的结合心中无底。于是出现：在进口机电设备项目审查与招标的关系上，尽量扩大审查面，压缩招标面，甚至企图以审代招。在项目管理与招标的关系上，强调行政的作用，而忽视价值规律与供求规律的作用；对于经济结构与经济布局的调整，对于重大科研项目，对于引进技术及其消化、吸收，不是把计划与市场两者结合起来，而是河水不犯井水。党的十三届七中全会通过的建议指出：计划经济可以从总体上保持国民经济按比例发展和资源合理配置，市场调节可以发挥优胜劣汰机制的作用和增强经济发展的活力，实行两者的结合就是要把它们的优点和长处都能发挥出来，以促进国民经济的持续稳定，协调发展。建议第57条还指出：要"进一步推行建设项目的招标投标制度，发挥市场竞争机制的作用"，这是完全正确的。我认为，从发展趋势看，所有的项目管理，都应该扩大招标面，逐步缩小审查面，在发挥计划作用的同时，也可以发挥市场调节的作用。改革开放10多年来的实践证明，招标投标是发挥市场调节作用的有力武器，具有十分重要的现实意义：它在引进机电设备和其他项目进口中，可以减少盲目引进，重复引进，节约外汇，提高利用外资效益；它对促进我国

---

① 见国务院发展研究中心1990年5月《关于机电设备进口管理情况和改进意见》。

民族工业的发展，促进企业降低成本，保证质量，上品种、保效益，增强企业竞争意识，加强廉政建设具有不可低估的作用；它使商品的生产和项目的上马跳出了传统条块分割的小圈子，把经济工作（特别是计划、物资、财政、税收、价格、信贷等管理工作）引出了跨隶属关系、跨所有制、跨行政区域、跨部门等的障碍，走向按经济规律来管理的轨道，极大地冲破地区封锁与市场分割的羁绊；它不仅对流通体制是一种重要的改革，而且对完善计划经济与市场调节两者优势的结合也是一项突破。因此，我们各级经济管理部门应该加强对招标投标重要性的认识，这是社会主义商品经济发展过程中必须要解决的方法论问题，而不能凭主观的好恶而取舍。这样才有助于我国走出一条具有中国特色的经济建设的路子来。为此，特提出以下几点建议，以供有关领导参考。

一、建立一个权威性的招标投标机构，改变目前招标投标发展不力的局面

前次我的发言中谈到：我国国内建设项目的招标、进口机电设备的招标、科研项目的招标以及海外工程承包的投标，是"分疆而治"、"分兵把守"式的条块分割的格局，各有各的政策，各行其是，都程度不同地存在一些问题。在基建方面，设计招标与施工招标两脱节，招标走过场的现象时有发生。进口机电设备招标正在逐步发展之时，被人为地进行了压缩，正如我上次发言中提到的那样，现在是颠倒过来，向"以审代招"方面倒退，对国内招标队伍和国内企业投标的积极性是一个很大的打击。海外工程承包的投标问题甚多，发展缓慢，承包队伍至今只有几万人，而巴基斯坦却有 120 万人在海外搞承包工程，这与我国有 11 亿人口的大国很不相称。为此，要尽快改变这种招标投标发展不力的局面。出路在于：把各行各业的招标投标活动，纳入各行各业管理程序之中，首先在固定资产投资项目如基建项目、技改项目、大型企业选点项目、进口机电设备项目等的管理程序中明确规定招标投标的环节。这样做，有利于招标投标工作在计划指导下，更好地发挥市场调节的作用。

当招标纳入有关部门的管理程序后,只解决了扩大招标面的问题,仍未解决各行其是、多头进行的问题,还必须建立一个领导全国招标投标工作的权威性机构。根据几年来的实践,应设立"国家招标投标管理局"。该机构暂由国家计委领导,随着改革开放的深入,将来可隶属国务院领导,以形成一个独立的、公正的、权威性的招标管理机构。其任务是协调全国招标投标工作,加强法规、政策规划方面的领导,以及人才培训等方面的工作,并把建设项目、技改项目、进口机电项目、科研项目以及海外承包工程项目等招标投标工作纳入"国家招标投标管理局"统一领导范围。该局本身不搞招标投标,可设立超脱于地方的区域性招标投标派出机构,具体实施招标投标。这样,可克服各行其是的弊端。

二、迅速制定统一的招标投标行政法规

当前,招标投标法规、条例不少,如:《工程设计招标投标暂行办法》,《建设工程招标投标暂行规定》,《申请进口机电设备国内招标暂行办法》,《软科学研究计划项目招标管理办法》等,国务院机电设备进口审查办也着手考虑制定《机电设备进口管理条例》。这些法规、条例分散在国家计委、国家建委、国家科委以及各部、各省。在制定这些法规时,由于人员专业水平参差不齐,素质高低不一,因而存在政出多门、互相矛盾、互相抵触的现象。为此,有必要将散在各部委制定的条例和各省的法规集中起来,向统一的法规过渡。即先行由国务院法制局邀请有关单位与专家,制定全国统一招标投标法规文件,对如招标的原则、范围、程序、法律、合同等带有共性的问题做出规范。对带有个性的问题由业务部门以补充规定的形式出现。现在世界上的招标投标工作都有一个统一的标准。如海外承包工程中的国际通用的合同条件与工程量的计算原则,世界银行的采购指南等。这些都是国际上应遵循的准则。我国随着对外开放的扩大,也必须制定一个统一的招标投标的行政法规,以便实践后向制定法律过渡。

三、积极培养招标投标人才

目前从事招标投标的干部,一般都未受过专业培训,不少的人员是从其他战线上"转业"过来的。从招标方面看,除了中国机电设备招标中心所属的八个招标公司与中建一些公司的干部素质较好一些外。一般是新手多,内行少;从投标方面看,其范围相当广泛,涉及我国各行各业,不少的人对招标投标是陌生的。特别是对海外承包工程的投标更不适应。海湾战争结束后,中东一些国家急需重建,现在世界各国都想跻身其内。但获得这种工程不是靠计划分配,而是靠投标中标取得的。韩国就是靠此起家的。为此,我们必须立即着手培养大批招标投标方面的人才,以适应国内国际市场的急需。

长江上游水土流失治理
工程的重要性和建议

（1991年8月28日在七届全国人大常委会第二十一次会议上的大会发言）

今年6月下旬，七届全国人大常委会第二十次会议上通过了《中华人民共和国水土保持法》。这是为了预防和治理水土流失，保护和合理利用水土资源，减轻水、旱、风沙灾害，改善生态环境，发展生产，关系到国家经济建设、造福子孙后代的大事。接着就在5月下旬到7月下旬，全国大部分地区发生严重洪涝灾害，给国家造成巨大损失，进一步证明了预防水土流失的重要性。我在本月上中旬曾参加长江上游四川部分地区水土保持考察工作，现将考察情况和建议汇报如下。

一、长江上游水土流失的严重性和重点防治的意义

长江上游指的是湖北宜昌以上的长江流域，流域面积100.5万平方公里，涉及青海、西藏、云南、贵州、陕西、甘肃、四川、湖北8省的53个地区，338个县，流域总人口为1.45亿，平均人口密度为每平方公里144人。我们这次考察的第一个印象是：长江上游的水土流失问题在某些方面比黄河流域更为严重，问题的解决更为紧迫。与黄河相比较，长江上游的水土流失问题具有如下六个特点。1. 长江上游的水土流失不像黄河那样危在干流而引人注目，流失的水土主要淤积在支流，有极大的隐蔽性。2. 长江上游的水

土流失对土地资源的破坏性更大。长江上游广大的山丘区坡度陡，且土层薄，雨量大且集中，水土流失使大量的土地石化，一些县每年有数百亩甚至上千亩的土地变成光石板。3. 长江上游虽然较之黄河中游有较好的气候条件，但对水土流失的治理工程量大。由于坡陡雨量大，目前长江上游的坡改梯工程措施绝大部分都要取石垒埂。长江上游水土流失的治理需要付出比黄河水土流失治理更大的代价，花更长的时间。4. 长江上游是滑坡、泥石流分布集中、危害严重的主要地区。据目前的不完全统计，长江上游有泥石流沟4 200多条，新老滑坡15万多处，威胁县城200多个、场镇400多个，人口2 000万人，每年都发生死亡数十人至数百人，财产损失几百万元至上亿元的重大灾害。5. 长江上游人口密度高，环境人口容量低，水土流失所形成的人口压力和社会不稳定因素大。6. 长江上游的水土流失治理起步晚、任务重。国家立项重点防治只有3年时间，治理任务十分艰巨。目前黄河流域已建成梯田坝地5 000多万亩，而长江上游地区只相当于前者的1/5。

对长江上游水土流失进行综合治理绝不只是一个单纯的部门工作，它是涉及整个社会、经济、人口、生态、资源五个方面的浩繁的系统工程，是关系到整个国民经济发展和长江流域生存环境的重大国策，水土流失防治的重要意义可以从五个方面来加以认识。

（1）它是一项抢救耕地资源、保护基本生产条件的重大社会工程。我们所考察的嘉陵江中游的南充地区现在由于人口的迅速增加、耕地的逐年减少，人均耕地仅0.76亩。水土流失面积已占幅员面积的64%，每年流失泥沙总量达7 970万吨，冲走有机质74万吨，相当于损失了26万亩耕地一尺厚的耕作层土壤。

（2）它是保护农业生态环境、增强农业后劲的重大战略措施。目前我国农业严重地受到自然灾害的威胁。水土流失加剧了旱灾、虫灾和水灾的发生率和破坏性。据研究，水土流失使土壤退化，地表涵养水源能力减弱，从而导致区域小气候的变化，加剧旱灾。此外，由于森林覆盖率低，植被减少，野生动物失去庇护和生活条件，天敌减少，虫害频繁。水土流失还加剧了洪灾的破坏性。如果不从根本上治理水土流失，农业生产将处于十分脆弱的境地。农业不仅不能上新台阶，反而会在频繁而又剧烈的灾害下不断萎缩。

（3）它是保护社会基础设施，维护人类生存条件和人口环境容量的百年大计。调查表明：长江上游的水土流失使无数的水利灌溉设施毁于一旦，公路冲毁，铁路中断，工厂、学校、居民区被泥石流冲毁，农田被葬送，人民的生命和财产遭受严重侵袭。

（4）它是维护民族团结、使人民根本上摆脱贫困的团结工程和脱贫工程。长江上游聚居着大量的少数民族，如果水土流失得不到治理，将严重威胁着少数民族人口的生存环境，进而影响到民族团结和社会安定。水土流失严重的地区同时大多都是贫困地区，水土流失已成为人民贫困的首要根源。

（5）长江上游水土流失的重点防治是关系到整个长江流域经济的系统工程，长江流域作为一个系统，上游和中、下游是紧密相连的。例如，长江上游水土流失的治理不仅有利于航运事业的发展，而且有利于整个长江流域水利电力事业的发展，因为上游的泥石流会影响到中下游干流和水库的淤塞。

"长治"工程所产生的影响大大超出了"保水保土"这种基本目标，具有如下五方面的效应：

（1）改善了农业生产的条件，增强了农业后劲。水保（水土保持）工程不仅提高了土地的产出率，而且扩大了耕地面积，扩大了环境人口容量，为推进农业增产稳产产生了明显的经济效应。目前，重点防治区共实行坡改梯 110 万亩，每年每亩可增产粮食 75 公斤，共增产 8 000 多万公斤。许多地方由于坡改梯工程的实施还扩大了耕地面积。另外水保工程还增强了农业抗御自然灾害的能力。例如 1990 年的川东大旱，粮食普遍减少，但开始治理的地区仍取得较好的收成。1991 年的洪灾使嘉陵江上游的许多农田被冲毁，但水保工程中新修的梯田和梯地却经受了考验。

（2）水保工作改变了水系，增加了植被，变农业生态的恶性循环为良性循环，产生了明显的生态效益，调查中发现：治理水土流失的生物措施增加了植被，不仅起到了蓄水保土保肥的作用，而且为群众提供了大量的薪柴和牧草，为解决农村能源问题及发展畜牧业创造了条件。

（3）国家投入的水保资金调动了广大农民的积极性，农民对农业的物质劳动投入迅猛增加，产生了明显的启动效应。如果把农民投入的劳动换算成资金，农民的投入已在国家、地方、农民三大投入中占70%—80%。

（4）水保工作中的经济开发项目壮大了集体经济，使农村产业结构得到调整，促进了双层经营、统分结合的农村经济管理制度的形成，产生了明显的间接社会效应。集体经济的发展是通过集体单独开发现有耕地或集体与农民共同开发现有耕地而实现的；而新开发耕地往往用于发展林果业和经济作物。这对改善农业产业结构大有好处。

（5）水保工作把广大农村基层干部引入工程第一线，参与工程的规划、组织、指挥，水保工程不仅成为农村社会化服务体系的一个重要方面，而且密切了干群关系，增强了乡镇政府的威信，产生了重要的外部效应。

二、进一步做好水土流失防治工作的建议

为了加速治理长江上游严重的水土流失，我们特提出如下六条对策建议。

（1）根据受益情况多方筹集资金，努力增加上游重点防治水土流失的资金，确保资金投入逐年增加。据调查，目前长江上游水土保持重点防治区水土流失基本治理最保守的投资需求估计是100多亿元，而国家每年的投资仅几千万元，实在是杯水车薪。解决这一矛盾的关键是根据受益情况实行投资主体的多元化，多渠道筹集资金，并集中统一使用资金。

我们建议：国家除了继续从耕地占用税划出一部分维持对长江上游重点防治区水土流失的治理外，应采取如下措施：①鉴于水土流失治理是形成贫困地区造血功能的关键，建议国家从扶贫资金中划出一部分用作水土流失的贫困地区的水保工程。②国家从水土流失地区的交通能源税中拿出一部分用于水土流失的治理。③直接受益的水电部

门应拿出一部分资金来治理相关范围内的水土流失或承担这一范围内的治理工作。长江上游是我国水能资源最丰富的地方,国家应积极推进这一资源的开发,以便增强治理水土流失的财源。④其他直接受害于水土流失的生产经营企业也应为水土流失的治理出资出力。⑤地方政府继续匹配水土保持资金,增强对水保的投入,这种匹配资金要制度化,长期稳定。⑥对于开发性水保工程可以通过各种信贷渠道和融资渠道筹措资金,通过社会集资和争取国际援助的办法筹集资金。⑦科研部门应设立长江上游水土流失治理的科研项目,加强对这一社会工程的科技投入。⑧鼓励下游地区企业对上游地区进行有偿经济开发(例如水电资源的开发和有偿协作,从所得利润中划出一部分用作水保基金)。⑨采取利益诱导机制引导农民对水保进行资金投入。⑩统一协调与水土保持有关的长江上游防护林工程、改造低田工程扶贫工程、国土整治工程、环境治理工程,采取对具体项目联合投资,做到统一规划,各投其资,各记其功。

(2)鉴于长江上游水保工程任务的艰巨性,迫切需要国家对重点长江上游防治区的水土流失防治队伍和网络建设采取特殊政策,实行区别对待,确保防治网络的健全。目前这方面的问题是:①人手少,任务重,处于一种"小马拉大车"的状况。②人员素质差,大多是水保的新兵,业务技术水平有待进一步提高。③机构地位低,协调能力差。水土保持涉及水利、农业、财政、商业、国土、环保、能源、林业、铁路、交通等部门,需要协调各种项目,目前的水土办级别低,无力做好艰巨的协调工作。④基层网络"线断",水土保持在基层没有"腿",区、乡、镇无专人负责水土流失防治工作的管理。

为此我们建议:

①在重点防治区的省、县设立水土保持局、区乡设立办公室、村安排水保防治员,健全水土保持管理网络。②加强对现有水保人员的在职训练,提高业务水平。③从有关受益部门调剂富余人员充实水保队伍,在不增加总编制的情况下壮大水保队伍。

(3)在重点防治区要坚持"两手抓",在抓治理的同时,切实加强预防工作,真正做到"以防为主,防治结合",确保法律手段在水保工程中的作用。

"长治"工程实施三年来在治理方面取得了可喜的成绩,但由于各种原因在预防方面的进展却显得较为缓慢,有些地方还出现了新的流失和破坏大于治理的状况。我们认为,90年代长江上游的水土流失防治应在进一步推进治理的基础上,花大气力做好预防工作,这里的关键是要依法预防,使水土保持工作真正做到规范化、制度化和科学化。

(4) 要采取各种利益诱导机制,广泛而又持久地调动广大农村剩余劳动力投入水土保持工程,确保水保工程主体的积极性。这里国家调控的关键是运用各种利益诱导机制,引导农民积极参与水土保持工程。

我们建议:

①进一步利用以工代赈方式推动农民对社会工程的劳动投入。②按水保法要求,对投入水保的农民实行各种物质优惠。③减免参加水保工程的农民的其他劳务和实物负担。④允许农民对自己投入所形成的土地使用权的继承和有偿转让。

(5) 因地制宜,各地根据不同情况建立不同类型的水土保持示范户、示范村、示范乡,用榜样的力量推进点面结合,在水土流失地区,各种自然条件和社会条件是各不相同的,水土流失的防治模式也应各不一样。例如,水土流失治理可分为户包治理式,联户治理式,乡村治理式及集体——个人联合式。要推进不同模式治理水土流失,需要采取不同类型的示范点,通过榜样的力量以点带面,逐步推开,要引导广大农民根据本地的情况采取合适的水土流失防治模式,绝不能依靠一种类型的示范,有些模式可能适合甲地,但不一定适合乙地。示范点既要有示范意义又要有推广价值,这就迫切需要我们推出不同模式的示范点。

(6) 加强水土保持科学的多学科研究,实现水土流失治理与相伴农业综合开发的科学化与高效益。目前,长江上游水土保持工作的科学研究严重滞后于水土流失防治的实践,面对严重的水土流失,迫切需要加强这方面科学研究。

我们建议：①国家和地方投入的水土保持基金中要有一部分用于水土保持科学研究。②国家自然科学基金和社会科学基金要支持对长江上游水土保持项目的科学研究。③国家科委的有关农村发展和科研项目要在水土流失重点防治区设立有关项目。

武汉港对外国籍船舶开放的
时机和条件已经成熟

(1991年10月30日在七届全国人大常委会第二十二次会议上的发言)

在国务院、中央军委的关怀下,在中央各有关部门的指导和支持下。武汉、九江、芜湖等港口对外国籍船舶开放的议案已经提交这次全国人大常委会讨论,我赞成通过。早在1984年,武汉就实行以"两通"为突破口的综合经济体制改革方案,其目的就是要实行对内对外开放,打破条块分割、地区封锁的局面,把武汉建成"内联华中、外通海洋"的多功能经济中心和港口城市。经过六七年的努力,初步打破了条块分割、地区封锁的局面,与全国28个省市和地区建立了贸易、经济联合和技术协作的关系,还逐步建立了生产资料、消费品、科技、信息、资金、运输和劳务市场,使武汉对内向着开放型、社会化、现代化的多功能经济中心发展。但对外来说,还没有成为"外通海洋"的港口城市,这几年,在对外开放的硬环境方面做了大量工作,原纳入计划的重大交通设施和基础设施项目,如一个国际机场、两大客运站、三个港口码头、四条公路干道、五万门程控电话、武钢"双七百"改造、阳逻电厂、长江公路桥和沌口30万辆轿车开发区等,有的已经完成,有的正在建设之中,估计在"八五"计划期间大多可以完成。这些项目的完成,特别是新建的武汉客运港已落成,将为武汉进一步扩大对外开放创造良好条件。同时,武汉也正在对改善对外开放的软环境方面进行努力。最近国务院已批准武汉

武汉港对外国籍船舶开放的时机和条件已经成熟

按特区办法来开发武汉东湖新技术开发区和沌口轿车产业区。今天讨论武汉港对外国籍船舶开放问题，正得其时。我不仅赞成武汉港对外国籍船舶开放，也赞成九江、芜湖港对外国籍船舶开放。这是继南通、张家港和南京港对外国籍船舶对外开放之后的又一项重要开放措施。希望在不久的将来，再将岳阳、沙市、宜昌、重庆港对外国籍船舶开放，以实现我们过去提出过的"沿江开花"的发展战略。

下面，我就武汉港对外开放的有关问题向大会作一汇报。

自武汉市实行计划单列并直接经营进出口业务以来，武汉的对外开放不断发展。为了进一步扩大对外开放，湖北省以及武汉市党政领导机关一直非常重视武汉港的对外开放工作，多次向中央及中央有关部门提出开放武汉港的建议；在今年三月的全国人大会议上，武汉市代表再次向大会提交了开放武汉港的议案。与此同时，中央和地方各有关专业部门，许多专家和工程技术人员对开放武汉港的作用、条件、措施和实施步骤，提出了许多建议，做了大量的调查研究、测算论证等前期准备工作。现在武汉港对外国籍船舶开放的时机和条件已经成熟。

在我国取得开办经济特区和沿海开放的成功经验后，对外开放正在向纵深发展。从我国对外开放的布局来看，江海历来密不可分。长江自下而上分段分步开放，不仅有利于发展长江流域经济，而且将给予沿海开放以有力的支持和呼应。以长江开放为纽带可以带动我国南北经济的发展，使特区到沿海的点线开放式转变为由沿边向沿江推进，逐步实行"沿江开花"的开放格局。

武汉港自1980年经国务院批准为开办国轮外贸运输业务的开放口岸以来，在只有国轮从事外贸运输的情况下，经过10年的建设与努力基本设施和外运能力有了长足的进步。10年来，武汉开拓和巩固了与10余家航运外贸公司的外轮代理业务，与日本、东南亚、中国港澳地区的直达航线，经武汉港出口的货物遍及140多个国家和地区。武汉口岸外贸货物的始发港和目的地多为日本、中国港澳地区和东南亚等地。这些地区的客商对武汉港向外国籍船舶开放很感兴趣。由此看来，扩大武汉港江海直达，水陆联运，综合发展外贸运输能力，已成为必然的趋势。据粗略测算，江海直达与江海转口相比，在时间上每批货要节省 20 天，运输成本每吨节省 20 元，转口损耗每吨货节约 15 元，节约利息更是一笔可观的收入。如果批准武汉港对外国籍船舶直接开放，允许外轮和国轮同时进行外贸运输，将减少中间环节，突破制约中部地区经济发展的运输瓶颈，充分发挥长江水运优势，减轻长江下游港口和铁路的压力，同时还可扩大华中内地与国际市场的直接联系，加强武汉与国外的经济技术合作和贸易交流，并通过武汉带动我国中部地区进一步扩大对外开放。这样将有利于把武汉建成"内联华中、外通海洋"的多功能经济中心和港口城市，有助于实现"中心开花"和"中部崛起"的发展战略，以带动广大地区经济的发展。

武汉港对外国籍船舶开放的条件已经具备。武汉是我国中部地区重要的交通枢纽，是铁、水、公、空的联运港口，整个长江航运与流域规划的首脑机关都设在武汉，从港口开放的航道条件来看，从吴淞口到武汉长江大桥，河道较深，最浅处在枯水期维持航道水深 4.5 米，有完整的航道保护体系保证航行，五千吨的船舶可长年通航；1980 年以来，已有 1 150 艘次行驶国际航线的国轮进出和停靠武汉港。其中，万吨级"钢铁 79 号"满载货物由武汉直达上海，行驶顺利安全。武汉港码头的设备及集散能力可以满足外轮进港的需要。武汉港长江段现有生产码头 162 个，其中，二千吨级码头 23 个，二千五百吨级码头 33 个。码头机械化程度高，装卸工艺先进；从码头功能看，具有专业性码头、综合性码头、集散码头、集装箱专用码头、件杂货码头和化工专用码头；1991 年竣工的青山外贸码头，进一步提高了武汉港的装卸储运能力。目前武汉港区外贸码头的年吞吐能力超过 600 万吨，与码头相对应的锚泊地能力完全能满足外轮停靠的需要。与港口开放相适应的管理机构和配套服务能力不断加强。武汉港 1980 年被辟为外贸码头之后，建立了与直接外运相配套的、完备的口岸监督管理机构和设施，培养了一大批港口管理干部和专门人员，港监、海关、边防、卫检、商检、动植检、船检和海事法院等机构已经齐备，检验手段、技术力量、检测设备能适应外轮进港的需要，有把握进行严格的生产管理、安全监督、行政管理和法制管理，与港口开放密切相关的各种服务设施不断完善，口岸外代、外理、银行都能满足需要。长江通信导航的中心枢纽长江航务通信导航处设在武汉，其设备先进，安全可靠，可全天候 24 小时与长江所有船舶及近海轮船保持联系。武昌造船厂、青山造船厂等一大批大、中船舶制造、维修企业，技术力量雄厚，设备先进，设在武汉的长航燃料总站随时可以向外轮提供燃料、油料供给，岸上建有供外轮船员休息和娱乐的场所。武汉口岸拥有充足的货源。武汉是湖北和华中地区的主要商品集散地和交通枢纽，长期以来吸引着华中地区的大量中转货物。据有关部门统计，近年平均经武汉的外贸货物达 500 万吨左右，其中近洋货物 100 多万吨。如果外轮进入武汉港，定将会大量增加货物运量，也有利于吸引外国航运客商，有利于出口单位价值低、运量大的货物，如河沙、鹅卵石、高龄土等。

为了迎接武汉港口对外开放，湖北省和武汉市的领导部门，长江规划、航运及港口管理部门，正在进一步为外轮进港创造各种有利条件与完善的管理制度：

（1）增强对外开放意识，加强舆论宣传和教育培训。

（2）加强组织领导，按照"一城一港"的管理要求组建全面负责港口开放与管理的武汉港口管理局，适当增加各专门管理机构人员编制。

（3）健全外轮进港的各项管理制度。

（4）加快培训懂得外贸外运业务、掌握国际惯例和外语的管理人员。

（5）加强港口设施建设，进一步增强港口的吞吐能力。

（6）积极设计和筹备与港口对外开放相联系的保税区。

在这里，我向委员长、各位副委员长和各位委员再次转达武汉人民要求开放武汉港的心愿，衷心希望这一议案能够得到通过和批准。

改善高校办学条件
提高高校知识分子待遇迫在眉睫

(1992年7月1日在七届全国人大常委会第二十六次会议上的发言)

教育是立国之本，科技是第一生产力，要从事现代化经济建设，不能不培养大量的科技教育人才。高校是培养科学和教育人才的基地，高校办学条件的好坏，高级知识分子的待遇高低，对调动知识分子为现代化经济建设服务的积极性至关重要。但是，现在高校知识分子待遇低是我国知识分子待遇低的典型体现。多年来尽管国家在改善高校办学条件、提高知识分子待遇方面做了不少工作，但高校办学条件差和知识分子待遇低的现状并没得到很大好转，而且随着社会、经济条件的变化，在某些方面却更加突出了。在对湖北高校的调查中，我们发现以下问题比较突出：

一、高校教师工资收入低，工资结构不合理

（1）工资收入低。1989年除去奖金部分，我国职工月平均工资113元，同期，湖北省高校教师月平均工资101元，比全国职工工资低12元。目前在社会各类人员工资收入不断提高的时候，高校教师工资仍维持在原来较低的水平上。某重点大学1991年教师平均月工资加上各种补贴才156元。一个教授的起点工资才180元，有的近60岁的博士生导师现在工资还只有180元。副教授140元；大批中青年教师的收入就更低了，某重点大学35岁以下青年教师占全校教师的 42%，其中相当数量为助教，月工资仅 82 元。

（2）工资结构不合理。①各种职称的教师工资差别不大。教授工资的起点标准为 180 元，副教授 140 元，讲师 113 元，差距不大，实际上是淡化了教师学术水平、教学质量及工作负担的差别。②同一职称的教师不管毕业时间、工作时间、提职称时间先后及学位高低，工资大致相同，大多停留在起点标准上。

（3）在物价不断上涨的情况下，高校知识分子的生活费用不断提高，生活比较艰难。据了解湖北省高校单身青年教师每月仅伙食费就近百元，还不包括基本生活用品、房租、水电及书报费用。有限的工资收入维持正常生活都很困难，更谈不上恋爱、结婚、生孩子，不少青年教师要维持正常生活还得靠父母接济！中年教师工资收入虽略高，但生活负担重，要维持一家人的生活也比较艰难。

二、居住条件差

住房不仅是高校教师的生活、休息场所，也是他们备课，进行科研的工作室，理应得到较好解决。但实际上高校教师的居住条件仍然很差，与客观需要还有较大距离。某重点大学约 1/3 的副教授（加上处级以上干部约 500 户）没有住上 40—50 平方米。青年教师的居住条件就更差了。据调查，湖北省高校绝大多数青年教师是 2—3 人一间房，人均 6—8 平方米，有的只有 4 平方米。他们结婚也只能在单身宿舍，甚至单间都没有。同济医大等 4 所院校共有 556 对青年教师的结婚住房仅一间（10—12 平方米），还有 664 对已婚青年教师没有结婚住房。

三、职称晋升难

（1）职称评聘缺乏规范性和科学性。①职称评聘工作长期没有进入正常化轨道，时评时停，每评一次，教师就内耗一次；②指标体系不合理。忽视了高校之间，特别是重点高校与非重点高校教师质量、水平的差别；重点学校一般符合提升职称条件的较多，由于指标的限制，许多符合条件的人上不去；③职称评聘缺乏科学标准和条件，论资排辈的现象还比较普遍。虽然对45岁、35岁以下的优秀中青年教师可破格晋升教授、副教授，但数量十分有限；④没有定岗定编，评聘合一，不利于鼓励人才竞争和合理流动。

（2）职称与教师的生活和工作待遇挂钩太紧。专业职称不解决，工资、房子、医疗、用车、出差、科研经费、学术资格等问题都得不到解决，导致教师"千军万马争过独木桥——职称"。

（3）国家教委只下达教师职称指标，而对学校教辅和行政人员不加限制，以致行政机构日益膨胀。新中国成立初期，高校只有两个处，现有30多个处。这样，不利于学校整体建设。高校教师职称似不应硬性规定指标，凡是符合一定职称水平的就应该上。

四、医疗经费严重不足，医疗条件较差

1991年以前高校医疗经费是按教职工每年每人55元的标准包干的，据对武汉地区23所高校的调查，高校教职工1988年医疗费超支716.5万元，人均年超支112元。1991年虽提高到年人均80元，但仍严重不足。1991年武汉地区各高校医疗费用超支达1—3倍。医疗经费不足直接影响教师的医疗保健：①无法维持教师的正常体检和其他保健。某高校以前每两年对全校教职工全面体检一次，现因经费紧张，改为5年一次。②教师生病得不到良好医疗，设备条件较差；药品特别是贵重药品缺乏；经费不足造成转院治疗困难，教师自己垫钱治疗后，医药费常报销不了。

经费紧张的原因：①包干标准过低，未能随药品及费用的上涨而增加；②医疗费未按实有人数拨足，而且拨款不及时；③危重病人和高知、高干及离退休干部医疗费开支大。1988年，湖北省23所高校癌症住院151人，占去当年医疗经费总数的23%，91年某高校一名教师和一名学生换肾，共花去15万元，而当年全校师生医疗费只有53万元。高知、高干和离退休老干部体检医疗和住院开支较大，花费成千上万元的多是这些人。

五、图书经费严重不足

国家规定学校行政事业经费的5%要用于图书方面,近几年来,图书期刊、报纸价格飞涨,造成高校图书经费严重不足。

(1) 图书价格飞涨,学校订购图书成本急剧上升。以某高校为例(下同),1985年订购中文书籍每本平均两元多点,1991年达7—8元,是1985年的近4倍;报纸仅1989—1991年国家调价就上涨1.5倍。外文书刊涨价更高。

(2) 图书杂志、报纸订购品种和数量大幅下降。上述某高校中文书籍订购量1991年不到1985年的1/3,复本量由1:5.5下降为1:3;中文期刊1991年与1988年相比,品种和数量分别下降14%和49.6%,复本量社科杂志由1:4—5下降为1:2—3;自然科学杂志由1:3下降为1:1—2,报纸品种和数量分别下降26%和63%。

高校师生普遍反映,在学校查阅新资料、了解新信息难,要借新书就更难了。严重地影响了学校的教学和科研。现在世界上科技发展迅速,日新月异,如果没有新的图书期刊日报,没有最新的信息,如何能够使高校科研和教学赶上世界水平。

六、学术著作出版难、发行难、购买也难

学术著作专业性强、读者面窄、销路不广,而且这几年印刷排印成本大幅度增加。如果定价高了,卖出困难(而且国家对这类书定价也有限制)。如果定价低了,抵消不了印刷成本,出版社盈利不多,甚至亏损。加之,国家对出版社的税负很重,据说有15种之多,所得税税率就高达35%—55%,还要求出版社自负盈亏,它就不能不考虑到出书的经济效益。同时,书店也不大愿意多进这类书,还要付给很高的发行费才肯代卖。因此,许多出版社不大愿意出版这类书。据说这些年来,有大批原已纳入计划、甚至已经排印的学术著作被停印或退稿了,仅某地社科院就有100多种。现在许多出版社要作者出钱买书号,或自办发行,或包销。武汉就有一位80多岁退休的老教授发挥余热,写了一本专著,但要自办发行。不得不自己经常到

印刷厂去校样,并自己填寄征订单。一本学术著作要花费多年辛勤劳动才能完成,结果不但没得到应有的报酬,还要付出更多的代价。此外,由于作者自办发行面窄,有些读者想买这类书都买不到。这样能对学术著作起着鼓励作用么?这几年中央和一些地方为了改善这种状况,设置一些有关学术著作的基金,但毕竟为数有限。还不能从根本上解决这样的问题。

七、子女就业难

高校教师子女就业难,是困扰高校,特别是武汉地区高校的一个突出问题。据测算,1991年武汉地区高校教职工子女待业者多达4 500余人,仅华中理工大学、武汉大学等六所院校就达2 000余人。如此众多的待业者一方面影响学校的治安,给学校带来很大压力,同时也给作为家长的教师带来巨大的经济和精神负担。

八、在条块分割体制上,高校运转机制不灵,加剧办学困难

主要表现为地方政府政策与国家教委有关政策不一致,学校无所适从,结果往往是学校该享受的优惠政策不能享受,不该承担的责任义务要承担。

(1)武汉市房改方案与国家教委有关规定相矛盾。①武汉市为鼓励职工个人买房,以较优惠的价格向职工出售住房,而国家教委规定高校内的住房不能出售。②为建立房改公积金,武汉市要求学校按人头比例上交一定资金给市住房基金管理委员会,由武汉市统一使用,仅此一项增加房租的补贴,某大学每年要支出37.75万元,而国家教委则要求学校自筹一定比例资金用于住房建设,该大学1992年又需自筹100万元。

(2)武汉市取消肉票,国家、地方均不给补贴。从1992年5月起武汉市取消肉票,规定市内居民每人每月补贴5元,但对部委高校,武汉市只给政策不给钱,教委又不承认武汉市政策。这样只好由学校承担补贴责任,某大学每年为此支出60.08万元。

(3)社会上对高校的各种"摊派"还比较严重,如武汉市的排污费，水电增容集资费，商业网点费，教育配套费等。

以上第二、四、五、六几个问题早在1988、1990年就曾在大会上反映过，有关方面也采取了一些措施，一度稍有一些缓解，但没有根本解决问题。连同其他问题一道可以看出国家对高等教育还没有引起足够重视，对高校的投资还严重不足。由于基本生活得不到保障，工作条件不理想，所以不少高校教师，特别是相当数量的青年教师不安心教学科研工作，他们或准备出国或在等待寻找新的机会跳出学校，素质较好的优秀青年教师更是如此。因此，人才外流现象严重，特别是由于深圳、广东、海南一带工资待遇高，他们除出国外，还纷纷要到那些地方去。因此，出现了"孔雀东南飞"的现象，这是非常令人担忧的。为此，我们建议：

（一）党和国家及社会各界对高等教育的问题应高度重视，教育是立国之本。"科学技术是第一生产力"。国力要增强，经济要发展离不开科技教育的发展。人才是科技的载体，而高校是培养人才的摇篮。中国要繁荣、富强，不能没有一流的科技，一流的人才，一流的教育，不仅是少数的，而且是大量的。可见知识分子政策落实的好坏，直接关系到中国社会主义现代化建设的成败。

（二）采取切实、有效的措施，大力改善高校办学条件，提高高校知识分子待遇。

（1）继续增加对高校的投资：①要提高高校知识分子的工资收入。对有突出贡献的知识分子发放政府津贴是一项非常好的措施，望津贴面能扩宽，步伐加快。②要增加高校的经费。现在高校人头费占了整个行政事业费的50％左右，不少高校超过50％，剩余部分由于物价上涨，难以维持学校的正常运转。③增加基建拨款，进一步改善高校教师居住条件。④学校难以完全承担高校离退休教职工的工资补贴、住房、医疗等日益庞大的费用，望国家能对这些支出进行经费单列。⑤对高校图书经费也应实行经费单列，以保证这方面的需要。

（2）为高校创造良好的办学环境。①放宽对高校的政策，给高校较大的自主权，特别是放宽高校自费招生、收缴学费、科技成果与技术转让等方面的限制，调动高校积极性，让学校与国家共同解决办学经费不足，教师待遇低的问题。②加强对高校的保护，国家和地方应尽量减少物价上涨、各种费用摊派给学校带来的影响。③协调地方与国家政策，让全社会，特别是高校所在地地方政府来为高校减轻负担，解决高校后顾之忧。

（3）完善教师职称评审制度，使之逐步正规化、科学化、合理化。要想方设法调动教师的积极性，做到人尽其才，才尽其用。

此外，要特别为青年教师创造良好的生活和成才环境。从以上调查可以看出，无论是工资、住房，还是职称，青年教师的待遇都是最低的，无法与社会上其他企事业单位的同龄、同学历人员相比。改革开放带来的实惠、机会对青年教师的诱惑力是较大的，对学校的冲击也是较大的。望能引起高度重视。能否培养、造就大批优秀青年教师和科技工作者直接关系到我国高等教育事业是否后继有人的问题。

过去我曾一再呼吁过要把科技教育的投资作为国家最大的基本建设的项目来看待。这几年国家对科技教育经费虽有所增加，但距离客观要求还很远很远，希望今后要大力改进。当然，国家财政是困难的。但是，如果在精简机构、杜绝铺张浪费、狠利用公款大吃大喝之风，严禁乱发奖金、防止重复建设、盲目建设等方面狠下工夫。科技教育方面的经费是有可能大量增加的。

加快经济发展要注意的几个问题

(1992年9月3日在七届全国人大常委会第二十七次会议上的大会发言)

自从年初小平同志视察南方发表重要讲话以来,全国各地纷纷解放思想,加大改革开放的步伐,使我国经济出现蓬勃发展的气象:国民经济全面快速增长,国内市场供应丰富,零售物价基本稳定,国际经济技术交流日趋活跃,国家外汇储备增加,财政收支出现收入大于支出的现象。在国民经济快速增长的同时,科教、文化、体卫等各项事业也都取得了新的成绩。"澳星"发射成功标志着我国卫星技术居于国际先进行列,卫星发射已经进入国际市场。我国体育健儿在第25届奥运会上取得优异成绩。这些都给全国人民以极大的鼓舞,加强了全国人民胜利前进的信心。

但在全面高速前进的过程中,也会出现不少值得注意的问题。为了保证我国经济能够稳定、协调、持续、健康地向前发展,特提出以下几点看法,以供有关方面参考。

一、切忌盲目追求产值和速度。过去经验表明,在我国经济发展过程中头脑一发热,就会出现盲目追求产值和速度的现象。追求产值,必须是有质量有效益的产值。产品要能适销对路、符合市场需要,否则就会导致大量积压。国务院经贸办日前发布的7月份限产压库促销工作进展情况公告表明,在中国工商银行开户的国营工业生产企业,7月末产成品资金占用为1345.5亿元,比上月末下降3.85亿元(下降幅度很小),但比年初却增加257.3亿元,三项资金合计为3842亿元,比年初增加522.7亿元,比上月增加14.2亿元。这是

"三角债",是锁链长期不能解开的主要原因。要解决这个问题固然要加强压库促销工作,更重要的是限制不适销对路、不符合市场需要、甚至伪劣商品的生产。要知道,这种不顾质量、不顾效益的生产,是最大的人力、物力、财力的浪费,必须切实制止。这种盲目追求产值的现象,在我国几乎形成一种积弊,必须严加防范。

二、切忌盲目攀比、争投资、争项目。在小平同志谈话精神的指导下,各地纷纷解放思想,加快改革开放步伐是完全正确的。要发展市场经济,引进竞争机制也是必要的,但要实事求是,不能盲目攀比。家华同志汇报中提到:今年计划安排全社会国家资产投资总规模5700亿元,根据前7个月的情况,将大大超过。有些地区发展经济还没有完全摆脱主要依靠上项目、搞外延式扩大再生产的老路子,在缺乏科学论证和资金尚不落实的情况下就盲目搞新建项目、搞过多的开发区。这不仅导致投资规模盲目扩大,资金投向不尽合理,而且资金来源也成问题。家华同志报告中说,在国家重点建设项目中的地方资金到位率,上半年只有28%。如何在下半年保证这方面的资金需要是个大问题。汇报中也提到:随着住房商品化的推进和各地纷纷兴办开发区,房地产正在成为新的投资热点,一些地方出现划定开发区热、批地热、圈地热、成立房地产开发公司热。由于知识、经验不足,法规和管理制度不健全,还出现了盲目"炒地皮",土地收益流失和资源浪费现象。如果不加引导和管理,任其发展下去,将会带来严重后果,在各地新投资项目纷纷上马时,一定要实行项目业主责任制,同时还要加强宏观调控和指导,特别是交通运输、能源、邮电、供水和其他基础设施的配套建设,力避比例失调和大起大落的现象发生,从而能够使国民经济在稳定、协调、持续中发展。

三、在国有企业转换经营机制过程中,要注意承包人的政治素质和业务素质。据说我国大中型企业中有相当大的一部分是常年亏损,还有不少是虚盈实亏。家华同志汇报中提到:今年前7个月预算内工业企业亏损额累计达189亿元,其中中央工业企业亏损高达114亿元,比去年增亏18%。这固然与体制上政企不分,企业经营的不善有关,需要改革。但相当一部分经营不善的企业是由于承包者缺乏社会主义企业家的政治素质和业务素质。他们缺乏为人民、为消费者服务的思想和市场观念，不懂得生产技术和经营管理，不善于调动职工的主动性、积极性、创造性，不是任人唯贤，而是任人唯亲，甚至以权谋私、损公肥己等。8月27日《人民日报》第4版登载了《襄樊市一批企业负责人被查处》的报道。这批企业是"庙贫和尚富"，"自己捞饱了，企业搞垮了"。估计其他各地也有类似的情况。这种情况如不改变，将来政企分开、转换经营机制以后，企业成为独立的经济实体，这些不合格的企业负责人将更会为所欲为，把企业作为他们的私产。建议在进行企业改革、转换经营机制的同时，要对有这类问题的企业进行一次清理整顿，并在转换机制过程中采取有效配套措施，预防这类事情发生。因为国有企业是我国社会主义的经济基础、国家的命脉，如果大量国有企业长期陷于亏损或虚盈实亏状态，将会影响我国社会主义事业的成败。

　　四、要注意加强廉政建设，防止贪污腐化、浪费行为的滋长。在加强改革开放过程中，出现一些消极腐化的现象，必须严加防范，不能让其滋长。据群众反映，现在社会上请客送礼、贪污受贿、大吃大喝、索取佣金回扣和铺张浪费之风日盛。据说现在用公款请客吃饭，常有达数千元甚至上万元一桌的。办事的经手人要好处费的事，也时有所闻。有些地区甚至公开出卖户口来赚钱，还有出卖进口许可证和营业执照的。企业"高投入、高消耗、低产出"的情况相当普遍。人浮于事的企事业单位不知有多少。此外，盲目建设、不必要的重复建设、盲目引进、不必要的重复引进也很多。总之在人力、物力、财力和资源乱开发方面的浪费很严重。目前，社会上有"贪污有理，浪费无罪"之说。有人建议在严打贪污腐化行为的同时，还要加快制定"反浪费法"。我认为值得考虑。已经行之有效的机制就不要随便变更，如贸易性动物产品出境检疫，一向由商检部门负责，已行之多年，又得到国际承认，如变更负责机构，又会造成大量人力、物力、财力的浪费。

　　五、要增加科技教育投入，高度重视科技教育事业，加强科技与经济的结合。小平同志再一次告诉我们："科学技术是第一生产力。"

要加速发展有计划的商品经济，必须引进竞争机制，实行优胜劣汰。现在各种产品的技术设备和服务手段日新月异，产品的品种质量也不断更新，如果在科学技术和经营管理方面跟不上市场的需要，就会被淘汰。现在我们强调对外开放，目的不仅在于引进外资，而且在于引进先进技术和管理经验。但是，我国本身也有雄厚的科技实力，过去与生产结合不紧，没有充分发挥作用。家华同志的报告中提出今后的任务之一要"加快科技成果向现实生产力的转化，促进社会事业与经济建设协调发展"是完全正确的。但在重视科技作用的同时，还必须同时重视各行各业和各种层次的教育。科技人才是在发展教育的基础上培养出来。没有良好的教育基础，难以培养出大量合格的科技人才。同时，为了配合国民经济的发展，不仅需要培养大量的科技人才，也还需要培养大量懂得管理、财经、法律、商务、金融、信息、外语、文化、艺术、医卫等各方面的人才。江泽民同志说，百年大计，教育为本。如果没有良好的教育，培养不出各行各业的人才，这个国家是难以长久存在的。新中国成立以来，我国科技教育事业有很大的发展，但与有些西方国家相比，重视得还不够。这是我国经济发展落后于发达国家的一个重要原因，今后必须予以高度重视。首先要增加国家对科技教育的投入。我曾一再呼吁要把科技教育的投资看成国家最大的、最重要的基本建设项目。我们国家财力固然有限，但是，如前所说，浪费也很大，如果在增产节约、杜绝浪费和严限盲目建设与重复建设上狠下工夫，科教投入的经费还是可以大量增加的。另外，全国上下，都要重视科技教育，尊重这方面的人才，特别是科技人才，其他人才不是不重要，但因为科技是第一生产力，所以科技人才就比其他人才更重要。

全国人大常委会
如何贯彻党的十四大精神
—— 要加快立法特别是经济立法的步伐

（1992年11月6日在七届全国人大常委会第二十八次会议上的大会发言）

中国共产党的十四大报告以邓小平同志建设有中国特色的社会主义理论为指导，总结了自十一届三中全会以来14年的基本实践和经验，明确确定了坚持党的"一个中心、两个基本点"的基本路线一百年不变，明确确定了社会主义市场经济体制，是指导全国各族人民在新形势下加快改革开放、经济发展和社会全面进步的纲领性文件，是我国革命史上光辉的篇章，具有划时代意义的里程碑。全国人民都要认真贯彻落实十四大的精神。作为我国最高国家权力机关的全国人民代表大会及其常委会更是责无旁贷，而且责任更重大。

十四大报告中第二部分第六项任务是"积极推进政治体制改革，使社会主义民主和法制建设有一个很大的发展"。"同经济体制改革和经济发展相适应，必须按照民主化和法制化紧密结合的要求，积极推进政治改革。""没有民主和法制就没有社会主义，就没有社会主义现代化。我们应当在发展社会主义民主和健全社会主义法制方面取得明显进展，以巩固和发展稳定的社会政治环境，保证经济建设和改革开放的顺利进行。"报告要求："进一步完善人民代表大会制度，加强人民代表大会及其常委会的立法和监督等职能。"要"高度重视法制建设。加强立法工作，特别是抓紧制定与完善保障改革开放，加强宏观经济管理，规范微观经济行为的法律和法规，这是建立社会主义市场经济体制的迫切要求。要严格执行宪法和法律,加强执法监督,坚决纠正以言代法,以罚代刑等现象。……"这些都对全国人大及其常委会提出很高的要求。如何认真贯彻党的十四大的要求,这是迫切需要我们探讨和解决的问题。

本届全国人大及其常委会不久将任期届满,建议下次常委会根据党的十四大精神的要求,安排一次专题讨论,比较全面地总结一下过去4年多来的成绩、经验和教训,提出今后改进工作的意见和建议,以供下届全国人大及其常委会借鉴。

现仅就加快立法,特别是经济立法的步伐提些意见,以供参考。

党的十一届三中全会以来,我国立法工作取得很大成就。从1979年到现在,全国人大及其常委会通过了200多个法律和有关法律问题的决定,享有制定地方性法规权的地方人大及其常委会制定了2 200多个地方性法规。我国政治、经济、社会生活的许多方面已有法可依。但是,还必须看到,我国立法工作正面临着新的严峻的挑战。全国人大及其常委会的立法工作同深化改革、扩大开放的要求,同发展社会主义市场经济的要求,同加强社会主义民主与法制建设的要求相比,还有很大的差距。现实生活中许多急需制定的法律还没有制定出来,如计划法、投资法、银行法、商标法、预算法、公司法、证券交易法、科技进步法、产品质量法、防止不正当竞争法等一系列涉及建立社会主义市场经济体制的法律都没有出台,直接影响了改革开放和经济发展。另外,改革开放初期制定的一批法律、法规,有的已不能适应新的情况,有的调整对象已发生根本变化,需要修改、补充。全国人大及其常委会面临的立法工作是很繁重的。然而,我们现在常委会的组织构成,会期制度和立法辅助力量都难以承担这样繁重的任务。本届人大之初,常委会就制定了立法规划,提出100多项法律需要制定。现在本届人大常委会任期已快满,我们远没有完成这样的计划。今年年初,彭冲同志在七届五次会议上所作的常委会工作报告中讲到,近两年准备制定的法律有21项,着手进行起草的有43项,现在看来也难以完成任务。马上就要换届了,全国人大及其常委会如何适应建立社会主义市场经济的需要,加快经济立法步伐,恐怕现在就要考虑。因为健全法律体系是社会主义市场经济的基础和保障，在减少行政干预和直接计划调节之后，法律手段就要及时跟上，否则，社会主义市场体制就难以建立起来，就会出现混乱状况。下面，我仅就全国人大及其常委会如何加快立法，特别是经济立法的步伐，以适应社会主义市场经济需要谈几点看法。

第一，进一步改善全国人大常委会委员的知识结构，推进委员的专职化。我国的全国人大与国外许多议会不同，全国人大的主要工作和日常工作由全国人大常委会承担。这就对常委会委员提出更高的要求。为了适应加快经济立法步伐的需要，建议八届全国人大常委会多安排一些经济、法律专家、学者，尽量做到绝大多数常委会委员专职化，以全国人大工作特别是立法工作作为主要工作，并充实全国人大各专门委员会，充分发挥专门委员会在立法工作中的作用。

第二，增加全国人大常委会会议的次数，延长每次会议的时间。现在全国人大常委会每年举行6次会议，每次会议只有一个星期至10天左右，全年加起来只有一个多月。以这样短的时间，审议不了几个法律草案，即使匆匆审议了，也往往容易走过场，难以进行实质性审议和辩论。建议下届全国人大常委会增加会议次数，延长会议时间。可考虑每个月举行一次会议，每次会议10天左右。从长远看，还可考虑借鉴国外经验，实行春期、秋期会期制。

第三，采取各种形式，吸收社会力量参与经济立法工作。现在不少法律草案都是由国务院有关部门起草的，这就带来两个问题：一是对本部门有利的，就非常积极；对约束本部门行为的，能拖就拖；二是部门观点太强，常把有利于本部门利益的条款加进去。这种立法程序和立法体制在一定时期是有利的，但目前已难以适应需要。我们计划制定的法律很多，有一些是过去我们不熟悉的事务，是改革开放中遇到的新问题，应当充分利用大专院校、科研单位、社会团体、厂矿企业的力量，加快一些现实生活中急需的法律的起草工作。

第四，进一步充实全国人大常委会立法工作机构和调研机构。与许多国家议会辅助机构相比，现在全国人大常委会从事立法辅助工作的力量远远不够。许多常委会委员需要立法助手。常委会审议法律需要背景材料。目前，经商热潮和人大机关的低待遇使人大机关大量调研人员进不来，留不住。希望采取措施充实人大机关的立法调研队伍，加强调查研究，借鉴国外的法律和经验。

第五，在全国人大常委会每次开会前，要将拟讨论的主要文件在会前一两周发给委员，以便有较充分的时间来进行研究和准备意见。像现在这样大批需要讨论的文件在开会时才发，实在来不及细阅深思，效率是不会很高的。

此外，全国人大常委会一个主要职能是法律监督与工作监督。在这方面，过去人大常委会也做了一些工作，但很不够，主要是由信访局将群众反映的问题转交有关部门处理，人大常委会委员本身直接处理的案件不多。现在国家生活中有法不依、违法不究、执法不严、以言代法、以罚代刑的现象和其他违法乱纪及不正之风大量存在。根据十四大"坚持两手抓，两手都要硬"的要求，人大常委会如何在加强监督职能方面发挥作用，也需要探讨。

保护正当竞争,反对有奖销售

(1992年12月26日在七届全国人大常委会第二十九次会议上的书面发言)

保护正当竞争,反不正当竞争,这是建立和完善社会主义市场经济的必然要求。所谓正当竞争,是指遵守商业道德和法律,按照价值规律的要求,以正当的手段与方式,谋求最佳经济效益的行为,而不正当竞争,恰恰相反,它违反商业道德与法律,不按照价值规律要求,以不正当手段与方式谋求经济效益。

市场经济要求平等自由竞争,许多国家把反不正当竞争作为维护市场经济秩序的重要手段,制定相应的政策和法规,明确规定不正当竞争的范围和内容。其中包括不正当的倾销和贱卖、不正当引诱、不正当赠品销售、不正当招徕和营利性的有奖销售。日本就制定了反不正当招徕和附赠礼品的法规。1883年缔结的《保护工业产权巴黎公约》第10条,专门有"不正当竞争"的规范,其中列举"采取任何手段对竞争对方的企业、商品或工商活动造成混乱的一切行为"。所谓造成混乱的一切活动就包括有奖销售在内,我国已于1984年11月14日六届人大常委会第八次会议决定,加入上述公约。

保护正当竞争,反不正当竞争,禁止不当招徕和有奖销售,已成为各国所认可的国际惯例。根据这个国际惯例,结合我国的实际,国务院于1985年3月4日发出《关于制止滥发各种奖券的通知》,其中第一条就明确指出:"所有工商企业都要立即停止举办有奖销售活动,已经实行有奖销售的,要进行清理,做好善后工作。"第五条规定:"各级工商行政管理、司法、商业、银行、财政部门和审计机关，要进行监督、检查，对过去已经搞了彩票、奖券、礼品券的，要进行清理；对那些还打算搞的，要通知他们立即停下来，对不听招呼、违反规定继续搞这类活动的，要实行重罚……直至依法处理。"

国务院这个通知是有利于商品经济发展的、符合改革开放的方针政策。但七年过去了，执行得很不得力，监督检查也不严。如今有奖销售有禁不止，而且愈演愈烈，有泛滥全国之势。如×××饮料公开搞有奖销售，一罐饮料中奖者可兑五万元"奖金"。重庆某家公司公然以奖十两黄金为引诱，推销某种产品，有的家用电器以奖小轿车为招徕，以致互相攀比，越奖越厉害。我这次到海南开会，那里有许多餐馆搞有奖吃喝，有的吃一顿饭中奖者可得一个电冰箱，真是异想天开。这些企业不在提高产品质量、降低成本与售价和改善服务态度上下功夫，而采取不当招徕，搞有奖销售，这是公然不顾国际惯例和我国有关法规，污染社会空气，败坏商业信誉。而有关部门却听之任之，不加监督检查和严肃处理，以致一发不可收拾，严重影响市场正常秩序，国际影响也不好。这个问题必须引起重视，并严加禁止，为此要求：

一、认真检查《国务院关于制止滥发各种奖券的通知》的执行情况，做到有法必依、执法必严、违法必究，对其中屡犯不改、情节严重的，必须予以重罚重处，以儆效尤。

二、要制定反不正当竞争法，认真保护正当竞争，反对不正当竞争，严格禁止不当招徕和有奖销售等不正当竞争行为，维护正常的经济秩序，保证社会主义市场经济的健康发展。

三、开展学习和宣传反不正当竞争的知识和规范，研究反不正当竞争的理论和总结这方面的经验教训，提倡正当竞争的商业道德，努力提高商品的质量和服务质量，提倡商业信誉，养成良好的商业风气，促使国民经济迅速健康的发展。

关于修改宪法的几点建议

(1993年2月22日在七届全国人大常委会第三十次会议上的大会发言)

现行宪法是1982年12月通过颁布的。在维护国家统一、民族团结、政治社会稳定，促进经济发展、社会主义民主和法制建设以及两个文明建设等方面起了巨大作用。但是，近10年来，在邓小平同志建设有中国特色社会主义理论指导下，以经济建设为中心，加快改革开放，国家的面貌发生了深刻变化，在理论认识和实践经验方面都有新的重大突破：如小平同志建设有中国特色社会主义和社会主义初级阶段的理论，"一个中心、两个基本点"的基本路线，农村实行家庭联产承包，企业所有权和经营权分离以及改变高度集中的计划体制，发展社会主义市场经济等。党的十四大已对这些理论和实践作出了充分肯定。因此，现在党中央提出修改宪法的建议是必要的、适时的，我们完全拥护，对所拟8处修改条文，也基本同意。现补充以下几点建议以供参考。

（1）应将中国共产党领导的多党合作和政治协商制度明确列入宪法序言中。具体建议就是将宪法序言第10自然段修改为：

"社会主义的建设事业必须依靠工人、农民和知识分子，团结一切可以团结的力量。在长期的革命和建设中，已经结成由中国共产党领导的，有各民主党派和各人民团体参加的，包括全体社会主义劳动者、拥护社会主义的爱国者和拥护祖国统一的爱国者的广泛的爱国统一战线。这个统一战线将继续巩固和发展。中国共产党领导的多党合作和政治协商制度是建设有中国特色社会主义的一项基本政治制度。

中国人民政治协商会议是有广泛代表性的统一战线组织，过去发挥了重要的历史作用，今后在国家政治生活、社会生活和对外友好活动中，在进行社会主义现代化建设、维护国家的统一和团结的斗争中，将进一步发挥重要作用。"

为什么要增加"中国共产党领导的多党合作和政治协商制度是建设有中国特色社会主义的一项基本政治制度"这一句话呢？因为这一制度已经成为我国建设有中国特色的社会主义的理论和实践的重要组成部分。早在1979年，邓小平同志就说过："在中国共产党的领导下，实行多党派的合作，这是我国具体历史条件下所决定的，也是我国政治制度中的一个特点和优点。"这已明确指出我国党领导下的多党合作是属于政治制度的范畴。1987年，党的十三大提出要把完善共产党领导下的多党合作和政治协商制度作为政治改革的一个重要内容。1989年，中共中央制定的《中共中央关于坚持和完善中国共产党领导的多党合作和政治协商制度的意见》是进一步阐明这一制度的一个继往开来的纲领性文件。1990年《中共中央关于加强统一战线工作的通知》再次强调指出："中国共产党领导的多党合作和政治协商制度是我国的一项基本政治制度，具有中国特色的社会主义民主制度。"1992年，党的十四大报告又把完善人民代表大会制度和共产党领导的多党合作和政治协商制度作为政治体制改革目标的主要内容。以上小平同志的讲话和这些重要文件中的规定，在国内受到各阶层的普遍重视和热烈拥护，在国外也产生了重大影响。各民主党派都将此载入党章，并作为开展党务活动的依据和准则，在建设有中国特色社会主义和统一祖国大业中发挥了重要作用。

政党体制是现代各国政治制度的基石。当代世界主要国家大多以法律形式予以确认。世界上主要国家关于政党制度的法律规定，大致可分为两个类型：一种是欧洲大陆法系的国家，它们在宪法中对政党及其活动有明确规定，如《法兰西第五共和国宪法》、《德意志联邦共和国基本法》、《巴西联邦共和国宪法》、《巴基斯坦伊斯兰共和国宪法》等。一种是英美法系国家，他们以不成文和惯例为特征，在成文宪法中对政党制度没有明确规定。无论英美法系或大陆法系的国家，一般都制定有关政党的专门法律。政党制度的法律化已成为世界政治的大趋势。我国这种共产党领导的多党合作和政治协商制度既不同于西方多党制的争权夺利，又不同于其他社会主义国家的一党制，既可保持国家政治社会稳定和坚定正确的前进方向，又可充分发扬社会主义民主，在世界上可说独树一帜。把它列入宪法，可以突出地显示出我国的政党体制的特色、优越性和长期性，有利于推进我国的政治体制改革，有利于对内教育和对外宣传。把党的这样重要的决策载入宪法，使之变为国家意志，顺理成章，合乎人心，是我国法制建设的一项重要经验，也是一项重要的改革。如果这次修改宪法不列入，统一战线内部会有许多人不理解，难以接受，也容易引起国内外的猜测和误解，甚至歪曲，错以为这种制度名为基本制度，却不能载入宪法，大概不是一种长期的制度，可能要变。这对于巩固和发展团结稳定的政治局面是不利的。

（2）党中央对宪法序言第7自然段的修改意见我基本同意。但应在"把我国建设成为富强、民主、文明的社会主义国家"一句的"文明"之后，加上"法治"两字。我国过去长期是"人治"国家。近10年来，在强调实行民主集中制和加强社会主义民主和健全社会主义法制的基础上向"法治"迈出了很大的步伐。法律是人民的意志、愿望、智慧、权利和义务的集中表现。法治与民主有极为密切的关系。把"法治"（即"以法治国"）列为我们的奋斗目标，对维持我国长治久安、促进各方面的建设有很大好处。

（3）对宪法第15条的修改，许多委员提出了不同意见，把过去高度集中的计划经济修改为"国家实行社会主义市场经济"是对的。但市场经济不等于不要计划，不要协调发展。"改善宏观调控"中"改善"二字也不得力。此外，"依法禁止任何组织或者个人扰乱社会经济秩序"一句，在宪法其他地方和许多法律都有类似的规定，不宜放在这一条文中。建议采取许多委员的意见，把第15条第2款改为："国家加强经济立法，实施宏观调控，保证国民经济持续、稳定、协调发展。"

（4）宪法第47条没有提出修改，但对越来越引起重视的保护知识产权问题,宪法应有体现。建议将第 47 条最后一句"……给以鼓励和帮助"改为"……给以保护、鼓励和帮助"。——即加上"保护"二字。这样可以为制定和实施知识产权保护法提供依据。

(5)宪法第 98 条的修改将"县、市、市辖区的人民代表大会每届任期改为五年"是符合实际需要的。但应与宪法第 30 条行政区域的划分相呼应,即自治区、自治州的人民代表大会任期也应有所规定。

附：李崇淮的主要著作目录

甲．编著和主编的书

论当前的货币形式问题　中国金融出版社 1985 年出版，获湖北省社会科学优秀成果二等奖。

"两通"起飞　武汉大学出版社 1986 年出版，其中主要论文获武汉市人民政府嘉奖令，湖北省社科联荣誉奖和武大科研成果一等奖。

股票基本知识和实践（主编）　《江汉论坛》和《青年论坛》编辑部 1984 年联合出版。

股票基础知识（主编）中国金融出版社 1986 年出版。

财政金融管理知识手册（主编）　中国科技文献出版社 1986 年出版。

城市经济体制改革研究（与陶德清共同主编）武汉大学出版社 1989 年出版。

经济体制改革与经济法制（主编）中国经济出版社 1990 年出版。

资本主义货币银行学（与黄宪联合主编，国家教委七·五计划经济类教材）　中国金融出版社 1992 年 12 月出版。

乙．参加编写的书

世界经济（高校文科教材、世界经济编写组）人民出版社 1980 年出版。

当代西方经济学说　武汉大学出版社 1983 年出版。

丙．自译和参加翻译的书

英国社会主义的有关问题〔英〕哈罗德·威尔逊著，独译．商务印书馆 1966 年出版。

芬兰史〔美〕约翰·亨·伍里宁著，上、中、下三册，与人合译，湖北人民出版社 1973 年出版。

中东简史　乔治·E. 柯克著，下、下两册，与他人合译，湖北人民出版社 1975 年出版。

世界史编年手册（古代和中古部分）〔美〕威廉·兰格主编，与他人合译，三联书店 1981 年出版，获武大优秀科研成果二等奖。

货币、银行和金融市场原理〔美〕劳伦斯·S. 里特和威廉·L. 西尔伯著，武大管理学院国际金融教研室译，李崇淮校，上海翻译出版公司 1990 年出版。

丁．主要论文

日本期待着什么？载《国际与中国》第 5 卷第 2、3 期，1941 年 1 月。

再度讨论日本"南攻"问题　载《国际与中国》第 5 卷第 5 期，1941 年 3 月。

英国银行制度　载 1943 年出版的交通银行经济丛刊《各国银行制度》。

伦敦金融市场　载 1945 年出版的交通银行经济丛刊《金融市场论》。

外汇政策应改弦更张　载《经济评论》第 1 卷第 13 期。

论通货管理并建议发行物价指数库券　载 1947 年 3 月 17、18、19 日上海《申报》星期论坛。

如何解决通货膨胀——再论物价指数国库券之发行　载《经济评论》第 1 卷第 1 期。

释发行物价指数国库券技术上的困难　载《经济评论》第 1 卷第 9 期。

创立指数本位币制拟议　载《经济评论》第3卷第14期。

再论指数本位币制　载《经济评论》第3卷第19期。

有关指数本位币制问题释疑　载《经济评论》第3卷第20期。

物价指数本位币制之理论与实施　载《经济评论》1948年（抽印本）。

试拟当前中国政治问题之解决途径　载《申报》1949年1月17日。

目前金融业存在的问题及其前途　载《中国金融》1952年第1期。

为什么对抗性的矛盾可以不通过对抗形式来解决？载《关于中国当前资产阶级和工人阶级矛盾性质问题》（论文集），湖北人民出版社1957年出版。

第一次国内革命战争前夕湖北麻城乘马地区社会经济状况（与彭尘舜、尹景瑚合作）载《武汉大学学报》（人文科学版）1963年第1期。

试论资本主义国家通货膨胀的惯性作用及货币制度的发展趋势　载《世界经济》杂志1980年第12期。

战后英国农业初探　载《武汉大学学报》（哲学社会科学版）1980年第1期。

战后英国农业发展状况　载《西欧经济论文选》，全国西欧经济研究会1979年年会编，福建人民出版社1980年出版。

现代货币主义　载《当代西方经济学说》武汉大学出版社1983年出版。

合理预期学派　载《当代西方经济学说》武汉大学出版社1983年出版。

资本主义国家中央银行的性质和作用　载《金融研究参考资料》1980年第5期。

资本主义国家的中央银行　载《中国金融》1980年第11、12期。

试论人民币与黄金的关系　载《金融研究》1981年增刊。

关于人民币是否代表黄金问题的一些认识　载《全国货币理论讨论会论文集》之一，中国金融学会，广东金融学会编，1981年发行。

中央银行同政府和财政的关系　载《中央银行制度比较研究》一书，中国金融学会1981年出版。

论货币形式发展的新阶段　载《中国社会科学》1982年第2期和《中国社会科学》经济学文集，浙江人民出版社1982年版，并译成英文载该刊英文版1982年第4期，获武大优秀科研成果二等奖。

应该用什么样的态度来对待马克思主义经典著作　载《经济管理文稿》1982年第2期。

为什么提出"商品总价值的等分值"这个概念来？——答叶世昌同志　载《经济管理文稿》1982年第6期。

"等分值"的概念是从马克思货币理论中引申出来的——再答叶世昌同志　载《财经研究》1983年第5期。

如何理解"等分值"这个概念——三答叶世昌同志载《财经研究》1984年第3期。

当前黄金是否仍是世界货币并在决定汇价中发生作用　载《世界经济》杂志1983年第12期。

就当前货币形式问题答谭寿清同志　载《中国社会科学》1984年第4期。

应联系实际来理解和运用马克思的货币理论　载《江汉论坛》1984年第7期。

怎样理解马克思的货币流通规律？载《武汉大学学报》（社会科学版）1985年第2期。

哲学社会科学工作者面临严峻的挑战　载《理论学习》1984年6月20日。

从交通和商业入手加强中心城市建设　载《长江日报》1983年5月26日，获湖北省社会科学优秀成果荣誉奖。

再谈从"两翼"起飞问题　载《长江日报》1983年8月10日。

凭借"两通"起飞，把武汉建成"内联华中、外通海洋"的经

济中心　载《武汉大学学报》（社会科学版）1983年第6期。

　　加强"两通"开发，活跃城乡交流（与肖国金合写）载《武汉大学学报》（社科版）1984年第5期。

　　大力发展第三产业，势在必行　载《长江日报》1984年12月27日。

　　关于加快金融改革步伐的十点设想　载《金融研究》1985年第3期。

　　应组织和发展社会主义集体所有制的股份公司　载《长江日报》1984年7月30日。

　　发展社会主义集体所有制的股份公司　载《江汉论坛》1984年第8期。

　　建设有中国特色的社会主义和经济体制改革（与胡春芳合写）载《经济管理研究》1985年第1期。

　　加强"两通"开发在实现湖北省经济发展战略中的重要作用（与肖国金合写）　载《商业理论与实践》1985年第2期，获全国商业学会优秀论文一等奖。

　　论从中心开花的战略（与肖国金合写）　载《学习与实践》1985年第2期。

　　华中地区应实行"中心开花"的发展战略（与肖国金合写）载《咨询研究》1986年第1期和《武汉经济研究》1986年第2期。

　　二论"中心开花"——华中经济区的经济发展战略（与肖国金合写）　载《学习与实践》1986年第5期。

　　加快改革步伐，迅速把武汉建成我国内地最大的交通中心（与樊民、肖国金、徐德宽合写）　载《武汉大学学报》（社科版）1987年第3期。

　　建议恢复建国初期的折实制度　载《武汉经济情报研究》1985年第2期。

　　折实制度与价格改革　载《未定稿》1985年第14期。

　　工资、储蓄、国库券应与物价指数挂钩　载《长江日报》1988年6月17日。

李崇淮教授建议发行保值公债　载《民讯》1989 年第 3 期。

综合治理，安定人心——有关物价问题的一些看法　载《民讯》1988 年第 11 期。

武汉经济体制改革展望　载《城市经济体制改革》专辑，1986 年第 1 期。

武汉市对外开放的估价和今后努力的方向　载《协力》1992 年 8 月。

发明创造是社会进步的动力——在武汉首届发明工作表彰大会上的发言　1986 年 1 月

大力发展"两通"是一项战略任务——从武汉综合经济体制改革以"两通"为突破口谈起（与肖国金合写）　载《百科知识》1986 年第 10 期。

发展"两通"一个具有全国意义的重大课题　载《改革研究》1991 年第 1 期。

长江上游水土流失治理工程的重要性和建议　载《财会月刊》1991 年专刊。

长江上游水土流失特点及其防治对策探讨（与辜胜阻合写）　载《水土保持通报》1992 年第 3 期。

关于发展社会主义集体所有制股份公司的几个问题　载《银行与企业》1992 年第 7 期。

发展社会主义股份制企业的几个问题　载《新金融》1992 年第 7 期。

股份制与股票　载《炎黄》1992 年第 1 期。

社会主义企业必须树立为人民服务和"服务对象第一"的思想　载《协力》1991 年第 11 期。

我对一些经济问题的看法　载《我的经济观》（当代百名经济学家自述）（4）江苏人民出版社 1992 年出版。